Luise Reitstätter
Die Ausstellung verhandeln

Edition Museum | Band 13

**Luise Reitstätter** (Dr. phil.) ist Kulturwissenschaftlerin mit langjähriger Tätigkeit im internationalen Kunstbetrieb (u.a. documenta 12, Österreich Pavillon – La Biennale di Venezia). Zu ihren Forschungsschwerpunkten zählen Museologie, Raumsoziologie und Methoden qualitativer Sozialforschung.

Luise Reitstätter

# Die Ausstellung verhandeln

## Von Interaktionen im musealen Raum

[transcript]

Gefördert durch
Stiftungs- und Förderungsgesellschaft der Paris-Lodron-Universität Salzburg
Gesellschaft der Freunde der bildenden Künste, Wien
Land Salzburg

**Bibliografische Information der Deutschen Nationalbibliothek**
Die Deutsche Nationalbibliothek verzeichnet diese Publikation in der Deutschen Nationalbibliografie; detaillierte bibliografische Daten sind im Internet über http://dnb.d-nb.de abrufbar.



Umschlagkonzept: Kordula Röckenhaus, Bielefeld
Umschlagabbildung: Installationsansicht Roni Horn »Well and Truly«, Kunsthaus Bregenz, 3. Obergeschoss, © Kunsthaus Bregenz und Roni Horn, Foto: Stefan Altenburger
Printed in Germany
Print-ISBN 978-3-8376-2988-0
PDF-ISBN 978-3-8394-2988-4

Gedruckt auf alterungsbeständigem Papier mit chlorfrei gebleichtem Zellstoff.
Besuchen Sie uns im Internet: *http://www.transcript-verlag.de*
Bitte fordern Sie unser Gesamtverzeichnis und andere Broschüren an unter: *info@transcript-verlag.de*

# Inhalt

# 1 Einleitung

Im Kunsthaus Bregenz wird im April 2010 die Ausstellung „Well and Truly" der US-amerikanischen Konzeptkünstlerin Roni Horn eröffnet. Jedes der vier Stockwerke ist einer eigenen Werkgruppe gewidmet, die den versierten Umgang der Künstlerin mit unterschiedlichen Medien und dem Raum sichtbar machen. Reduziert und punktgenau positioniert präsentieren sich die einzelnen Werkgruppen, von Papierarbeiten über Fotografien bis hin zu Skulpturen, als Installationen im jeweiligen Raum. Besonders die in unterschiedlichen Blau- und Grautönen schimmernden Glasobjekte scheinen es den Besucher_innen angetan zu haben. Im dritten Obergeschoss eröffnen sie – in Analogie zur Architektur, die hier mit größtem Lichteinfall und Luftraum den natürlichen Höhepunkt vorsieht – einen Ort des Kunstgenusses. Hier wandeln Besucher_innen umher, verlieren sich bei der faszinierten Betrachtung der Kunst oder finden eben auch ihren Platz, indem sie sich in Relation zu den zehn Glasobjekten stellen. Doch im Museum oder einem Ausstellungshaus einen Platz zu finden, ist keine Selbstverständlichkeit. Die Geschichte des Museums präsentiert sich vielmehr als eine Abfolge von historischen Konstellationen, die von Ein- und Ausschlussmechanismen geprägt sind. War etwa das Studiolo als erweiterte Studierstube den Gelehrten vorenthalten, diente die Galerie als Prunk- und Repräsentationsraum des Adels. Erst die Entstehung des öffentlichen Museums im Zuge der Aufklärung erweiterte das limitierte Publikum.

Dass Öffnung nicht gleichzeitig Demokratisierung bedeutet, ist jedoch bis heute im musealen Raum spürbar. Historisch bedingt präsentiert sich die Ausstellung als ein eigener Mikrokosmos mit zahlreichen Regeln und Ritualen, für welche es den „Museumscode" zu beherrschen gilt. Gewisse Orte und insbesondere die exklusivsten, um Pierre Bourdieu (1991: 32) zu folgen, dienen demnach nicht nur zum Erwerb eines symbolischen Kapitals, sondern bedürfen bereits dieses Kapitals, um überhaupt erst betreten werden zu können. Gerade diese Symbolträchtigkeit ist es, welche die Ausstellung zu einem sozial umkämpften Raum macht. Hier wird verhandelt, wer spricht, wer gehört wird, wer die Bühne betreten und sich auf ihr sicher fühlen darf. Ein legitimes Einfinden und eine bewusste Lokalisierung an einem Ort sprechen so für ein Machtmoment, das sich im Besitz von vorhandenen Fähigkeiten oder in Folge auch als etwas Eigenes äußert, zu dem das Ausgestellte durch Auseinandersetzung werden kann.

Die Ausstellung zu verhandeln, bedeutet folglich auch zu hinterfragen, in welcher Relation Dinge und Menschen an diesem Ort zueinander stehen. Hier treffen mit den Kunstwerken, mit der räumlichen Inszenierung der Ausstellung und mit der Architektur des Gebäudes gestaltete Objekte auf nicht weniger „geformte" Subjekte. Mit ihrem jeweiligen soziokulturellen Hintergrund treten Besucher_innen mit spezifischem Vorwissen und auch mit gewissen Vorstellungen und Erwartungen an die Ausstellung heran. Wie aber lässt sich die Ausstellung in ihrem relationalen Gefüge von Objekten und Subjekten heute charakterisieren? Welches Agieren ist hier angedacht und erwünscht, welches überhaupt möglich?

Diesem Erkenntnisinteresse folgend, untersuche ich die Ausstellung als potenziellen Handlungsraum und versuche in Form meiner zentralen Forschungsfrage zu ergründen, was in diesem Setting tatsächlich[1] passiert. Meine Herangehensweise ist somit von einer Urfrage geprägt, die wir uns alle im Alltag aufgrund der Interpretationsnotwendigkeit von Situationen zwangsläufig stellen: „Was geht hier eigentlich vor?". Ob die Frage „nun ausdrücklich gestellt wird, wenn Verwirrung und Zweifel herrschen, oder stillschweigend, wenn normale Gewissheit besteht", wie Erving Goffman (1989: 16) es fasst, „die Frage wird gestellt, und die Antwort ergibt sich daraus, wie die Menschen weiter in der Sache vorgehen." Aber nicht nur im Alltag ist diese Frage omnipräsent, auch interpretative Forschungsstile wie Ethnografie haben sich dieser Grundfrage verschrieben. Sie verweisen damit auf die Notwendigkeit von Offenheit

**1** | Mit dem Wort „tatsächlich" verweise ich einerseits auf reale, das heißt empirisch erfassbare Handlungen und andererseits – wie es beispielsweise in der adverbialen Verwendung von „tatsächlich" der Fall ist – auf den Versuch, über Analyse und Interpretation zu den dahinterliegenden Sinnstrukturen von Handlungen zu gelangen, also zu dem, was „wirklich" und „in praxi" passiert.

im Forschungszugang, um unvorhergesehenen Eigenheiten des Feldes die Möglichkeit zu geben, Eingang in die Untersuchung zu finden (Amann / Hirschauer 1997: 21). Dennoch hat diese Frage in ihrer Offenheit, wie Erving Goffman (1989: 16) anmerkt, gleichsam „etwas recht Fragwürdiges" oder etwas nicht allgemein Einzulösendes, wenn jede Beschreibung eines Ereignisses vom Blickwinkel, der Motivationsrelevanz und dem gewählten Fokus bei gleichzeitig ablaufenden Handlungen abhängt. Es tut also gut, einen Rahmen[2] zu setzen, der die Frage „Was geht hier eigentlich vor?" – oder wie es in meiner Formulierung heißt „Was passiert hier tatsächlich?" – zu einem spezifischen Wirklichkeitsausschnitt in Bezug setzt. In meinem Fall findet sich dieser Rahmen in der Spezifizierung meiner Forschungsfrage, wenn ich mich im Besonderen für jene Handlungen der sozialen Akteure und Akteurinnen interessiere, mit denen sie sich – in welcher Art auch immer – in Relation zum Raum stellen. Kurz gefasst frage ich mich, wie sich Raum und Handeln im Kontext der Ausstellung bedingen, wenn beispielsweise Ausstellungsmacher_innen[3] Räume entwerfen, Besucher_innen sich in der Ausstellung bewegen und Räume durch ihre Nutzung als in der Form einer Aneignung verändert werden.

**2** | Unter Rahmen („frame") versteht Goffman (1989: 19), „dass wir gemäß gewissen Organisationsprinzipien" für soziale Ereignisse „Definitionen einer Situation aufstellen", um die Situation selbst und die Anteilnahme daran für uns zu beschreiben. Erst durch einen bestimmten Rahmen wird eine Situation für die Teilnehmenden einschätzbar und sinnvoll.

**3** | In dieser Arbeit soll der Terminus Ausstellungsmacher_innen in seiner sprachlichen Breite und analog zum Verb „eine Ausstellung machen" verwendet werden, wenn ich damit sowohl Kurator_innen, Künstler_innen als auch andere an der Entstehung beteiligte Personen wie Ausstellungsproduzent_innen, Gestalter_innen etc. fasse. Hinter dieser Offenheit bei der Verwendung des Begriffs steht der Wunsch, die involvierten Personen nicht vorab hierarchisierend nach ihren Professionen zu bewerten, sondern die Gesamtheit aller Mitwirkenden und auch die Überschneidung ihrer Kompetenzfelder in den Prozess der Ausstellung einfließen zu lassen – dies wäre mit der engen Verwendung des Begriffs Ausstellungsmacher_in als Synonym für Kurator_in nicht möglich.

## Lokalitäten im Blick

Für die vorliegende Arbeit erweist sich eine kombinierte Betrachtung von Raum und Handeln im Sinne eines handlungszentrierten Raumbegriffs naheliegend. Zudem geraten mit der Untersuchung von Handlungen in bestimmten Situationen Lokalitäten ganz automatisch in den Blick. Sie präsentieren sich „als Orte des Wissens, an denen Körper, Artefakte und Verhaltensmuster sich zu Praktiken verbinden" (Hirschauer 2008: 978, Fußnote 6). Die spezifische Lokalität, der sich diese Untersuchung zuwendet, ist das Ausstellungshaus für zeitgenössische Kunst. Als Fallbeispiele fungieren die bereits eingangs erwähnte minimalistische Ausstellung „Well and Truly" von Roni Horn im Kunsthaus Bregenz (24. April–4. Juli 2010), die von Kathrin Rhomberg als kritische Wirklichkeitsbefragung konzipierte 6. Berlin Biennale „was draußen wartet" (11. Juni–8. August 2010) sowie die installative Schau des slowakischen Künstlers Roman Ondák „Before Waiting Becomes Part of Your Life" im Salzburger Kunstverein (23. September–28. November 2010). Auswahlkriterien bei der Selektion der Fallbeispiele waren, dass erstens sich die Kunstinstitutionen im deutschsprachigen Raum[4] befinden, zweitens der Fokus auf zeitgenössischer bildender Kunst liegt und drittens eine kritische kuratorische Praxis gepflegt wird. Gemeinsam stehen diese drei Ausstellungen prototypisch für eine Spielform der zeitgenössischen Kunstausstellung im institutionellen Kontext eines Kunsthauses, einer Biennale und eines Kunstvereins. Gleichzeitig bieten die Ausstellungen über die Heterogenität ihrer Ausstellungsorte die Möglichkeit einer räumlichen Kontrastierung. Während etwa das Kunsthaus Bregenz von Peter Zumthor paradigmatisch für die neuen Museumsbauten der 1990er-Jahre steht, funktionieren die Orte der 6. Berlin Biennale nach dem Modell der Zwischen- und Nachnutzung. Der Salzburger Kunstverein erfüllt mit seinem Sitz im Künstlerhaus, einem repräsentativen Gründerzeitbau, die zweifache Funktion eines Ausstellungs- und Atelierhauses.

---

**4** | Die Wahl auf den deutschsprachigen Raum fiel nicht nur aufgrund der besseren Vergleichbarkeit und einer gewissermaßen einheitlicheren Grundgesamtheit, sondern auch aufgrund des Faktums, dass Grounded Theory ein textbasierter Forschungsstil ist, dessen Analyse hohe (mutter-)sprachliche Kompetenzen des / der Forschenden voraussetzt, um auf die Nuancen des sprachlichen Ausdrucks in der Analyse eingehen zu können.

Ein grundsätzlicher Vorteil, der sich bei der Arbeit mit Fallbeispielen ergibt, liegt in der damit einhergehenden Tiefe der Untersuchung, weil „die komplexe Wirklichkeit ausgesuchter Fälle in ihren Details dargestellt wird" (Krotz 2005: 33). Über die intensive Auseinandersetzung mit einzelnen Fällen lässt sich ein vertiefendes und detailreiches Wissen generieren, das sich dazu eignet, Phänomene in ihrer spezifischen Komplexität besser zu verstehen. Basierend auf meinen Fallbeispielen analysiere ich den Ausstellungsraum jedoch nicht nach architektonischen oder kunsthistorischen Aspekten, sondern fokussiere vielmehr in einem kultursoziologischen Sinne die Ausstellung als einen Ort spezifischer sozialer und kultureller Praktiken. Dies bedeutet, dass ich die Ausstellung in meiner Untersuchung weniger als ein herausragendes künstlerisches / kuratorisches Medium denn als einen gewöhnlichen Ort der Kommunikation und Interaktion betrachte. Damit lenke ich meinen Blick auf alltägliche Dinge, die oft nicht mehr verbalisiert und thematisiert werden, weil sie sich über den Normalisierungseffekt bereits verflüchtigt haben. Eine solche praxistheoretisch ausgerichtete Kulturanalyse versucht zum einen, „unmittelbar verständliche und vorhersagbare Praktiken gerade nicht als unmittelbar verständlich und vorhersehbar zu begreifen, sondern die dahinter liegenden kulturellen Formen und Sinnbezüge herauszuarbeiten". Zum anderen „gilt es in ethnographischer Manier aufzuzeigen, […] wie dieses kulturelle Wissen und Denken im gemeinsamen Handeln tatsächlich praktiziert wird" (Hörning / Reuter 2004: 13). Ziel dieser Untersuchung ist es, in diesem doppelten Anliegen, jene hinter Selbstverständlichkeiten verborgenen Sinnstrukturen der Ausstellung sichtbar und den Alltag der Ausstellung beim Hantieren mit diesen Sinnbezügen über eine dichte Beschreibung nachvollziehbar zu machen.

## Methodischer Zugang

Das Untersuchungsdesign meiner Arbeit verortet sich im Kontext qualitativer, konkreter: interpretativer Sozialforschung. Über die genaue Analyse und Deutung der erhobenen Daten findet eine Auseinandersetzung mit den Handlungen der Personen und der Konstruktion von Bedeutung statt; genauso wie Alltagshandelnde versuchen auch Forscher_innen, gewissermaßen die soziale Wirklichkeit in den Griff zu bekommen. Hier muss der Zusammenhang zwischen Forscher_in und dem untersuchten Feld reflektiert werden, da beide nicht getrennt voneinander existieren. „Researchers and subjects hold worldviews, possess stocks of knowledge, and pursue purposes that influence their respective views and actions in the presence oft the other", schreiben Kathy Charmaz und Richard G. Mitchell (2001: 162) und verweisen damit auf den gemeinsam geteilten Erfahrungs- und Wissensbestand. Im Wunsch etwa herauszufinden, wie der Alltag der Ausstellung und ihre Sinnstiftung funktionieren, wird eine Parallele der Forscher_innen zur Vorgehensweise der untersuchten sozialen Akteure und Akteurinnen deutlich. Auch Besucher_innen analysieren beispielsweise den Raum, beobachten andere Besucher_innen und tauschen sich über ihre Eindrücke zur Ausstellung aus, um sich einen Überblick über die Situation zu verschaffen und das Betrachtete in einen „sinnvollen" Kontext zu stellen. Der Unterschied besteht in der Systematik der Anwendung der Methoden als auch in der notwendigen Reflexion: „[R]esearchers are obliged to be reflexive about what they see and how they see it" (ebd.). Der theoretische und persönliche Hintergrund von Forscher_innen, ihr spezifisches Erkenntnisinteresse als auch die Methodik, mit denen sie den gewählten Wirklichkeitsausschnitt untersuchen, beeinflussen nicht nur die Ergebnisse der Forschung, sondern konstituieren erst den Untersuchungsgegenstand.

In dieser Untersuchung fiel die Wahl auf die Erhebungsmethoden Artefaktanalyse (Froschauer 2009), teilnehmende Beobachtung sowie Interview (mit Ausstellungsmacher_innen als auch Besucher_innen), um sich dem Geschehen im Ausstellungsraum in mehrfacher Hinsicht zu nähern.[5] Dient etwa die teilnehmende Beobachtung vornehmlich dazu, am Alltag der Akteure und Akteurinnen zu partizipieren und ihre Handlungsmuster in der „natürlichen" Umgebung im Hier und Jetzt zu veror-

5 | Siehe Übersichtslisten als auch Leitfäden zu den Erhebungen im Anhang.

ten, erhebt das Interview anstelle von Handlungen vornehmlich Erzählungen. Das Interview ist als Methode somit insbesondere prädestiniert, dem subjektiv gemeinten Sinn, den Akteure und Akteurinnen selbst ihrem Handeln zuschreiben, näherzukommen. Das heißt Sinn und Bedeutung werden nicht aus der Perspektive der Forscher_innen definiert, sondern aus der Perspektive jener, die alltäglich im Forschungsfeld operieren. Die Artefaktanalyse eignet sich wiederum zur hermeneutischen Analyse der materiellen Gegebenheiten und ihrer Einbettung in einen sozialen Organisationskontext. Im Gegensatz zum Interview sind Artefakte ohne Einflussnahme von Forschenden entstanden und damit authentische Zeugen institutioneller Entscheidungen sowie auch (un-)bewusster Beweggründe, die im Gespräch möglicherweise nicht verbalisiert werden. Gerade in der Kombination von Methoden lassen sich somit weitgehende Schlussfolgerungen treffen.

*Erhebungen*

| | **Kunsthaus Bregenz** | **6. Berlin Biennale** | **Salzburger Kunstverein** |
|---|---|---|---|
| Raumanalyse | 1 | 1 | 1 |
| Teilnehmende Beobachtung | 14 | 17 | 19 |
| Expert_innen-interview | 4(+1)<br>Direktor<br>Kurator<br>Kunstverm.<br>Architekt | 6<br>Kuratorin<br>Projektkoord.<br>Kunstverm.<br>Künstler (2)<br>Aufsicht | 5(+1)<br>Direktorin<br>Künstler<br>Kunstverm.<br>Aufsicht (2) |
| Besucher_innen-befragung | 10 (+5) | 11 (+1) | 6 |
| Weitere Tondokumente | 3<br>Presse-konferenz<br>Gespr. Künstlerin Direktor<br>Gespr. Künstlerin Kunstverm. | 2<br>Presse-konferenz<br>Gespr. Kunstverm. | 1<br>Presse-konferenz |

*Anmerkung: Bei den Expert_inneninterviews und der Besucher_innenbefragung sind in Klammern zusätzliche Gesprächspartner_innen vermerkt, sofern die Gespräche nicht nur mit jeweils einer Person geführt wurden.*

Triangulation, wie dieses Vorgehen auch genannt wird, hat eine lange Tradition in der qualitativen empirischen Sozialforschung. Viele klassische Studien wie etwa „Die Arbeitslosen von Marienthal" (Jahoda/Lazarsfeld/Zeisel 2004/1933) arbeiteten – auch ohne es selbst Triangulation genannt zu haben – nach diesem Prinzip, indem sie beispielsweise unterschiedliche Erhebungsverfahren (quantitativ und qualitativ; Befragung und Beobachtung) sowie unterschiedliche Erhebungsperspektiven („objektive" Tatbestände und subjektive Einstellungen, aktuelles und historisches Material) bei ihrer Untersuchung anwandten. Das heißt mit Triangulation ist nicht nur die Verknüpfung von Methoden, sondern ganz allgemein die vergleichende Betrachtung eines Gegenstandes aus unterschiedlichen Perspektiven für die Beantwortung von Forschungsfragen gemeint.

Dies entspricht in grundsätzlicher Weise dem in dieser Untersuchung angewandten Forschungsstil Grounded Theory, der von Barney Glaser und Anselm Strauss in den 1960er-Jahren entwickelt wurde und mittlerweile zu den wichtigsten Forschungsansätzen innerhalb der qualitativen Sozialforschung zählt. Im Fall der Grounded Theory wird die komparative Methode benützt, um Theorie zu generieren. Eine besondere Form der komparativen Analyse, wie sie Grounded Theory prägte, ist das theoretische Sampling. Dabei handelt es sich im Gegensatz zum statistischen Sampling um eine strategische und eben nicht statistische Auswahl von Vergleichsgruppen (Glaser/Strauss 1998: 70). Im Forschungsprozess wird im parallelen Erheben, Kodieren und Analysieren der Daten nicht von Beginn an mit einer definierten Gruppe an Daten gearbeitet; stattdessen werden erst nach und nach Entscheidungen darüber gefällt, welcher Vergleich im Sinne einer Theorieentwicklung zum jeweiligen Gegenstand Sinn macht. In meiner Untersuchung etwa war in Bezug auf die Fallbeispiele zu Beginn nur das Kunsthaus Bregenz als der erste Untersuchungsort fixiert, bei dem mich besonders die Handlungsmöglichkeiten in einem architektonisch ambivalent diskutierten Neubau interessierten. Die Wahl auf die Berlin Biennale fiel aufgrund der Tatsache, dass hier im Gegensatz zu Bregenz eine Institution mit einem Bestandsgebäude wie den KW Institute for Contemporary Art als Basis operiert und sich andere Ausstellungsorte bei jeder Edition aufs Neue suchen muss. Mein drittes Fallbeispiel, den Salzburger Kunstverein, wählte ich aufgrund meiner Erfahrungen bei der Feldforschung bei der 6. Berlin Biennale aus, wo der

Wunsch entstand, anstatt in einer weitläufigen, auf viele Orte verteilten Ausstellung konzentriert in einer „Ein-Raum-Ausstellung" teilnehmend beobachten zu können.

*Theoretisches Sampling*

| | | | |
|---|---|---|---|
| | **Kunsthaus Bregenz** | **6. Berlin Biennale** | **Salzburger Kunstverein** |
| Institution | Kunsthaus / Kunsthalle | Biennale | Kunstverein |
| Architektur | Kunsthaus Neubau, 1997 | Nach- / Zwischen-nutzung | Künstlerhaus Neubau, 1885 |
| Ausstellungsgröße | mittel | groß | klein |
| Ausstellungsform | Einzel-ausstellung | Gruppen-ausstellung | Einzel-ausstellung |
| Medien | Installationen | diverse | Installation |
| Ausstellungs-gestaltung | Künstlerin | Kuratorin / Künstler | Künstler |

Das heißt, die Theorie baut nicht nur auf (empirischen) Daten auf, sondern ist vielmehr in diesen systematisch verankert („grounded"). Für theoretische Formulierungen gilt, dass diese nicht von ihrem Gegenstand losgelöst werden können, sondern gerade in ihrer Abhängigkeit vom und in der Nähe zum Gegenstand ihre Stärke entwickeln.[6] In methodischer Konsequenz ergibt sich daraus eine dementsprechend intensive und anspruchsvolle interpretative Analyse der Daten. Dieser enorme Arbeitsaufwand macht sich jedoch in einer engen Rückbindung an den Gegenstand und einer zumeist daraus folgenden entsprechenden Relevanz für die Praxis bezahlt. Erkenntnisse meiner Studie, welche auf Beobachtungen aus dem Feld und auf Auskünften von Ausstellungsmacher_innen und

**6** | Clifford Geertz (2002: 37) schreibt in Bezug auf den Forschungsstil Ethnografie, der ebenso ein theoriegenerierendes und datenverankertes Verfahren darstellt, gar von theoretischen Formulierungen, die losgelöst von ihrem Gegenstand „trivial oder leer" wirken und nur in enger Bindung an den Gegenstand Sinn ergeben.

Besucher_innen basieren, sollen auch wieder für die Ausstellungs- und Rezeptionspraxis fruchtbar gemacht werden.[7]

## Doing culture in exhibition studies

Wie aus den hier skizzierten Konturen meiner Untersuchung ersichtlich, präsentiert sich diese Arbeit methodisch als eine empirische Kulturanalyse, welche sich inhaltlich im recht neuen Feld der „exhibition studies"[8] verortet. Während Mary Anne Staniszewski in den späten 1990er-Jahren in ihrer wegweisenden Arbeit „The Power of Display" (1998) noch eine allgemeine Amnesie im Verständnis und in der Diskussion der Ausstellung und ihrer Gestaltung als ästhetisches und gleichsam politisches Medium diagnostizierte, zeigt sich, dass ein solches Attest fünfzehn Jahre später bei Weitem nicht mehr gültig ist. Heute lässt sich stattdessen von einer Konjunktur sprechen, wenn sich in den letzten Jahren eine Vielzahl an Publikationen, Symposien, Forschungsprojekten und Kurator_innenlehrgängen mit der Ausstellung, ihren Produktionsmechanismen und Präsentationslogiken auseinandersetzte (Beck 2009: 2ff.). Dass nicht nur das „Was", sondern auch das „Wie" des Ausstellens bedeutungsstiftende Momente bereithält, lässt sich mittlerweile nahezu als Common Sense der Kunstwissenschaft betrachten. Zunehmend werden dabei nicht nur Ausstellungsräume mit ihren Konventionen ideologisch durchleuch-

---

**7** | Einschränkend ist anzumerken, dass sich aus der Analyse der Ausstellung als Handlungsraum sehr wohl Richtlinien für die Praxis ableiten lassen, diese aber an dieser Stelle bewusst nicht in Form von konkreten Anleitungen formuliert sind. Dies soll jedoch nicht gegen eine praktische Anwendung, sondern meiner Ansicht und meinem Wunsch nach vielmehr für eine solche sprechen, wenn anstatt simplifizierender Schlussfolgerungen meinerseits kontextspezifische Auslegungen durch die Leser_innen selbst gewonnen werden.

**8** | Der Terminus „exhibition studies" umfasst eine Beschäftigung mit Theorie und Praxis des Formats Ausstellung und wird diesbezüglich durch die Aktivitäten entsprechend benannter postgradualer Kurse wie etwa am Central Saint Martins College of Arts and Design in London geprägt. Im Gegensatz zu Feldern wie „gender studies" oder „postcolonial studies" kann der Terminus bislang jedoch nicht als etabliert und / oder ausreichend definiert betrachtet werden. Zum Lehrgang siehe csm.arts.ac.uk/courses/mres-art-exhibition-studies/ (23. 11. 2014).

tet, sondern auch die kuratorisch-räumliche Gestaltung hinsichtlich ihres spezifisch entworfenen Besucher_innenbildes analysiert (Duncan 2001, von Hantelmann 2012, Klonk 2009).

Nichtsdestotrotz bleibt in diesen Arbeiten die Variable des Publikums oft unterbeleuchtet, da mit dem Fokus auf räumliche Konzepte und visuelle Strategien die Perspektive der Macher_innen dominant bleibt. „Vergleichsweise selten wird", wie im Forschungsprojekt „eMotion – mapping museum experience" treffend konstatiert wird, „dagegen der Versuch unternommen, spezifischeres Wissen darüber zu generieren, was Besucher im Museum tatsächlich tun" (Wintzerith / van den Berg / Tröndle 2011: 100). Das komplexe Interaktionsverhältnis von Objekt, Raum und Betrachter_in zeigt sich demnach als ein noch genauer zu erforschendes Terrain. Möglicherweise kann auch die Besucher_innenforschung diese Lücke der kritischen Ausstellungs- und Inszenierungsanalyse mit ihren Erkenntnissen füllen, wenngleich ich an diesem Punkt zu einer skeptischen Einschätzung neige. Große Forschungsprojekte wie „eMotion – mapping museum experience", welche den Blick auf Zusammenhänge zwischen Raumstrukturen und Ausstellungserfahrungen legen und diese in einem ausgetüftelten Methodenmix erarbeiteten, stellen bislang eine Seltenheit dar. Abseits von Kunsttheorie und Kunstsoziologie überwiegt eine eher quantitative und marketingorientierte Besucher_innen- und Evaluationsforschung, welche sich zumeist mit der Erhebung demografischer Daten und dem Einsatz messender Techniken begnügt. Ihr Manko liegt meines Erachtens darin, Besucher_innen vorwiegend in der Form von Statistiken und in der Rolle von Konsument_innen zu fassen. Auch Eilean Hooper-Greenhill (2011: 371–374) verweist auf den eingeschränkten Wert einer solchen Ausrichtung der Besucher_innenforschung, wenn diese nur eine spezifische Sorte an Information zutage fördert. Im Sinne eines „turns to understanding" präferiert sie Untersuchungen vor dem Hintergrund interpretativer Philosophien und die Verwendung qualitativer Sozialforschung, um ein vertiefendes und auch die Hintergründe beleuchtendes Verständnis für die Handlungen von Besucher_innen zu erhalten – und gibt zu bedenken, dass dies bislang viel zu selten gemacht wird.

An diesem Punkt setze ich mit meiner Untersuchung an, indem ich inhaltlich sowohl an kunstwissenschaftliche Raum- und Inszenierungsanalysen als auch an Besucher_innenstudien anschließe. In der Bündelung dieser beiden Zugänge versuche ich, ihre jeweiligen blinden Flecken in der geringen Beachtung der tatsächlichen, realen Besucher_innen einerseits und der prädeterminierenden Umstände der Ausstellungserfahrung andererseits aufzuheben. Nicht nur die Sichtweise der Macher_innen soll verhandelt werden, sondern auch jene der Rezipient_innen. Dabei betrachte ich im Sinne meines interpretativen Ansatzes Ausstellungsmacher_innen wie Besucher_innen gleichermaßen als ernst zu nehmende Handelnde, welche sich in spezifischen sozialen und kulturellen Praktiken mit der Ausstellung auseinandersetzen.[9] Die Ausstellung wiederum stellt den physischen Ort dar, an dem die Perspektiven von Ausstellungsmacher_innen und Besucher_innen verhandelt werden. Räumlich und objektgebunden vermittelt, treffen (un-)bewusste Intentionen der Ausstellungsmacher_innen auf vermeintliche Deutungen der Besucher_innen. Damit zeichnet sich die Ausstellung durch ihre visuelle Kommunikation im Raum als besondere Form der Wissensvermittlung aus, wie es auch andere Arbeiten (z.B. von Bose et al. 2011) betonen. Über ihre räumliche Konstellation und Kommunikation hinausgehend ist die Ausstellung meines Erachtens insbesondere durch die Wechselwirkung von Raum und Körper in der Erfahrung geprägt. In der Ausstellung kommt ein spezifisches Körperwissen (Hirschauer 2008) zum Tragen, wenn Besucher_innen mit wissenden Körpern in einer leiblichen Erkenntnis die dargebotenen räumlichen Inhalte aufnehmen. Zudem findet durch das Zusammentreffen mit anderen kopräsenten Akteuren und Akteurinnen im Ausstellungsraum eine soziale Interaktion statt, welche die besondere „Geselligkeit" der Ausstellung in ihrer Auseinandersetzung mit Dingen als auch Menschen auszumachen vermag.

In der Kombination von museologischen und kunstwissenschaftlichen Erkenntnissen mit soziologischen Handlungs- und Raumtheorien, einem in der qualitativen Sozialforschung angesiedelten Untersuchungsdesign und Rückgriffen auf praktisches Kunstwissen liegt somit die Spezifik meiner Arbeit begründet. Genau in diesem transdisziplinären

**9** | Rainer Winter (2003: 446) streicht für die Cultural Studies die Bedeutung einer beidseitigen Betrachtung heraus, wenn „in einer Kulturanalyse die Untersuchung der Rezeption von Texten genauso wichtig wie die Textanalyse ist, um Aufschluss über die Bedeutungen und Vergnügen in der Interaktion von medialem Text und Zuschauer zu bekommen".

Ansatz sehe ich die Möglichkeit, dem „doing culture“[10] im Umgang mit Ausstellungen zeitgenössischer Kunst möglichst nahe zu kommen und es in einer engen Verkettung von Theorie und Praxis greifbar zu machen. Die Besonderheit meiner Untersuchung ergibt sich zudem aus der inhaltlichen Stoßrichtung, die Ausstellung als (potenziellen) Handlungsraum zu denken und diesen Ansatz mithilfe eines interpretativen Forschungsstils empirisch umzusetzen.

## Eine kleine Vorschau

Das Kapitel 2 „Die Ausstellung als Handlungsraum entwerfen“ versteht sich hierzu als theoretischer Einstieg. Während ich zu Beginn meine Arbeit im engeren Bezugsrahmen der kunstwissenschaftlichen und museologischen Forschung verorte, erweitere ich in einem zweiten Schritt die Stränge der kritischen Ausstellungsanalyse und Besucher_innenforschung um ausgewählte handlungs- und raumtheoretische Bezüge. Im argumentativen Ansatz, Handeln als sinnstiftende Praxis zu verstehen, greife ich auf frühe interpretative Strömungen wie Ethnomethodologie, symbolischer Interaktionismus und Erving Goffmans Interaktionsordnung zurück. Zudem findet eine Bezugnahme auf Theorien sozialer Praxis statt, beginnend bei Pierre Bourdieu über Michel de Certeau bis hin zu aktuellen, an die Cultural Studies anschließenden praxistheoretischen Überlegungen. Hinsichtlich des Raumverständnisses erweist es sich als wichtig, von keinem vereinfachenden Ursache-Wirkungsschema auszugehen, sondern die soziale Gemachtheit von Raum und die wechselseitige Beeinflussung von Raum und Handeln herauszustreichen – wie es in raumtheoretischen Überlegungen von Georg Simmel, Henri Lefèbvre und aktuellen Vertreter_innen wie Benno Werlen und Martina Löw angelegt ist. In ihrer Gesamtheit verändern diese handlungs- und raumtheoretischen Überlegungen das Analyseraster der Ausstellung im Sinne eines

**10** | Mit dem Ansatz von „doing culture“ wird Kultur als soziale Praxis, dynamischer Prozess sowie gemeinhin als Verb und damit als Tätigkeit verstanden, anstatt „Kultur als Mentalität, Text oder Bedeutungsgewebe kognitivistisch zu verengen, oder sie als frageloses Werte- und Normensystem strukturalistisch zu vereinnahmen“ (Hörning/Reuter 2004: 10).

transdisziplinär erweiterten Blicks, um die Ausstellung als Handlungsraum jenseits einer reinen Metapher theoretisch zu entwerfen.

Die Kapitel 3, 4 und 5 stehen als inhaltlicher Kern meiner Arbeit ganz im Zeichen der Erkenntnisse meiner empirischen Forschung. Hier lege ich die Ergebnisse meiner Arbeit im Detail dar und kontextualisiere sie mit anderen empirischen Untersuchungen und kunstwissenschaftlichen wie raum- und handlungstheoretischen Überlegungen. Drei sich aus der Untersuchung ergebende Schwerpunktsetzungen finden als spezifische Blickwinkel Verwendung: die Ausstellung als räumliches Konstrukt, als körperliche Erfahrung und als soziales Ereignis. Es versteht sich, dass keiner dieser Aspekte der Ausstellung als unabhängig zu lesen ist, sondern sie sich gewissermaßen gegenseitig bedingen. Das Kapitel 3 „Der Raum spricht. Die Ausstellung als räumliches Konstrukt" behandelt konkret die Prozesse und Manifestationen, die sich aus den ausstellungsmachenden Tätigkeiten ergeben. Als Konstrukt betrachte ich die Ausstellung jedoch nicht nur, weil sie physisch „gebaut" ist, sondern ebenso und vorrangig, weil sie über die mit ihrer Realisierung verbundenen Sichtweisen und Handlungsschemata subjektiv konstruiert ist. Während ich zu Beginn also die sozialen Strukturen des Entstehungsprozesses aufschlüssele, wende ich mich in einem zweiten Schritt den Bedeutungsebenen der räumlichen Manifestation zu und analysiere in einem dritten Schritt Text und Kunstvermittlungsprogramm als vermittelnde Instanzen. Konkludierend verstehe ich alle über Raum, Text und Begleitprogramm kommunizierten subjektiven Sichtweisen der Ausstellungsmacher_innen als prädeterminierende Setzungen für die Besucher_innen, die es zu entschlüsseln gilt.

In Kapitel 4 „Wenn Körper wissen. Die Ausstellung als körperliche Erfahrung" lenke ich den Fokus – entgegen einer Privilegierung des Blicks – auf das ganzheitliche körperliche Erleben der Ausstellung. Als besonders relevant betrachte ich die gehende Annäherung, da sie den Besucher_innen über selbstbestimmte Wege und im selbst gewählten wechselnden Rhythmus von Gehen und Stehen eine Autonomie garantiert, welche die spezifische Rezeptionskultur der Ausstellung auszeichnet. Die Raumwahrnehmung der Besucher_innen korreliert wiederum mit architektonischen, künstlerischen und kuratorischen Bestrebungen, mit dem Raum zu arbeiten. Oft geht in der Praxis des Ausstellungsbesuchs eine Betonung der räumlichen Aspekte mit einer verstärkt körperlichen Auseinandersetzung einher. Analog einer Phänomenologie des

Körpers nähern sich die Besucher_innen in einer leiblichen Erkenntnis der Ausstellung an und verinnerlichen entsprechend einer praxistheoretischen Sichtweise soziale und kulturelle Praktiken im Umgang mit der Ausstellung in ihrem Körper (Hirschauer 2008: 977). Die Betonung des Räumlichen und des Körperlichen gehen in der Ausstellung somit Hand in Hand und erfüllen die aktuelle Sehnsucht nach dem Realen und dem „Greifbaren".

Eine weitere Facette des Körperwissens spielt in Kapitel 5 „Zusammenkommen. Die Ausstellung als soziales Ereignis" eine zentrale Rolle, wenn Besucher_innen vor Ort mittels ihrer performativen Körper miteinander kommunizieren. So findet im Ausstellungsraum eine Interaktion von „consociates"[11] statt, wenn sich das soziale Ereignis der Ausstellung über das Zusammentreffen unterschiedlicher sozialer Akteure und Akteurinnen vermittelt. Gleichzeitig ist das Soziale in einer praxistheoretischen Sichtweise nicht nur an Relationen sozialer Akteure und Akteurinnen gebunden, sondern bestimmt sich zudem über interobjektive Praktiken. Das heißt, dass auch im individuellen Dialog mit dem Objekt ein soziales Ereignis stattfindet, wenn über die ästhetische Erfahrung selbstreflexive und hervorbringende Subjekte entstehen. In der Auseinandersetzung mit dem Objekt begegnen sich in der Ausstellung unterschiedliche Sichtweisen, indem sich im Objekt die (un-)bewussten Intentionen der Produzent_innen manifestieren und diese Absichten vor dem Hintergrund der individuellen Prädispositionen der Besucher_innen interpretiert werden. Die Ausstellung stellt somit einen Ort der Interaktion dar, an dem unterschiedlichste Sichtweisen sowohl vermittelt über das Objekt als auch in der Face-to-Face-Situation aufeinandertreffen. Es bleibt die Frage, ob und wie sich über diese intersubjektiven und interobjektiven Interaktionsprozesse auch (temporäre) Gemeinschaften im Kontext der Ausstellung bilden können.

Das Schlusskapitel 6 dient der kompakten Zusammenfassung meiner Erkenntnisse und liefert Antworten auf die Frage, was im Ausstellungsraum tatsächlich passiert und wie sich Raum und Handeln wechselseitig

**11** | Hierbei handelt es sich um einen Terminus von Alfred Schütz (2004: 168ff.). Der Begriff bestimmt sich über die Kopräsenz innerhalb einer bestimmten räumlichen Reichweite sowie über die Teilhabe am Lebensabschnitt des anderen und reflektiert dabei die Gemeinsamkeit von Zeit und Raum während der Dauer von Beziehungen.

bedingen. Einen etwas anderen, nämlich utopisch gefärbten Abschluss meiner Arbeit bildet das Kapitel 7 „Die Ausstellung, die ich mir erträume ...". Im Sinne eines Postskriptums stelle ich an dieser Stelle subjektive Sichtweisen, Assoziationen und Ideen vor, die sich in den Statements von Ausstellungsmacher_innen und Besucher_innen wiederfinden. Die Beschreibungen, wie solche erträumten Ausstellungen aussehen, wie sie sich anfühlen und wie sie sich auswirken könnten, öffnen damit einmal mehr den Blick, welche Rolle die Ausstellung im Sinne eines potenziellen Handlungsraumes erfüllen könnte.

# 2 Die Ausstellung als Handlungsraum entwerfen

„Die Ausstellung als ..." Hinter der in meinen Kapitelüberschriften gewählten Formulierung steckt die Einsicht, dass die Ausstellung kein starres Konzept ist, sondern als Format, das gemacht wird, ständigen Veränderungen unterliegt. Ausstellen als Kulturpraxis des Zeigens verweist auf dessen historische Bedingtheit, die zu jeder Zeit zu anderen Ausformungen von Ausstellungen führte. Doch nicht nur die Ausstellung selbst, sondern auch die Art und Weise wie sie wissenschaftlich betrachtet wird, verändert sich. In diesem Kapitel soll die theoretische Perspektive auf die Ausstellung verhandelt werden. Wie wurde die Ausstellung bereits betrachtet? Und welche Blickrichtung schlage ich an dieser Stelle vor? Eine Analyse der Betrachtungsweisen der Ausstellung dient im ersten Schritt als Ausgangspunkt, um kunst- und kulturwissenschaftliche Linien der Ausstellungsforschung aufzufächern. Punktuell knüpfe ich im zweiten Schritt an diese Überlegungen an, schlage jedoch gleichzeitig eine neue Perspektive auf die Ausstellung vor: Die Ausstellung als Handlungsraum.

Programmatisch steht die Ausstellung als Handlungsraum für eine inhaltliche Stoßrichtung, die ihren Fokus weniger auf die Kunst und deren räumliche Kombination, sondern primär auf die sozialen, kulturellen und räumlichen Praktiken im Umgang mit der Ausstellung richtet. Die theoretische Basis für eine solche Argumentation findet sich demnach weniger in der Kunstgeschichte denn in der Kultursoziologie. Konkret beruhen meine Überlegungen auf ausgewählten Handlungs- und Raumtheorien, welche mir nicht nur helfen, das Analyseraster zu verändern, sondern auch die Ausstellung als Handlungsraum über die Metapher hinausgehend theoretisch fundiert zu entwerfen. Dabei stehen meine theoretischen Bemühungen im Dienst zweier Funktionen: Zum einen handelt es sich um die Darlegung des wissenschaftstheoretischen Hintergrunds, mit dem ich einen neuen Blick auf die Ausstellung wage. Zum anderen dienen die hier angeführten Theorien und Konzepte im Weiteren dazu, die Ergebnisse meiner empirischen Untersuchung (siehe Kapitel 3, 4 und 5) umfassend zu kontextualisieren und theoretisch zu verankern. Eine Kumulation dieser Theoriearbeit findet sich in der abschließenden Formulierung von fünf Prämissen, in denen ich in einer Art Synthese ausgewählte handlungs- und raumtheoretische Überlegungen zusammenführe und sie für die Ausstellung fruchtbar mache.

## 2.1 Die Ausstellung verorten

In Abhängigkeit von der wissenschaftlich-disziplinären Verortung lassen sich in der Betrachtung der Ausstellung unterschiedliche Linien nachzeichnen. Ausgehend von der klassischen Kunstgeschichte und Museologie bewege ich mich über kultur- und sozialwissenschaftliche Traditionen hin zu den transdisziplinär erweiterten Museumswissenschaften und der aktuell sehr heterogenen Ausstellungsforschung, welche auch durch künstlerisch-kuratorische Beiträge genährt wird.

In der historischen Betrachtung der Ausstellung bietet die Kunstgeschichte mit ihrem assoziierten Forschungsfeld der Museologie einen ersten logischen Anknüpfungspunkt; hier ist die Kunstausstellung gewissermaßen traditionell verankert. Als selbstständige Wissenschaft etablierte sich die Museologie im Laufe des 20. Jahrhunderts. Neben der Aufarbeitung der Geschichte des Museums als Institution war sie als angewandte Wissenschaft von Beginn an praxisorientiert ausgerichtet, indem sie Fragen der Klassifizierung, Konservierung und Vermittlung einschloss. Die Ausstellung als Präsentationsform des Museums kann in ihrem Ursprung mit dem Museum gleichgesetzt werden, insofern als sich beide im Zuge der Aufklärung parallel zur Entwicklung der bürgerlichen Gesellschaft zunehmend als öffentliche Orte präsentieren. Vor zweihundert Jahren beginnt, wie Dorothea von Hantelmann (2012: 10) feststellt, gewissermaßen die Erfolgsgeschichte der Ausstellung, indem parallel zur Entwicklung der industriellen bürgerlichen Gesellschaft das materielle Objekt auf eine neue Art und Weise ins Zentrum der Aufmerksamkeit rückt. Diente das Objekt in höfischen und aristokratischen Kulturen noch vorwiegend als Accessoire zur eigenen ästhetischen Verfeinerung, wird es in der modernen industrialisierten Gesellschaft zum Gegenüber des Subjekts, dem dieses in Museum und Ausstellung begegnen kann.

Fasst man Ausstellungen jedoch wie die Museologin Katharina Flügel (2009: 105f.) in der einfachsten Definition als „ein zeitlich begrenztes Herzeigen von Dingen" (ebd. 105), eröffnet dies eine Entwicklungslinie der Ausstellung, welche unabhängig von der Institution des Museums gelesen werden kann. Im Zurschaustellen von Besitz und Reichtum ist die Ausstellung bereits in antiken Hochkulturen verankert, wenn nicht nur theatralische Aufführungen, sondern auch pompöse Ausstellungen Bestandteil großer Festivitäten sind oder etwa von glänzenden Triumphzügen römischer Feldherren zeugen. Der kommerzielle Aspekt des Ausstellens gewinnt in der Neuzeit an Bedeutung, als das Darbieten mit dem Feilbieten zusammenfällt. Bereits vor der Mitte des 15. Jahrhunderts finden in Italien Ausstellungen zum Zweck des Verkaufs von Bildern statt. Auch die Ausstellungen der Kunstakademien ab dem 17. Jahrhundert, die Pariser Salons und die großen Weltausstellungen des 19. Jahrhunderts stehen neben geschmacksbildenden Interessen im Zeichen der Vermarktung.[1] In dieser Hinsicht ist die Ausstellung im Gegensatz zum Museum weitaus mehr „ein Kind der Gegenwart, nicht der Geschichte", wie Ekkehard Mai (2002: 64) konstatiert.

Trotz genealogischer Differenzen von Museum und Ausstellung stellt die Aufklärung mit der Entstehung des öffentlichen Museums einen entscheidenden Wendepunkt in der Betrachtung der Ausstellung dar. Hier formt sich gewissermaßen das Moment der bewussten Öffentlichkeit, das für die Entstehung der Ausstellung und ihrer heutigen gesellschaftlichen Funktionen entscheidend ist. Mit der Geburt des öffentlichen Museums wird gleichsam die bis heute bestehende Dialektik zwischen der Emanzipation und der Kontrolle des Museums als Institution und der Ausstellung als Kommunikationsform deutlich.[2] Wie der

**1** | In dieser Geschichte der Ausstellung lässt sich eine Trennung zwischen Kunst- und Verkaufsausstellung nicht immer klar ziehen, wie auch die in neueren Forschungen verstärkt untersuchte parallele Entwicklung von Kunstausstellungen zu den großen Industrie- und Gewerbeausstellungen zeigt, siehe beispielsweise „Montrer, exposer, représenter en Allemagne et en France (XIXe/XXe siècles)", ciera.fr/ciera/IMG/pdf/Bilan_scientifique_montrer_exposer.pdf (23. 11. 2014).

**2** | Dass die Dialektik von Emanzipation und Kontrolle der Ausstellung auch jenseits ihrer musealen Verortung eingeschrieben ist, zeigt Martin Beck in seinem

Kulturtheoretiker Tony Bennett im seinem Buch „The birth of the museum" (1995) unter Anwendung foucaultschen Denkens und einer historischen Analyse vormusealer Präsentations- und Ausstellungsformen herausarbeitet, ist nämlich speziell dem Museum eine zivilisierende Funktion mit der Privilegierung des „bürgerlichen Blicks" eingeschrieben. Dies beeinflusst, wie ich später in Kapitel 4 noch im Detail erläutere, bis heute die Sichtweise auf die Institution des Kunstmuseums und die Bestrebungen von Besucher_innen, sich im Rahmen ihres Ausstellungsbesuches im Sinne einer sozial anerkannten Vorgehensweise „richtig" zu verhalten.

## Folgenreiche Ausstellungsformen

Der entscheidenden Frage, wie Kunstmuseen ihre Besucher_innen formen, stellt sich neben Tony Bennett auch Charlotte Klonk (2009) in ihrer Analyse von Ausstellungsräumen von 1800 bis 2000. Sie beantwortet diese Frage jedoch weniger diskurstheoretisch, denn kunsthistorisch, indem sie die Gestaltung von Ausstellungen hinsichtlich des Vorentwurfes und der Formung ihres Besucher_innenbildes untersucht. Über eine akribische Analyse der zeitgeistigen Präsentationsmodi und deren Hintergründe verweist sie auf das implizite idealtypische Besucher_innenbild der verschiedenen Epochen. Während im 19. Jahrhundert die neu gegründeten Nationalmuseen im Sinne des Erziehungsauftrags mit der linearen Bildpräsentation nach Ländern und Schulen vor allem auf den „gebildeten Staatsbürger" abzielen, richten sich die Bestrebungen zu Beginn des 20. Jahrhunderts bereits weniger auf die Erziehung zum Patriotismus denn auf die individuelle Geschmacksbildung. Dem intimen Ausstellungsstil in Form von durchkomponierten Ensembles aus Bild, Skulptur und Inneneinrichtung steht hier die Figur des kultivierten Privatbürgers gegenüber. Trotz Avantgardebestrebungen von Künstler_innen wie beispielsweise El Lissitzky und ihrem Entwurf von aktiven Zuschauerkollektiven

Aufsatz „Sovereignty and Control" (2007). Im Rekurs auf den experimentellen Umgang mit der Ausstellung vonseiten (kommerzieller) Gestalter_innen in der zweiten Hälfte des 20. Jahrhunderts verdeutlicht er die Funktion der Ausstellung als eine neue Form der visuellen Kommunikation, welche ein Zusammendenken autonomer Betrachter_innen und gelenkter Konsument_innen ermöglicht.

in den 1920er-Jahren setzt sich diese Art der individuellen Adressierung der Besucher_innen im Verlauf des 20. Jahrhunderts fort. Hier werden Besucher_innen laut Klonks Analyse durch warenähnliche und die Autonomie der Kunstwerke betonende Präsentationsmodi – wie sie das Museum of Modern Art in New York unter der Leitung von Alfred Barr prägte – vorwiegend als Konsument_innen angesprochen.

Das Museum of Modern Art steht wiederum als markantes Untersuchungsobjekt für Mary Anne Staniszewskis Studie „The Power of Display“ (1998). In ihren präzisen Analysen ausgewählter Ausstellungen des MoMA dechiffriert sie über die Untersuchung des Displays explizite wie auch implizite Werte, Politiken und Ästhetiken. Damit verortet Staniszewski nicht nur Konventionen der modernen Kunstpräsentation und spezifische Modi der Subjektproduktion, sondern gilt seither mit ihrer Studie als zentraler Referenzpunkt für alle ideologiekritischen Untersuchungen von Ausstellungen. In dieser Linie steht beispielsweise Roswitha Muttenthalers und Regina Wonischs Ansatz, museale Zeigegesten auf der Repräsentationsebene hinsichtlich ihrer Produktionsmacht von Bedeutung zu befragen und dabei ein besonderes Augenmerk auf die Konstruktion von „gender“ und „race“ zu legen (Muttenthaler / Wonisch 2003, 2006). Aktuelle Publikationen beschäftigen sich verstärkt mit Herausforderungen einer zunehmend pluralisierten Gesellschaft und deren Eingang ins Museum mit Titeln wie „Das Unbehagen im Museum. Postkoloniale Museologien“ (2009) oder „Experimentierfeld Museum. Internationale Perspektiven auf Museum, Islam und Inklusion“ (2014).

## Von der Neuen Museologie zu transdisziplinären Museumswissenschaften

Mit der Thematisierung von Kultur, Identität und musealer Repräsentation geht zumeist auch eine Erweiterung oder Verlagerung des Untersuchungsobjektes von der Kunst- auf die Kulturausstellung einher, wie dies beispielsweise im zentralen Reader „Exhibiting Cultures“ (1991) von Ivan Karp und Stephen D. Lavine im Zuge der Diskussion um „museums and multiculturalism“ bereits zu sehen ist. Wer spricht? Über welche Objekte? Für wen? Dies sind jene Fragen, die auf der Objektebene diskutiert werden (können). Museumsdinge stehen dabei für Sammlungs- und

Organisationspraktiken wie auch – mit dem Blick auf die Ausstellung – für spezifische Expositionspraktiken.

Museumsgeschichte nicht als Institutionsgeschichte zu begreifen und stattdessen die Dinge und insbesondere die Mensch-Ding-Beziehung in den Fokus zu rücken, kann rückblickend als allgemeine Wende in der programmatischen Neuausrichtung der Museologie in den 1980er-Jahren in Form der Neuen Museologie gesehen werden. Die Perspektivenveränderung, die damit einhergeht, umfasst dabei laut Sharon Macdonald (2010) zum einen eine veränderte Sichtweise auf die Bedeutung des Museumsobjekts, die nunmehr als weniger immanent denn als stark orts- und kontextabhängig begriffen wird. Zum anderen machen sich eine Integration vormals ausgeschlossener Thematiken der Museologie wie etwa Kommerzialisierung und insbesondere auch die Frage nach der Wahrnehmung des Museums und seiner Ausstellungen bemerkbar. Versinnbildlicht wird diese Wende in dem von Peter Vergo herausgegebenen Buch „The new museology" (1989a), dessen Beiträge sich in einer humanistischen Gesamtausrichtung Sinn- und Bedeutungsfragen des Objekts, der Institution des Museums, Weltausstellungen und Themenparks sowie der konkreten Spezifik des Ausstellungsbesuches widmen.

Dass es sich bei einem Museumsbesuch, wie bereits angedeutet, um ein in sozialhistorischer Sicht höchst reglementiertes, normiertes Ritual handelt, darauf weist Carol Duncan in ihrer eindrücklichen Studie „Civilizing rituals. Inside public art museum" (2001) hin. Mit anthropologischen Referenzen untersucht Duncan die Beschaffenheit des Kunstmuseums weniger als Ansammlung von Objekten oder als architekturhistorisch und ästhetisch relevantes Monument, sondern vielmehr als „dramatisches Feld", in dem Besucher_innen die zentrale Bedeutung des Museums über das eingeschriebene Ritual erfahren. Auch Dorothea von Hantelmann und Caroline Meister beziehen sich mit der Betitelung ihres Aufsatzbandes „Die Ausstellung. Politik eines Rituals" (2010a) auf die Metapher des Rituals. Hier wird das Rituelle jedoch weniger anthropologisch oder am Artefakt des Kunstmuseums festgemacht, sondern historisch aus der Geschichte des Museums und der Funktion der Ausstellung hergeleitet. Mit der öffentlichen Ausstellung etabliert sich – darauf wurde bereits vorhin mit der Veränderung des Objektstatus hingewiesen – ein neues Ritual der Kunstrezeption, bei dem die Museumsbesucher_innen in die Ordnung der westlichen demokratischen Marktgesellschaften mit ihren Werten Produktion, Entwicklung, Fortschritt und Individuum eingeführt werden. Der Band versinnbildlicht in seinem Aufbau auch bereits die zweite Welle kritischer Museumsanalysen, wenn ästhetische, politische, soziale und kulturhistorische Perspektiven behandelt werden und der Fokus vom Museum zum Medium Ausstellung hinübergleitet. Aktuelle Museumswissenschaften sind, wie Sharon Macdonald (2010: 57) in der Charakterisierung des Forschungsfeldes feststellt, somit durch einen transdisziplinär erweiterten Blick gekennzeichnet, welcher die Neue Museologie mit ihrer Repräsentationskritik fortschreibt und gleichzeitig eine enorme Ausdehnung der thematischen Vielfalt und Pluralisierung der methodischen Herangehensweise mit sich bringt.

## Neue Ausstellungsforschung

Konzentriert man sich auf die jüngsten Publikationen aus dem Feld der Ausstellungsforschung, ist nicht zu übersehen, wie sehr dieses in den letzten Jahren erweitert und unter dem Label „exhibition studies" neu erschlossen wurde. Damit wird deutlich, dass im Zusammenhang mit dem Museumsboom seit den 1980er-Jahren heute nicht nur immer mehr Besucher_innen das Medium Ausstellung erfahren, sondern auch immer mehr Forscher_innen die Ausstellung zu ihrem Untersuchungsobjekt erküren. Die Institutionalisierung von Kulturwissenschaft, Kulturmanagement und nicht zuletzt von vielen neuen Kurator_innenlehrgängen mit der auffallenden Popularisierung des Kurator_innenberufs[3] trägt das Ihre dazu bei, dass auch im Rahmen von „curatorial studies" die Ausstellung beforscht und in Form von Publikationen, Symposien, Vorträgen und auch künstlerischen Arbeiten thematisiert und vermittelt wird.[4]

3 | Paradigmatisch kann hierfür ein Artikel in der Wochenzeitung „Die Zeit" stehen, in dem der Kurator_innenberuf als neuer Traumberuf vieler junger Menschen und die folgenreiche „Macht der Geschmacksverstärker" für den Kunstbetrieb besprochen wird, siehe zeit.de/2011/19/Kunst-Kuratoren (23. 11. 2014).

4 | Siehe beispielsweise die 2010 gegründete und vom Kurator Jens Hoffmann herausgegebene Zeitschrift „The exhibitionist", die Ausstellung „unexhibit" 2011 in der Generali Foundation, die internationale Konferenz „Curatorial Things" im Haus der Kulturen der Welt 2014 beziehungsweise auch einfach den allgemeinen Trend zur dezidiert ausgewiesenen Kurator_innenführung, welche als „personalisierte Stimme" der Ausstellung Einblicke in deren Entstehung und Hintergründe gibt.

So fließt in die Betrachtung der Ausstellung sowie auch des Museums kuratorisch-künstlerisches Wissen ein, wenn über das eigene Tun innerhalb und außerhalb der Institutionen in verschiedenen Formen und Foren reflektiert wird. Von „Everything You Always Wanted to Know About Curating" (2011) des Überkurators Hans Ulrich Obrist über „(Re) Staging the Art Museum" (2011) bis hin zu „The culture of curating and the curating of culture(s)" (2012) von Paul O'Neill reicht die Bandbreite der Bucherscheinungen aus dem kunstbetriebsnahen kuratorischen Feld, sodass von der Amnesie in Bezug auf die Bedeutungsproduktion durch die Mechanismen des Ausstellens, von der Mary Anne Staniszewski noch 1998 sprach, heute keine Rede mehr sein kann.

Eine weitere Auffälligkeit in der aktuellen theoretischen Auseinandersetzung mit der Ausstellung zeigt sich in der Anwendung von Verfahren aus anderen Feldern wie etwa Ethnografie, Semiotik oder auch Theater- und Filmanalysen. Diese Tendenz des transdisziplinären Blicks kumuliert dabei nicht selten in einer metaphorischen Übertragung zentraler Begrifflichkeiten. So wird das Museum in Analogie zu einem komplexen eigenlogischen „Mikrokosmos" als ein in ethnografischer Forschungspraxis zu erschließendes Feld beschrieben (Gable 2010), die Analyse der Ausstellung im Zuge einer kultursemiotischen Auseinandersetzung mit einer Lektüre verglichen (Scholze 2004), in der Adaption des Begriffs der „Storyline" das Museum auf seine Narrationen und Erzählmuster hin untersucht (schnittpunkt / Martinz-Turek / Sommer-Sieghart 2009) oder die Ausstellung im Sinne einer theatergeschichtlichen Verortung gar als Drama diskutiert (Hanak-Lettner 2011). Mag eine solche Beliebtheit der Analogien in Bezug auf die Ausstellung vielleicht verwundern, sind diese Zugänge insofern berechtigt, als der Ausstellung zweifelsohne sozial-strukturelle, narrative und dramaturgische Elemente innewohnen. Führt man sich zudem vor Augen, dass es bis heute keine einheitlichen und etablierten Werkzeuge zur Analyse einer Ausstellung gibt, wird der Transfer von Verfahren umso verständlicher, wenngleich sich meines Erachtens in jedem Anwendungsfall die Frage nach der Adäquatheit eines solchen Analyserasters stellt.

## Die Betrachtung der Betrachter_innen

Unabhängig von feldspezifischen Sichtweisen ist auffällig, dass die Debatte in der Ausstellungsforschung bislang vornehmlich um die Produzent_innenseite kreist, da der Fokus auf der Analyse der Ausstellung und ihrer impliziten Bedeutungsproduktion liegt. Besucher_innen werden auf diese Weise zwar bereits in ihrer Rolle als hypothetische Adressat_innen dieses kommunikativen Mediums gesehen, ihre (notwendig empirisch zu erfassende) subjektive Sichtweise auf die Ausstellung wird jedoch nur selten verhandelt und noch seltener aus ihrer eigenen Erfahrung und Einschätzung heraus erfragt. Ein Gegenbeispiel in der Ausstellungsforschung stellte das bereits erwähnte Projekt „eMotion – mapping museum experience" dar. Hier wurde die Museumserfahrung anhand eines experimentellen Methodenmixes aus Psychogeografie, sozialwissenschaftlichen Erhebungen sowie Kunst- und Designforschung in einer eigens eingerichteten und während der Laufzeit in Bezug auf die Hängung interventionistisch veränderten Ausstellung des Kunstmuseums St. Gallen untersucht.[5] Besucher_innenforschung kann demnach und insbesondere nach ihrem konstruktivistischem Paradigmenwechsel in den 1990er-Jahren als ein wichtiger Anhaltspunkt gelten, wenn es darum geht, mehr über Besucher_innen und ihren Umgang mit der Ausstellung herauszufinden. Das heißt, dass gerade in der tendenziellen Abkehr von quantitativ-deskriptiven Studien hin zu qualitativen beziehungsweise quantitativ-analytischen Verfahren, wie sie Volker Kirchberg (2010: 181) in der aktuellen Besucher_innenforschung konstatiert, diese Untersuchungen die Ausstellungsforschung um wichtige empirische Ergebnisse bereichern können.

Eine wissenschaftliche Integration der Besucher_innensicht entspräche auch den Anliegen der neuen kritischen Museumswissenschaften, die sich mehr und mehr von ihrer „Mutterdisziplin", der Kunstgeschichte, abwenden und sich stattdessen verstärkt an Disziplinen der Gesellschaftswissenschaften orientieren. Sharon Macdonald (2010: 64) sieht in dieser Bewegung „eine Anerkennung der gesellschaftlichen Implikationen von Museen und einiger der sozialen Komplexitäten (Identitätspolitik und dergleichen), die in zunehmendem Maße als Teil

5 | Für eine genaue Beschreibung des Forschungsprojektes und die aktuelle Publikationsliste siehe mapping-museum-experience.com (23. 11. 2014).

der Herausforderungen des etablierten Museums sichtbar wurden". In die gleiche Richtung lassen sich auch Bestrebungen der engagierten Kultur- und Kunstvermittlung lesen, die im Zuge eines proklamierten „educational turn"[6] vermehrt gesellschaftspolitische, emanzipatorische Anliegen in der Agenda der Kunstinstitutionen auch jenseits einer rein marketingbasierten Besucher_innenorientierung sehen (will). In dieser Ausrichtung versucht beispielsweise die Kulturtheoretikerin Irit Rogoff (2010: 40f.) den Begriff von Bildung im Kontext von Museen und Ausstellungen neu zu bestimmen. Anstelle von Verteilung und Verbreitung von Wissen setzt sie auf die Potenzialität und Aktualisierung von eigenen Wissensbeständen („potentiality"/„actualisation"), anstatt auf leichte Zugänglichkeit auf einen offenen, demokratischen Zugang und die Möglichkeit, eigene Fragen und Ideen zu formulieren („access") sowie auf die Notwendigkeit, diese Form von Bildung auch als Herausforderung („challenge") in den Alltag zu integrieren. So wird mit diesem Schwenk nicht nur eine Abkehr vom tradierten bürgerlichen Bildungsmodell offensichtlich, sondern auch hinsichtlich des institutionellen Ausstellungsraumes eine Neubestimmung notwendig, wenn dieser anstatt eines wahrheitsproduzierenden Ortes nun in Form eines Dialog- und Möglichkeitsraumes zur Verhandlung steht.

## Die Ausstellung als Handlungsraum entwerfen

Genau an diesem Punkt möchte ich ansetzen, wenn ich in dieser Arbeit die Ausstellung als Handlungsraum programmatisch entwerfe. Dabei knüpfe ich an die soeben vorgestellten Forschungsrichtungen und Denkmodi insofern an, als ich die materiellen Entitäten der Ausstellung kritisch hinterfrage, den Blickwinkel der konstruktivistischen Besucher_innenforschung vertrete sowie das gesellschaftspolitische Anliegen der Kunst- und Kulturvermittlung teile. Mit der Bezeichnung Handlungsraum versuche ich, zum einen diese drei Stränge mit der Abstraktheit der Metapher zu bündeln und zum anderen den Terminus über ausgewähl-

**6** | Zur Diskussion dieser Entwicklung siehe den gemeinsam von schnittpunkt. Ausstellungstheorie & -praxis und dem Institute for Art Education Züricher Hochschule der Künste herausgegebenen Sammelband „educational turn. Handlungsräume der Kunst- und Kulturvermittlung" (2012).

te Handlungs- und Raumtheorien für meine Untersuchung konkret zu bestimmen.[7]

Wenn ich dabei in einem ersten Schritt das Handeln fokussiere, verweise ich auf das Machen, auf das Tun, da die Ausstellung nicht nur von Künstler_innen, Kurator_innen, Gestalter_innen, Techniker_innen etc. „gemacht" wird, sondern auch beim Gebrauch durch die Besucher_innen spezifische Handlungsweisen zum Zuge kommen. Mit der Konzentration auf den Raum beziehe ich mich wiederum auf die räumlich-sinnliche Dimension der Ausstellung, welche sie von anderen Kulturformen auch in der dezidiert körperbetonten Rezeption im Gehen und Sehen deutlich unterscheidet. Mit der Thematisierung von Raum und Handeln lege ich zudem eine politisierte ästhetische Sichtweise nahe, wenn der Raum nicht unhinterfragt als einfach „da" und vorhanden wahrgenommen wird und das Handeln (im Gegenzug zum Verhalten) selbstbestimmte soziale Akteure und Akteurinnen definiert.

## 2.2 Die Praxis des Handelns

Handlungstheorien werden in unterschiedlichen Disziplinen von Philosophie bis Ökonomie diskutiert. An dieser Stelle findet eine Fokussierung auf sozialwissenschaftliche Theorien statt, die vorwiegend aus der Soziologie stammen. Konkret stütze ich mich für die Argumentation der Ausstellung als Handlungsraum vornehmlich auf interpretative Theorien, da sie die „Fähigkeit von Akteuren zur Interpretation [...] und Bewältigung von Situationen vor dem Hintergrund von mehr oder weniger impliziten sozial-kulturellen Regeln" (Gabriel 1998: 9f.) betonen. Dieser Typus steht im Einklang mit einer qualitativen Methodologie, die Konzepte wie Sinn und Bedeutung im Alltagshandeln situiert und somit die inhaltliche Stoßrichtung meiner Arbeit unterstützt. Der Fokus auf den Alltag, die Bedeutungsproduktion der Akteure und Akteurinnen im Handeln und ein Wissen um die soziale Konstruktion der Wirklichkeit stehen so – trotz teils inhaltlicher Divergenzen – im Zentrum der im Folgenden

7 | Einen teilweile ähnlichen theoretischen Hintergrund wählt auch Bill Masuch, wenn sie in ihrem Text „Der offene Raum. HandlungsRäume in Kunst und Kunstvermittlung" (2006) das Potenzial einer künstlerischen und performativen Kunstvermittlung bestimmt.

dargestellten Handlungstheorien Ethnomethodologie, symbolischer Interaktionismus, Erving Goffmans Interaktionsordnung, Michel de Certeaus Kunst des Handelns und Pierre Bourdieus Theorie der Praxis sowie an sie anschließende praxistheoretische Perspektiven.

## Die Ethnomethodologie als Soziologie des Alltags

Die Ethnomethodologie begreift sich als Soziologie des Alltags und wurde als sozialkonstruktivistischer Ansatz von Harold Garfinkel in den 1960er-Jahren begründet (Meuser 2006: 53). Der Begriff Ethnomethodologie selbst ist ein Kunstwort, das in Anlehnung an die Ethnowissenschaft (griech. ethnos = Stamm, Volk) gewählt wurde, die das Wissens- und Erkenntnissystem von Angehörigen einer Kultur in Bezug auf ihre Handlungen und deren Bedeutungen untersucht (Psathas 1981: 263). Ethnomethodologie befasst sich folglich mit praktischen Handlungen oder anders gesagt mit alltäglichen Methoden, nach denen Gesellschaftsmitglieder ihre gemeinsame Welt strukturieren und interpretieren. Interessant ist somit, dass es in der Ethnomethodologie gerade nicht darum geht, Handlungsmotive aufzudecken, sondern statt Warum-Fragen Wie-Fragen gestellt werden, wie es Harold Garfinkel und Harvey Sacks (1979: 139f.) mit der „methodologischen Indifferenz" umschreiben. Gleichzeitig operiert Ethnomethodologie mit einer rationalen Vorstellung des Handelns ohne jedoch damit Objektivitätsansprüche zu verbinden: „Nicht allein, weil Akteuren die Objektivationen der jeweiligen Gesellschaft weitgehend vertraut sind, funktioniert Handeln. Sondern weil sie einander stillschweigend die Verständlichkeit dessen unterstellen, was sie sich wechselseitig anzeigen" (Strübing / Schnettler 2004: 389). So stellt die Ethnomethodologie fest, dass Menschen grundsätzlich einen zweifelsfreien Alltag annehmen, in dem alles seine Richtigkeit hat, weil alle kompetent in ihrem Handeln sind und gemeinsames Handeln somit weitgehend von Überraschungen frei ist (Abels 1998: 127).

Die Argumentation, warum wir annehmen, uns im Alltag zu verstehen, basiert dabei unter anderem auf den Dingen, die jeder weiß. Garfinkel (1981: 189) selbst nennt dieses Wissen über die Organisation und Wirkungsweisen der Gesellschaft das „common-sense-knowledge of social structure". Gleichzeitig konstatiert er aber, dass der Sinn von Alltagsfeststellungen nicht per se vorhanden, sondern „strukturell ungewiss" ist, „weil er von der sich immer erst allmählich entwickelnden Verlaufsfigur der jeweiligen Anwendungsgelegenheiten abhängig ist" (ebd. 208). Die Kontextabhängigkeit fungiert demnach als eine wichtige Komponente der Sinnproduktion. Wie die Ethnomethodologie aufzeigt, sind wir dabei fähig, bereits aus kleinen Hinweisen eine ganze Situation zu konstruieren, lassen sich doch über die Typisierung von Situationen neue Erfahrungen zuordnen. Zu diesem Aspekt der sozialen Wirklichkeit kommen jene individuellen Anstrengungen hinzu, die Welt im Normalzustand zu erhalten. Garfinkel und Sacks nennen dies die „Verfahren des In-Ordnung-Bringens" (Garfinkel / Sacks 1979: 132). Dabei zeigt die Ethnomethodologie, „dass wir erstaunlich erfinderisch sind, um etwas, was wir zunächst nicht verstehen, weil es z.B. mit unserer Rationalität nicht übereinstimmt, doch noch rational zu machen" (Abels 1998: 121). Im Ausstellungsraum macht sich dies beispielsweise bemerkbar, wenn Dinge, die zunächst als kurios, abstrus oder fehlerhaft erscheinen, durch die institutionelle Rahmung schlussendlich doch als „sinnvoll" angesehen werden.[8]

In Analogie zu den berühmt-berüchtigten Krisenexperimenten der Ethnomethodologie und ihren bewusst eingesetzten Störungen der gewohnten Alltagssituation zeigen diese Irritationsmomente in Folge umso deutlicher jene Versuche und Verfahren der Akteure und Akteurinnen auf, die Wirklichkeit wieder in Ordnung zu bringen.[9] In der sozialen Interaktion wird aber nicht nur soziale Wirklichkeit, sondern auch eine soziale Ordnung hergestellt. In der Ethnomethodologie existieren demnach „soziale Regeln und Normen [...] nur in ihren Anwendungen in sozialen Interaktionen und erfahren dabei eine fortwährende (wenn auch in

---

**8** | Im Salzburger Kunstverein wurde beispielsweise ein kurzfristig ausgefallenes Bild bei einer Videoprojektion von einer Besucherin so verstanden, dass es sich möglicherweise nicht um einen Defekt, sondern um eine Audioinstallation mit dezenten Stimmen vom hoch gehängten Abspielgerät handeln könnte.

**9** | Garfinkel (1992 / 1967: 47f.) ließ beispielsweise seine Student_innen bei ihren Eltern zu Hause ein Experiment durchführen, bei dem sie sich nicht wie deren Kinder, sondern wie höfliche Gäste verhielten. Wenngleich dieses Verhalten vorerst großes Unverständnis bei den Eltern hervorrief, konnten diese die Logik der Situation mit der Attribuierung des Verhaltens als unpassend / unangenehm / unhöflich sowie der Nachfrage nach dem Befinden und möglichen Problemen wieder für sich herstellen.

der Regel minimale) Transformation“ (Meuser 2006: 53). Es handelt sich hierbei also um „norms in use“, eine Formulierung welche die Ethnomethodologie heranzieht, um sich einerseits von einem deterministischen Regelbegriff abzugrenzen und andererseits gleichzeitig soziale Regeln und Normen für eine soziale Ordnung in Abhängigkeit vom Gebrauch der Personen darzustellen.

Für die Ausstellung als Handlungsraum zeigt sich die Ethnomethodologie von Relevanz, indem sie das Hauptgewicht auf die Methoden der Akteure und Akteurinnen legt, mit denen diese ihren Alltag meistern und dem Vorgefundenen einen Sinn verleihen. Auch die Feststellung der Kontextgebundenheit einer jeden Bedeutungsproduktion und das Faktum, dass Regeln in ihrer Anwendung als sogenannte „norms in use“ gehandhabt werden, sind für die Ausstellung zentral. Hier stellt sich für die Untersuchung die Frage, ob der Ausstellungsraum per se ein Raum ist, auf dessen starke normative Grundstrukturen Besucher_innen in ihrer Eingeführtheit vorwiegend vertrauen, oder ob hier in Zusammenhang mit der zeitgenössischen Kunst und ihren impliziten Irritationsmomenten die gewohnte soziale Ordnung öfter als sonst hinterfragt wird und (gedanklich) in Ordnung gebracht werden muss.

## Der symbolische Interaktionismus und die Suche nach Sinn

Der symbolische Interaktionismus lässt sich in seinen Ursprüngen bis zu den frühen amerikanischen Pragmatisten William James, John Dewey, Charles Sanders Peirce und George Herbert Mead zurückverfolgen und wurde von dem amerikanischen Soziologen Herbert Blumer mitbegründet. In seiner Ausrichtung stellt sich der symbolische Interaktionismus – ähnlich wie die Ethnomethodologie – gegen wissenschaftliche Formulierungen, die auf quantitativen Verfahren, rein theoretisch hergeleiteten Konzepten oder auf stark abstrahierten Verallgemeinerungen jenseits konkreter menschlicher Erfahrungen basieren.

Die Grundsätze des symbolischen Interaktionismus basieren dabei auf drei Prämissen (Blumer 1981: 81): Die erste davon besagt, dass „Menschen ‚Dingen‘ gegenüber auf der Grundlage der Bedeutungen handeln, die diese Dinge für sie besitzen.“ „Die zweite Prämisse besagt, daß die Bedeutung solcher Dinge aus der sozialen Interaktion, die man mit seinen Mitmenschen eingeht, abgeleitet ist oder aus ihr entsteht“. Und die

„dritte Prämisse besagt, daß diese Bedeutungen in einem interpretativen Prozeß, den die Person in ihrer Auseinandersetzung mit den ihr begegnenden Dingen benutzt, gehandhabt und abgeändert werden".

Im Vergleich zu anderen sozialkonstruktivistischen Ansätzen wird im symbolischen Interaktionismus somit nicht nur der Sinnproduktion des Menschen per se, sondern ebenso den Bedeutungen, die die Dinge für den Menschen haben, ein zentraler Stellenwert eingeräumt. Dabei ist zu den Dingen „alles zu zählen, was angezeigt werden kann, alles auf das man hinweisen oder auf das man sich beziehen kann" (Blumer 1981: 90). Die Unterteilung erfolgt in physikalische Objekte (z.B. einen Stuhl), soziale Objekte in Bezug auf Menschen (z.B. eine Mutter) und abstrakte Objekte (z.B. moralische Prinzipien). Innerhalb von Gruppen kann es zu gemeinsamen Sichtweisen sowie zur Entstehung von kollektiv abgestimmten Bedeutungen von Dingen kommen. Festgehalten werden muss, dass Objekte „keinen festgelegten Status" haben, „es sei denn, ihre Bedeutung wird durch Anzeigen und Definitionen, die die Menschen von diesen Objekten vornehmen, aufrechterhalten" (ebd. 91). Der Blick auf Dinge (in der allgemeinen, offenen Definition von Dingen als wahrzunehmende und erfassende Objekte) und deren Bedeutungsproduktion in der Interaktion mit einem selbst und anderen mag meines Erachtens eine nützliche Sichtweise auf die Modi der Bedeutungsproduktion im Ausstellungsraum eröffnen. Dieser Prozess ist demnach nicht als einfache Ursache-Wirkungsformel, sondern weitaus komplexer als Zusammenspiel innerer und äußerer Prozesse zu erklären.

So betrachtet der symbolische Interaktionismus die Bedeutung weder als „Ausfluss der inneren Beschaffenheit der Dinge" noch als „das Ergebnis einer Vereinigung psychologischer Elemente im Individuum". „Vielmehr geht für ihn die Bedeutung aus dem Interaktionsprozeß zwischen verschiedenen Personen hervor" (Blumer 1981: 83). In dieser Sichtweise ergibt sich für eine Person die Bedeutung eines Dings also nicht aus dem Ding an sich oder aus der individuellen geistigen Auseinandersetzung mit ihm, sondern „aus der Art und Weise, wie andere Personen ihr gegenüber in Bezug auf dieses Ding handeln" (ebd.). In Übertragung auf die Ausstellung heißt dies, dass sich für eine Person die Bedeutung eines Kunstwerks nicht allein aus ihm selbst oder aus der solitären Rezeption erschließt, sondern vielmehr auch daraus, wie andere in Bezug auf das Kunstwerk handeln. Denkt man etwa an spezifische Transportauflagen, die Höhe der Versicherungssummen, die Präsentation des Kunstwerks in zentraler oder peripherer Position in der Ausstellung, seine Bewachung durch Aufsichten oder auch an die Kommentierung durch Texte, wird der Leitsatz von Bedeutungen als „soziale Produkte" auch im Feld der Ausstellung durchaus nachvollziehbar.

## Die Interaktionsordnung bei Erving Goffman

Erweist sich der symbolische Interaktionismus als geeignet, um die sozialen Interaktionen mit Objekten und anderen Personen im Ausstellungsraum zu analysieren, lässt sich mit Erving Goffman an die Untersuchung sozialer Situationen kopräsenter Subjekte anschließen. Goffman selbst, aus der Tradition der Chicago School kommend und ebenso vom symbolischen Interaktionismus geprägt, ist keiner dieser beiden Richtungen zuzuweisen (Bausch 2001: 203). Gerade der hemmungslose Eklektizismus seiner Arbeiten und seine metaphorische Sprachwahl verbieten eine genaue Zuordnung, wenngleich über die detaillierte Beschreibung von Interaktionsstrukturen ein ethnomethodologischer Ansatz zu erkennen ist und der dramaturgische Charakter seines Werks ihn heute als Theoretiker des Performativen auszeichnet.

Als immer wiederkehrendes Thema in Goffmans Arbeiten lässt sich die Interaktionsordnung bestimmen. Für Goffman ist sie ein zu etablierender Untersuchungsgegenstand mit eigenem Recht, der sich wie ein roter Faden in der „wiederholten Betonung der Definition von sozialen Situationen, Ereignissen, Begegnungen" durch sein Werk zieht (Knoblauch 2001: 33). Sie bezeichnet jene sozial verhandelten Situationen der Interaktion, „in denen zwei oder mehr Individuen körperlich anwesend sind, und zwar so, daß sie aufeinander reagieren können" (Goffman 2001: 55). Damit ist die Interaktionsordnung sowohl das Ergebnis von Strukturen als auch das Produkt gemeinsam definierter Regeln (Abels 1998: 174). Gerade in der Interaktion bestimmt Goffman den Ort des Sozialen, wenn er bei der Analyse von sozialen Praktiken nach ihren gesellschaftlichen Bedingungen fragt.

Interessanterweise spricht Goffman (2001: 61f.) bei der Untersuchung von sozialen Interaktionen auch von Handlungsfeldern, beispielsweise örtlich bestimmbaren Arealen wie Flughäfen oder Krankenhäusern. Als größere Arrangements determinieren diese Orte von sich aus Situationen, wenn vorab recht gleichartige Erwartungen an sie herangetragen werden. Relevant in Übertragung auf die Ausstellung als Handlungsraum ist somit die Anmerkung Goffmans (ebd. 62), dass es sich „bei Handlungsfeldern und sozialen Situationen zwar um Einheiten handelt, die ausgesprochen nicht subjektbezogen“ sind, dass „aber manche Elemente der Interaktion dagegen [...] entschieden subjektbezogen ausfallen“ können. Genau solchen sozial normierten und dennoch individuell in der Kopräsenz gelösten Situationen widmet sich Goffman bereits in einem seiner frühen Bücher, „Verhalten in sozialen Situationen“ (1971). Hier untersucht er, wie sich zwei oder mehrere Personen bei ihrer Zusammenkunft an öffentlichen und halböffentlichen Orten wie etwa Straßen, Parks, Restaurants oder Geschäften verhalten und dabei miteinander interagieren. Obwohl er seine Feldforschung bereits in den 1950er-Jahren durchführte und im Grunde seine Gültigkeit nur für die amerikanische Mittelstandsgesellschaft beanspruchen kann, ist erstaunlich, wie viele dieser Interaktionsmuster sich auf aktuelle Interaktionen von Personen im Ausstellungsraum übertragen lassen. Beispielsweise ist die „höfliche Gleichgültigkeit“ (ebd. 84f.), wie sie auch zwischen Unbekannten im Ausstellungsraum gepflegt wird, eine Möglichkeit, die Anwesenheit einer Person zu würdigen, ohne sie jedoch mit besonderer Aufmerksamkeit zu belästigen.

Die hier angesprochenen kulturell vorgegebenen Muster und ihre anwendungsbezogenen Interpretationen werden zudem von Rahmen bestimmt, die Goffman insbesondere in seinem Werk „Rahmen-Analyse“ (1989) untersucht. Neben sprachlichen Kontextualisierungen sind es insbesondere auch räumliche Territorien, die für eine Rahmung prädestiniert sind. Die Ortsgebundenheit einer jeden sozialen Situation verhilft zur Orientierung, indem sie den anwesenden Personen Indikatoren für den möglichen angemessenen Spielraum ihres eigenen Verhaltens und des der anderen bereitstellt. In seinem populären Buch „Wir alle spielen Theater“ (2009/1969) widmet Goffman sogar ein ganzes Kapitel dem ortsbestimmten Verhalten. In der Unterscheidung zwischen Vorderbühne (dem öffentlich sichtbaren Ort, an dem die Vorstellung stattfindet), Hinterbühne (ebenso zur Vorstellung gehörend, aber durch die eingeschränkte öffentliche Sichtbarkeit von manchen Zwängen der Vorderbühne befreit und teils auch im Widerspruch zur Vorstellung stehend) und der Region des Außen (sowohl von der Vorder- als auch der Hinterbühne ausgeschlossen) wird die individuelle örtliche Rahmung über den eigenen Bezugspunkt möglich. Neben dem Bühnenbild ist es auch die Gestalt der persönlichen Fassade in Form der körperlichen Erscheinung und des körperlichen Verhaltens der Akteure und Akteurinnen, die Indikatoren für die Definition der Situation und die Möglichkeit zu deren Kontrolle enthält. Über Goffmans Auseinandersetzung mit Interaktionsgefügen und deren inszenatorischer und dramaturgischer Gestaltung kann demnach die Frage nach dem sozialen Geschehen im Ausstellungsraum in ihrer performativen Ausprägung gefasst werden.

## Von Handlungen zu Praktiken

Spricht man, wie bei Goffmann, von Praktiken anstatt von Handlungen, kann dies bedeuten, dass ritualisiertes soziales Verhalten ins Zentrum des Interesses gestellt wird. Im Fokus stehen so weniger intentionale Aktivitäten oder kommunikative Attributionsphänomene, sondern jene praktischen Vollzugswirklichkeiten, die sich in Raum und Zeit empirisch beobachtbar bemerkbar machen (Hirschauer 2004: 73). Über eine solche Interessensverschiebung geraten Praxistheorien automatisch in den Blick. Bis heute herrscht jedoch keine Einigkeit, was eine soziologische Praxistheorie genau ist, obgleich seit einigen Jahren eine spürbare „Tendenz zur theoretischen Fokussierung sozialer Praxis und dort beobachteter Praktiken" in den Sozialwissenschaften deutlich wird (Raabe 2008: 363). Andreas Reckwitz (2003) empfindet die nicht vorhandene Einheitlichkeit praxistheoretischer Entwürfe jedoch als kein Manko und empfiehlt deren Vielfalt als fruchtbaren Ideenpool zu nutzen.[10] Den Innovationswert von Praxistheorien sieht er in einem veränderten Verständnis des Handelns, der Akteure und Akteurinnen und damit des Sozialen. In Unterscheidung zu anderen Kulturtheorien ist der „Ort" des Sozialen „damit nicht der (kollektive) ‚Geist' und auch nicht ein Konglomerat von Texten und Symbolen [...], sondern es sind die ‚sozialen Praktiken', [...] deren Wissen einerseits in den Körpern der handelnden Subjekte ‚inkor-

**10** | Neben Bourdieus und Giddens' „grand theories" verortet er die (historischen) Stränge der Praxistheorien in sozialwissenschaftlich einflussreichen Sozialphilosophien wie dem Spätwerk von Ludwig Wittgenstein, der bereits vorgestellten Ethnomethodologie, bei den Theoretiker_innen des Poststrukturalismus von Foucault bis Deleuze, den Cultural Studies, bei den Artefakttheorien und den aktuellen Theorien des Performativen.

poriert‘ ist, die andererseits regelmäßig die Form von routinisierten Beziehungen zwischen Subjekten und von ihnen ‚verwendeten‘ materialen Artefakten annehmen“ (ebd. 289). Eine Spezifik der Praxistheorien, die sie insbesondere für die Übertragung auf die Ausstellung attraktiv macht, liegt damit in der Sichtweise von Körpern und Artefakten als Materialisierung des Sozialen / Kulturellen gegeben.

Eine praxistheoretische Ausrichtung vermag möglicherweise jene charakteristischen Schwächen von interpretativen Ansätzen zu überwinden, die laut Anthony Giddens (1984: 64) darin liegen, dass sie sich erstens „mit dem Handeln als Sinn und nicht mit Handeln als Praxis“ befassen; zweitens nicht „den zentralen Stellenwert von Macht im gesellschaftlichen Leben“ erkennen und drittens nicht genügend beachten, dass „gesellschaftliche Regeln und Normen“ je nach Interessenslage „unterschiedlicher gedeutet werden“ können. Der Fokus liegt in diesem Abschnitt – vor allem in Bezug auf die Kommunikationsforschung und de Certeaus Überlegungen – auf den Arten und Weisen, in denen Rezipient_innen oder Konsument_innen mit vorgefundenen Medieninhalten umgehen und sich durch listenreiche Praktiken ihr Terrain erobern. Im Fall von de Certeau und Bourdieu ist hier auch eine Überschneidung mit raumtheoretischen Konzepten gegeben, da ihre Überlegungen auch für den aktuellen Raumdiskurs wichtige Referenzpunkte darstellen.

### Praxistheoretische Medienforschung. Von der Rezeption zur Aneignung

Dass Medienrezeption und -nutzung als aktiver Prozess zu verstehen ist, gilt in der Kommunikationswissenschaft bereits als Common Sense. Medien und Lebenswelt interagieren gewissermaßen, wenn Personen ihr Wissen bei der Rezeption heranziehen und den rezipierten Text[11] als Diskussionsstoff möglicherweise wieder in ihren Alltag integrieren. So kann die Rezeption „ein Akt der kulturellen Produktion sein, der kog-

**11** | Obgleich das Forschungsprogramm der Cultural Studies mit seiner Ausrichtung zu den Praxistheorien gezählt werden kann, zeigt sich in der kommunikationswissenschaftlichen Argumentation von Medientexten eine Diskrepanz zu aktuellen praxistheoretischen Ausrichtungen, wenn diese anstatt diskursiver Textanalogien die Körpergebundenheit von Praktiken betonen (Hillebrandt 2009: 384).

nitive und emotionale Aspekte umfasst“, wie Rainer Winter (2010: 152) feststellt. Erst im Medienkonsum werden die Bedeutungen eines medialen Textes konstituiert, indem unterschiedliche Interpretationsstrategien hervorgebracht werden. Mediennutzung ist in dieser praxistheoretischen Sichtweise der Cultural Studies demnach nicht ohne eine genaue Betrachtung der Aktivitäten der Rezipient_innen zu lesen. Mikos (2001: 61) geht sogar so weit zu sagen, „dass ein Text sich nicht in sich selbst genügt, sondern gewissermaßen erst in der Interaktion mit einem Zuschauer zu sich selbst kommt“, wie diese Sichtweise auch in der prägnanten Phrase der Cultural Studies „Texts are made by their readers“ (Fiske 1987, Hall 1980) kumuliert. Das Medienprodukt und dieser Sichtweise folgend auch die Ausstellung benötigt also Rezipient_innen für ihre Realisierung. Ausstellung und Rezipient_in interagieren als relationale Bestandteile in einem gesellschaftlichen Kommunikationsprozess: Die Ausstellung wird in der Rezeption durch die Besucher_innen erfahren und gewissermaßen öffentlich; ihre Inhalte können Teil der Lebenswelt und Biografie der Besucher_innen werden.

Um diesen Prozess differenzierter beschreiben zu können, schlägt Lothar Mikos (2001) eine begriffliche Unterscheidung von Rezeption und Aneignung vor. Dabei bezieht sich die Rezeption auf die konkrete Rezeptionssituation und bezeichnet die Dauer der Auseinandersetzung und Interaktion mit dem Medientext. Die Rezeption ist so gewissermaßen „die Realisation des Textes durch den Zuschauer in der Zeit“ (ebd. 62). Aneignung meint hingegen „die Übernahme des rezipierten Textes in den alltags- und lebensweltlichen Diskurs und die soziokulturelle Praxis des Zuschauers“ (ebd. 63). Rezeption und Aneignung sind nicht immer klar voneinander zu trennen, da bereits im Moment der Rezeption eine Aneignung stattfinden kann. Im Gegensatz zur Rezeption geht Aneignung aber einen Schritt weiter, indem eine stärkere Auseinandersetzung mit den Medieninhalten stattfindet und ein persönlicher Bezug hergestellt wird. Auch Andreas Hepp (2005: 68) fasst die Medienaneignung lebensweltlich begründet, wenn er diese als Prozess des „Sich-zu-eigen-Machens“ von Medienprodukten beschreibt und „als kulturell-kontextualisierte als auch Kulturen (re)artikulierende“ Artikulationsebene formuliert.

An dieser Stelle setzen auch praxistheoretische Perspektiven der Cultural Studies und Kommunikationsforschung an, wenn sie den Fokus auf die kreativen Praktiken der Rezipient_innen legen. Von Gewicht zeigt sich der Kreativitätsbegriff insbesondere im Zusammenhang mit der Wahrnehmung von Neuem und Unbekanntem, bei der Handlungsroutinen unterbrochen, Störungen und teils auch (fundamentale) Momente der Unsicherheit entstehen. Durch kreative Leistungen der Rezipient_innen lassen sich jedoch zumeist auch solche Situationen bewältigen und jene Handlungssicherheit wiedergewinnen, die sich in Routinen widerspiegelt (Göttlich 2008: 386ff.). Gilt dieses Credo verstärkt, wenn etablierte Handlungsregeln in Krisensituationen an Ordnungskraft verlieren, so ist festzustellen, dass selbst bei etablierten Handlungsroutinen mit bestehenden stabilen individuellen Präferenzordnungen und sozialen Normen kreatives Handeln in der kontextspezifischen Auslegung zur Anwendung kommt. Als allgemeiner Beitrag der praxistheoretischen Perspektive für die Sichtweise der Ausstellung als potenzieller Handlunsraum zeigt sich somit der ermächtigende Moment der Aneignung in Zusammenhang mit aktiven und kreativen sozialen Akteur_innen.

### Michel de Certeaus Kunst des Handelns

Der Historiker und Kulturtheoretiker Michel de Certeau widmet sich insbesondere diesen kreativen Praktiken der Rezipient_innen. Mit seinem Buch „Kunst des Handelns" (1988) legt er eine fundamentale Arbeit zur Spezifik des Alltagslebens vor und charakterisiert dieses anhand ausgewählter Praktiken der Aneignung. In gegenwärtigen Gesellschaften mit ihren disziplinierenden Maßnahmen stellen dabei die „kleinen" und „minoritären" Praktiken von Konsument_innen eine eigene Art von Produktion dar:

> „Das Gegenstück zur rationalisierten, expansiven, aber auch zentralisierten, lautstarken und spektakulären Produktion ist eine andere Produktion, die als ‚Konsum' bezeichnet wird: diese ist listenreich und verstreut, aber sie breitet sich über all aus, lautlos und fast unsichtbar, denn sie äußert sich nicht durch eigene Produkte, sondern in der *Umgangsweise* mit den Produkten, die von einer herrschenden ökonomischen Ordnung aufgezwungen werden." (De Certeau 1988: 13)

So ist für de Certeau „Konsum" nur eine andere Form von Produktion, die sich nicht in eigenen Produkten, sondern im Gebrauch von diesen äußert und dabei auf ein widerständiges Moment verweist. Das bedeutet, dass

Konsument_innen zwar weder die Produktion von Kulturwaren kontrollieren noch das wirtschaftliche System ändern können; ihr vorhandener Spielraum liegt vielmehr in der Umgangsweise mit den vorherrschenden und vorhandenen Ressourcen und setzt sich aus „allen möglichen Arten des Wilderns“ (ebd. 12) zusammen. Zur näheren Charakterisierung dieser gewissermaßen oppositionellen Auffassung von Produktion, die man auch als zu binär und zu simplifizierend kritisieren kann,[12] differenziert de Certeau (ebd. 23) zwischen Strategien und Taktiken. Während die Strategie Macht und einen eigenen Ort voraussetzt, der als Basis für die Organisation seiner Beziehungen zur Außenwelt dienen kann, bezeichnet die Taktik ein Kalkül, das nicht mit etwas Eigenem rechnen kann und sich seinen Ort im Anderen suchen muss. Die Taktik darf in Relation zur Strategie somit nicht als Gegenstrategie, sondern vielmehr in einem kriegswissenschaftlichen Sinn verstanden werden, insofern als „sich die Konsument_innen primär in dem von der Kulturindustrie zugewiesenen Raum bewegen“ und somit „auf die Ressourcen und Mittel angewiesen sind, die das System bietet“ (Winter 2010: 159). So stellt sich anstatt einer Opposition vielmehr die Frage, was die Konsument_innen mit dem Vorgefundenen tun, wie sie es für sich und ihre Bedürfnisse umfunktionieren und damit auch zu etwas Eigenem machen.

Um diese Unterscheidung zu markieren, bemüht de Certeau (1988: 14) auch den Vergleich mit der Linguistik, wo „Performanz“ etwas anderes als „Kompetenz“ ist und somit der Sprechakt nicht auf die Kenntnis der Sprache reduzierbar ist. Der Sprechakt, der sich innerhalb eines Sprachsystems vollzieht, erfordert eine Aneignung oder auch Wiederaneignung der Sprache durch die Sprecher_innen. Des Weiteren begründet der Sprechakt „eine von Raum und Zeit abhängige *Präsenz*“ und „führt zu einem *Vertrag* mit dem *Anderen* [...] in einem Netz von Orten und Beziehungen“ (ebd.). De Certeau weist gleichzeitig darauf hin, dass diese Eigenschaften des Äußerungsakts sich auch in vielen anderen Praktiken

**12** | Durch das Gegenüberstellen von zwei Elementen, das de Certeau (1988: 21) selbst als „allzu dichotomes Schema“ bezeichnet (aber durch seine Recherchen für sich rechtfertigt), steht sein Entwurf mit dem Eintreten für die Taktiken für ein emanzipatorisches, aber für empirische Realitäten wahrscheinlich zu stark schematisches Modell. Um diesen automatisch eintretenden Zwiespalt beim Hantieren mit zwei Elementen zu vermeiden, betont Henri Lefèbvre (2011 / 1991: 39) hingegen die Wichtigkeit der drei Elemente in seinem Raumkonzept.

wie etwa dem Gehen wiederfinden, das in Bezug auf den Ausstellungsraum und die aneignenden Praktiken der Besucher_innen für meine Untersuchung von besonderem Interesse ist. Wenn de Certeau (1988: 189) also das Gehen in der Stadt untersucht, kommt er zu dem Schluss, dass der „Akt des Gehens [...] für das urbane System das ist, was die Äußerung (der Sprachakt) für die Sprache oder für formulierte Aussagen ist". Die Äußerung des Gehens erfolgt dabei in dreifacher Funktion; das heißt erstens durch die „*Aneignung* des topographischen Systems durch den Fußgänger" (in Analogie zur Übernahme der Sprache durch den Sprechenden), zweitens durch „eine räumliche *Realisierung* des Ortes" (der Sprechakt als „lautliche Realisierung der Sprache") und drittens durch die „*Beziehungen* zwischen unterschiedlichen Positionen" als „pragmatische ‚Übereinkünfte' in Form von Bewegungen" (vergleiche „Übereinkünfte" zwischen Mitredenden). Somit ist für de Certeau das Gehen „der Raum der Äußerung" (ebd.).

Konkludierend ist bei de Certeau insbesondere die Sichtweise des Konsums als andere Form der Produktion reizvoll, um die Position der Rezipient_innen der Ausstellung in einer potenziellen Form zu denken. Jenseits vorgeschriebener beziehungsweise in den Raum eingeschriebener Inhalte und Setzungen ermöglicht de Certeaus handlungstheoretische Konzeption besonders, jene listenreichen und auch widerständigen Taktiken der Ausstellungsbesucher_innen aufzeigen. Die sozialkonstruktivistische Ansicht, dass der Leser an die Stelle des Autors tritt, indem er sich den Text in einer stillen Produktion aneignet (de Certeau 1988: 26ff.), unterstützt folglich auch meine Sichtweise, dass es nicht die Künstler_innen, Kurator_innen und alle mit der Produktion der Ausstellung betrauten Personen sind, sondern in Verbindung mit dem individuellen und performativen Akt des Ausstellungsbesuchs es die Besucher_innen selbst sind, welche die Ausstellung für sich gehend realisieren.

## Pierre Bourdieus Theorie der Praxis

Während bei Michel de Certeau offensichtlich das Hauptaugenmerk auf den listenreichen, alltäglichen Praktiken und ihrer potenten Kreativität liegt, zeigt sich die Logik der Praktiken bei Pierre Bourdieu auf Basis einer relationalen Begriffsbildung weitaus abstrakter. Bourdieu gewinnt seine Begrifflichkeiten in der Verschränkung alltagsweltlicher Konventionen und wissenschaftlicher Bestrebungen. Seine vorwiegend empirisch basierten und thematisch im Alltagsleben verwurzelten Schriften nehmen im Zuge der Hinwendung zu praxistheoretischen Ansätzen eine Schlüsselrolle ein. Genauso ist die Feldtheorie Pierre Bourdieus in der aktuellen Raumtheorie im Diskurs um einen sozialen und relationalen Raum eine wichtige Referenz (Löw 2001: 179ff.), weshalb ich bei der folgenden Darstellung auf allgemeine praxistheoretische Sichtweisen Bourdieus eingehe und damit räumlich relevante Überlegungen bereits vorwegnehme.

In seiner Theorie der Praxis hantiert Bourdieu mit den zentralen Begriffen Habitus (als inkorporierte Sozialität) und Feld (als objektivierte Sozialität), die er zueinander in Relation stellt. Der Habitus als ein Set von Denk-, Wahrnehmungs-, Bewertungs- und Handlungsschemata der sozialen Akteure und Akteurinnen verdeutlicht, dass sich diese nicht voraussetzungslos begegnen, sondern ihre Geschichte und Gesellschaft stets mit sich herumtragen. Als inkorporierte Sozialität bestimmt der Habitus die Handlungsdispositionen der Akteure und Akteurinnen für die Erzeugung und Aktualisierung ihrer Praktiken (Hillebrandt 2009: 377f.). Wichtig ist an dieser Stelle, auch in raumtheoretischer Hinsicht, der Bezug des Habitus zum Körper. Denn es ist laut Bourdieu nicht etwa die Psyche, sondern der Körper, in den der Habitus einverleibt ist, durch den er sichtbar wird (Bourdieu 1979: 200). Der Körper agiert in diesem Sinne nicht nur als Speicher, sondern mit seiner Beschaffenheit und Haltung auch als Ausdruck der Denk-, Wahrnehmungs-, Bewertungs- und Handlungsdispositionen der sozialen Akteure und Akteurinnen. In der Praxistheorie Bourdieus lässt sich mit dem Habitus zusätzlich auch „die stilistische Einheitlichkeit" erklären, „die die Praktiken und Güter eines einzelnen Akteurs miteinander verbindet" (Bourdieu 2006: 359). Der Fokus liegt auf der Differenz, wenn Bourdieu feststellt, dass der Habitus als Prinzip „zur Generierung von unterschiedlichen und der Unterscheidung dienenden Praktiken" nicht nur die Wahl etwa von bestimmten Freizeitaktivitäten, sondern auch die Art und Weise ihrer Durchführung bestimmt (ebd. 360). Wie eine solche vom Habitus bedingte Distinktionspraxis beispielsweise im Museum aussieht, hat Pierre Bourdieu mit Alain Darbel in den 1960er Jahren in der zentralen kunstsoziologischen Studie „Die Liebe zur Kunst" (2006) herausgearbeitet, auf die ich im Kapitel 5 noch zu sprechen komme.

Dem Habitus fügt Pierre Bourdieu mit den Begriffen sozialer Raum und Feld jene Handwerkszeuge hinzu, die eine objektivierte Sozialität in den Blick nehmen.[13] Bourdieu beschreibt damit die soziale Welt als mehrdimensionalen sozialen Raum, in dem bestimmte Unterscheidungsmerkmale innerhalb eines „sozialen Universums wirksam sind, das heißt darin ihrem Träger Stärke bzw. Macht verleihen" (Bourdieu 1995: 9). Die Beziehung zwischen dem sozialen Raum und dem Feld besteht wiederum darin, dass der soziale Raum „aus einem Ensemble von Subräumen oder Feldern besteht (wirtschaftliches, intellektuelles, künstlerisches, universitäres Feld und so weiter), deren Struktur auf die ungleiche Verteilung einer besonderen Art von Kapital zurückgeht" (Bourdieu 1991: 28). So steht dem abstrakten Konzept des sozialen Raumes das dynamischere Konzept des Feldes gegenüber, das durch unterschiedliche Ressourcen und auch Interessen der sozialen Akteure und Akteurinnen geprägt ist. Die Logik des Feldes stellt sich in Folge als „Spiel" oder auch als „Kampf" um die Ressourcen und die symbolische Macht dar. (Bourdieu 2004: 108). Dabei spielt die Position der Akteure und Akteurinnen eine zentrale Rolle, weil sich darüber Macht und Autorität definieren lassen. Doch um überhaupt am Kampf um Positionen innerhalb eines Feldes mitwirken zu können, müssen die Akteure und Akteurinnen über Formen von Kapital verfügen. Wie Bourdieu (1991: 32) in besonderer Relevanz für die Institution des Museums feststellt, erfordern neben „ökonomischem und kulturellem Kapital" „bestimmte Räume, insbesondere die geschlossensten, die ‚exklusivsten', auch soziales Kapital". Doch gleichzeitig erfordern diese Räume nicht nur spezifisches Kapital, sondern verschaffen dieses soziale und symbolische Kapital genau jener Gruppe von Personen und Dingen, die sich damit mittels eines „Klub-Effekts" von der großen Masse abhebt (ebd.).

So zeigen sich Bourdieus Überlegungen zum Habitus, zum sozialen Raum, zu Feldern und dem notwendigen Kapital nicht nur, wie Bourdieu es in „Die Regeln der Kunst" (1999) selbst vorgeführt hat, als geeignet, das künstlerische Feld in seiner Logik auf einer abstrakteren Ebene zu analysieren. Auch in der Betrachtung des konkreten Ausstellungsmachens wie -besuchens bildet Bourdieus Begriffsvokabular hilfreiche Ansatzpunkte, um inkorporiertes, habituelles Verhalten sowie persönliche Distinktionsbestrebungen und Positionsbemühungen innerhalb des Feldes

**13** | Wie Martina Löw (2001: 181) betont, verwendet Bourdieu die Begriffe „sozialer Raum" und „Feld" teils synonym, intendiert jedoch mit „Feld" ein stärker relationales Gefüge.

verständlich zu machen. Gerade die Verbindung von Praktiken und ihrer räumlichen Verankerung sowie Symbolisierung, wie sie in Bourdieus Theorie der Praxis vorhanden ist, soll im folgenden Abschnitt theoretisch weiter ausgebaut werden, in dem der Raum nicht als statisches Objekt, sondern als gemachtes Konstrukt untersucht wird.

## 2.3 Den Raum als gemacht betrachten

Fasst man die Ausstellung als Handlungsraum und interessiert sich für die wechselseitige Bedingtheit von Raum und Handeln im Kontext der Ausstellung wird eine differenzierte Auseinandersetzung mit der Variable Raum notwendig. In den letzten 30 Jahren der sozialwissenschaftlichen Diskussion von Raum lässt sich eine Entwicklungsgeschichte der Vernachlässigung hin zu einer fokussierten Auseinandersetzung mit der Variable Raum nachzeichnen. So spricht etwa Elisabeth Konau in ihrer erst später viel beachteten Dissertation „Raum und soziales Handeln" (1977) im Untertitel von Raum als „einer vernachlässigten Dimension soziologischer Theoriebildung". Diese Einschätzung zieht sich noch bis in die 1990er-Jahre, wenn Dieter Läpple (1991: 161) den Gesellschaftswissenschaften eine offensichtliche „Raumblindheit" bescheinigt. Teils findet sich das Attest der vernachlässigten Kategorie gar bis in die Nullerjahre des 21. Jahrhunderts (siehe etwa Schroer 2008, Stichweh 2003). In diesem Sinne steht Martina Löws prominente „Raumsoziologie" (2001) paradigmatisch für eine Wende in den Kultur- und Sozialwissenschaften, Raum neu zu konzeptualisieren, welche schlussendlich im Ausrufen eines „spatial turn" kumulierte.[14]

Für die Betrachtung der Ausstellung als Handlungsraum ergibt sich aus meiner Forschungsfrage „Was passiert hier tatsächlich?" ein natürlicher Fokus auf soziale Praktiken von sozialen Akteur_innen und demnach in raumtheoretischer Sicht auf jene Ansätze, die Raum als sozialen Raum thematisieren. Wie Markus Schroer (2009: 354) für die Soziologie als

**14** | Zur Begriffsgeschichte und disziplinären Verortung des „spatial turn" in den Kultur- und Sozialwissenschaften siehe den von Jörg Döring und Tristan Thielmann herausgegebenen gleichnamigen Sammelband (2008b); eine fundierte Kritik an der inflationären aber teils unreflektierten Beschäftigung mit Raum findet sich im Text „In der Raumfalle" (2004) von Roland Lippuner und Julia Lossau.

Raumwissenschaft feststellt, resultiert gerade erst aus dieser Sichtweise Raum als Untersuchungsgegenstand der Soziologie. Raumsoziologie interessiert sich demnach weder für den „Naturraum" noch für Raum als bloße Anschauungsform, sondern für den Raum als Produkt sozialer Praxis und fragt konkret, „wie Raum durch soziale Akteure hergestellt und mit welchen Bedeutungen er versehen wird" (ebd.). Die Bemühungen, Raum als gedachten und gemachten Raum aufzuzeigen, lassen sich in der Soziologie bis Georg Simmel zurückverfolgen. Michel Foucault ist es wiederum zu verdanken, dass mit seinem Aufsatz „Andere Räume" (1991/1967) nach der Betonung des Zeitlichen eine Epoche des Raumes ausgerufen wurde und eine Renaissance des Raumdenkens ihren Anfang nahm. Einen Meilenstein in dieser Betrachtungsweise des sozialen Raumes setzte Henri Lefèbvre 1974 mit seinem Buch „Production de l'espace", an dessen Auseinandersetzung mit der (sozialen) Produktion von (sozialem) Raum sich praxis- und raumtheoretische Überlegungen von Pierre Bourdieu und Michel de Certeau anschließen lassen. Diese ausgewählten klassischen Positionen in Bezug auf den sozialen Raum sollen im folgenden Abschnitt, ergänzt durch aktuelle Raumkonzeptionen von Benno Werlen und Martina Löw, vorgestellt und auf eine mögliche Anwendung auf die Ausstellung als Handlungsraum befragt werden.

### Georg Simmel als früher Raumpionier

Georg Simmel spielt in der soziologischen Auseinandersetzung mit Raum insofern eine ambivalente Rolle, als er in der aktuellen Diskussion zwar als Raumpionier gewürdigt, gleichzeitig aber als Verhinderer einer tiefer gehenden Auseinandersetzung gewertet wird. Für die Charakterisierung als Raumpionier spricht, dass Georg Simmel 1903 gleich an verschiedenen raumtheoretischen Überlegungen arbeitet. So veröffentlicht er die Aufsätze „Soziologie des Raumes" (1995/1903a) und „Über räumliche Projektionen socialer Formen" (1995/1903b), welche später die Basis des neunten Kapitels seiner großen „Soziologie" (1908) bilden. Ebenso wie Émile Durkheim wehrt sich Simmel gegen das Denken der geopolitischen Schule und die Ansicht eines unveränderlichen physischen Raumes (als Verursacher und Akteur sozialer Prozesse), intendiert damit jedoch noch stärker als Durkheim eine antigeografische Wende. Dabei geht es Simmel nicht nur darum zu demonstrieren, dass sich verschiedene Gesellschaftsformen wie etwa die Organisation von Zünften im Raum abbilden. Im Mittelpunkt steht vielmehr die historische und soziale Bedingtheit der Raumwahrnehmung selbst (Dünne 2006: 290f.). Simmels Pionierrolle für das Denken des „spatial turn" liegt somit im Aufzeigen des sozial gedachten und gemachten Raumes , wenn er „die Veränderbarkeit von – hier speziell räumlich gedachten – Wahrnehmungsformen" vorwegnimmt, „die erst Jahrzehnte später Foucault als ‚historisches Apriori' bezeichnet" (ebd. 291).

Warum Simmel von seinen Kritiker_innen dennoch eine ambivalente Position in der Entwicklung des Raumdenkens zugesprochen wird, arbeitet Andrea Glauser in ihrem Text „Pionierarbeit mit paradoxen Folgen? Zur neueren Rezeption der Raumsoziologie von Georg Simmel" (2006) systematisch heraus. Die Kritik an Simmels Raumsoziologie stößt sich vor allem vor allem an zwei Punkten, das heißt an der Integration absolutistischer Raumvorstellungen in seine Theorie und an seiner Emanzipationsthese von Raum und Zeit. Gerade die absolutistische Raumkonzeption gilt heute „als Inbegriff einer zu überwindenden Konzeption", „da sie Raum jenseits menschlichen Handelns und Denkens situiere" (ebd. 251). Mit seiner These der Emanzipation vom Raum habe Simmel laut seinen Kritiker_innen wiederum „maßgeblich dazu beigetragen, dass Raum als relevante Dimension aus der soziologischen Theoriebildung und Forschung verschwunden sei" (ebd.). Mit erweitertem Primärquellenstudium veranschaulicht Glauser jedoch, dass solche kritischen Interpretationen in Bezug auf Simmels Raumsoziologie zu kurz greifen, da Simmel in seiner Reinterpretation der kantschen Raumkategorie und mit einem gemäßigten Sozialkonstruktivismus weitaus kulturalistischer argumentiert. Zudem bieten Simmels konkrete Ausführungen über räumliche Spezifika eine produktive Folie, um Eigentümlichkeiten spätmoderner Gesellschaften fokussiert zu behandeln – wie dies in Studien mit relativ engen und spezifischen Fragestellungen eine produktive Anwendung findet.

Rund um die Ausstellung als Handlungsraum möchte ich dieser Herangehensweise folgend mich ebenso auf ausgewählte Aspekte in Simmels pluridimensionalem Raumverständnis beziehen. Simmel selbst systematisiert seine Raumbegrifflichkeiten, indem er zwischen sozial relevanten Raumqualitäten auf der einen Seite und sozial strukturierten und strukturierenden Raumgebilden auf der anderen Seite unterscheidet. Bei Simmels „Grundqualitäten der Raumform, mit denen

Gestaltungen des Gemeinschaftslebens rechnen", welche er im Aufsatz „Soziologie des Raumes" (1995 / 1903a) ausführt, sind es vor allem die Segmentierung des Raumes für die praktische Nutzung, Nähe und Distanz sowie die Bewegungen von Ort zu Ort, die sich für eine Anwendung auf die körperliche und gruppendynamische Erfahrung der Ausstellung eignen. Dabei stimme ich mit der grundsätzlichen Auffassung Simmels (1995 / 1903a: 132) überein, dass es nicht der Raum an sich, sondern die besondere „Gestaltung der Dinge" ist, die sich auf die Raumwahrnehmung auswirkt. Im Aufsatz „Über räumliche Projektionen socialer Formen" verfolgt Simmel wiederum die These, dass Gesellschaft den physischen Raum formt und exemplifiziert die„Einwirkung, die die räumlichen Bestimmtheiten einer Gruppe durch ihre socialen Gestaltungen und Energien erfahren" (Simmel 1995 / 1903b: 201). Simmels Bedeutung für die Raumtheorie liegt, wie auch Schroer (2006: 78) betont, somit gerade in dieser wechselseitigen Sichtweise auf Raum, wenn er mit den Grundqualitäten die strukturelle Seite des Raumes und mit den Raumgebilden die Hervorbringung durch menschliche Handlungen betont und damit Raum als Bedingungs- wie Möglichkeitsform herausstreicht.

## Eine Epoche des Raumes

Im Gegensatz zu Georg Simmel, der sich der Thematik Raum in mehreren Texten zuwandte, steht die Fokussierung von Raum bei Michel Foucault primär im Zeichen eines Textes: „Des espaces autres". Dabei handelt es sich um einen Vortrag, den Foucault am 14. März 1967 am „Cercle d'études architecturales" in Paris hielt und dessen Veröffentlichung er erst im Frühjahr 1984 genehmigte. Die intensive Rezeption dieses Textes im Kunst-, Architektur- und philosophischen Theoriediskurs, die sich auch in zahlreichen Wiederabdrucken[15] niederschlägt, trug das Ihre dazu bei, Raum wieder auf die Tagesordnung des Denkens zu setzen. Während

**15** | Für die deutsche Übersetzung des Textes, der unter dem Titel „Von anderen Räumen" und „Andere Räume" kursiert, lassen sich etwa folgende Belegstellen finden: „Aisthesis. Wahrnehmung heute oder Perspektiven einer anderen Ästhetik" (1990), „Stadt-Räume" (1991), „Politics-Poetics das Buch zur Documenta X" (1997) oder „Other spaces. The affair of the heterotopia / Die Affäre der Heterotopie" (1998). Im Folgenden zitiere ich aus jenem Abdruck von 1991.

die „große Obsession des 19. Jahrhunderts" „bekanntlich die Geschichte" gewesen ist, „wäre die aktuelle Epoche eher die Epoche des Raumes", konstatiert Michel Foucault (1991/1967: 22) gleich zu Beginn seines Vortrags. Seine ausführliche Zeitdiagnose lautet:

„Wir sind in der Epoche des Simultanen, wir sind in der Epoche der Juxtaposition, in der Epoche des Nahen und des Fernen, des Nebeneinander, des Auseinander. Wir sind, glaube ich, in einem Moment, wo sich die Welt weniger als ein großes, sich durch die Zeit entwickelndes Leben erfährt, sondern eher als ein Netz, das seine Punkte verknüpft und sein Gewirr durchkreuzt".

Dabei geht es Foucault nicht darum, die Wichtigkeit von Zeit zu leugnen, wie es bei einem historisch arbeitenden Wissenschaftler auch verwundern würde, sondern darum – und hier findet sich sozusagen die räumliche Wende –, auf eine ganz bestimmte Weise Zeit und Geschichte zu behandeln. In diesem Sinne zeichnet Foucault in seinem Text „Des espaces autres" auch in groben Zügen eine Geschichte von sozialen Räumen nach: Während im Mittelalter die Hierarchie und die „Durchkreuzung von Ortschaften" prägend waren – Foucault beschreibt dies als „Ortungsraum" –, öffnet sich dieses Modell mit Galilei. Dabei stellt Foucault (ebd. 25) fest, dass Galileis Errungenschaft weniger die Entdeckung war, „daß sich die Erde um die Sonne dreht, sondern die Konstituierung eines unendlichen und unendlich offenen Raumes". So tritt im 17. Jahrhundert an die Stelle der Ortung die Ausdehnung. Heute wiederum, meint Foucault, übernimmt die Lagerung als räumliches Modell die Stelle der Ausdehnung. Mit seiner Formulierung (ebd.), dass die „Lagerung oder Platzierung" „durch die Nachbarschaftsbeziehungen zwischen Punkten oder Elementen definiert" wird, steht Foucault auch als Referenz für neuere Raumkonzeptionen. So bezieht sich etwa Martina Löw (2001: 149) auf dem Weg zu einem soziologischen Raumbegriff auf Foucault, indem sie dessen Fokus auf die Lagerung und Platzierung, die als Anordnungsstruktur auf die Handlungen des Lagern und Platzierens verweisen, übernimmt. Gleichzeitig kritisiert sie jedoch, dass die Explikation seiner Raumvorstellung nur in „Des espaces autres" stattfindet und keine stringente Anwendung in Foucaults weiteren Werken vorgenommen wird (ebd. 148).

Wie Dünne (2006: 292) allerdings feststellt, lässt die Rezeptionsgeschichte von „Des espaces autres" in der Rückschau dennoch „jene fundamentale implizite Bedeutung von Raumfragen" in Foucaults Gesamtwerk erkennen. Das historische Apriori, das Foucault in seiner Diskursarchäologie nicht als Wahrnehmungsform, sondern als diskursive Ordnung konzipiert, lässt sich dabei immer schon in einer räumlichen (wie auch zeitlichen) Dimension verstehen. Noch offensichtlicher freilich ist der Raumbezug bei Foucaults präzisen Dekonstruktionen von Räumen wie etwa dem Gefängnis in „Überwachen und Strafen" (1994). Über diagrammatische Beschreibungen wird der Versuch unternommen, soziale und politische Machtgefüge zu schildern, welche selbst nicht in Erscheinung treten. Für die Ausstellung als Handlungsraum ist Foucault als Bezugspunkt somit insofern interessant, als er die Zusammenhänge von Wissen und Macht und deren strukturelle räumliche Logik analysiert und so einen komplexen Denkmodus für den Zusammenhang zwischen räumlichen Gefügen und gesellschaftlichen (Macht-)Strukturen bietet.

### Henri Lefèbvre und seine Theorie räumlicher Praxis

Mit Henri Lefèbvre und dessen Begriff der Raumproduktion, den er mit seinem Spätwerk „The production of space" (2011/1991) (original „Production de l'espace", 1974) prägt, schwenkt der Fokus vom sozialen Raum in Form einer strukturellen Ordnung hin zu raumproduzierenden Praktiken. Damit findet spätestens bei Lefèbvre jene bereits bei Simmel angelegte Vorstellung ihren Durchbruch, dass Raum nicht immer schon vorhanden, sondern gemacht ist (Schroer 2008: 137). Lefèbvres ursprünglich vom Marxismus ausgehendes Verständnis der Produktion von Raum ist insofern innovativ, als es den zentralisierenden Begriff von Produktion (etwa in Form von industriellen Waren) zugunsten einer gesamtgesellschaftlichen Produktion aufbricht. Lefèbvre widersetzt sich damit auch dem Raumverständnis von modernen Architekt_innen und Planer_innen. Diese begehen seiner Auffassung nach einen doppelten Fehler, wenn sie zum einen den Raum zunächst als leer ansehen und sich damit über soziale Bedürfnisse und Praktiken hinwegsetzen und zum anderen im Sinne eines Raumfetischismus meinen, dass der von ihnen gestaltete Raum ein bestimmtes soziales Leben kreiert (Lefèbvre 1976: 161–174).

Wie auch Simmel will Lefèbvre Raum von einer simplifizierenden, kausalen Denkweise befreien, indem er ein anderes Modell des sozialen Raumes entwirft:

„(Sozialer) Raum ist weder ein Ding unter anderen Dingen noch ein Produkt unter anderen Produkten: eher umfasst er die produzierten Dinge sowie ihre Beziehungen untereinander in ihrer Koexistenz und Simultaneität [...]. Selbst das Ergebnis vergangener Handlungen, ist sozialer Raum das, was neue Handlungen ermöglicht, sie anregt oder verhindert. [...] Sozialer Raum impliziert eine Vielfalt an Wissensformen."[16]

Dabei wird sozialer Raum durch materielle wie auch symbolische Praktiken hervorgebracht, was schließlich auf Lefèbvres Grundthese hinführt, dass *„der (soziale) Raum ein (soziales) Produkt ist"* (Lefèbvre 2006/1974: 330). Eine Implikation, die sich für Lefèbvre aus dieser grundlegenden Aussage ergibt, ist zunächst, dass der (physische) Naturraum „unwiderruflich auf Distanz" (ebd.) rückt. Die zweite Implikation, die sich für Lefèbvre aus seiner Generalthese ergibt, ist, dass Gesellschaft keine Ansammlung von Menschen oder Dingen im Raum ist, auch nicht aus ihren Texten oder Reden besteht, sondern sich in einer bestimmten Raumpraxis manifestiert. Oder noch kürzer gesagt: „Jede Gesellschaft [...] produziert einen ihr eigenen Raum" (ebd. 331).

In Bezug auf die konkrete „Produktion" sozialer Räume entwirft Lefèbvre (2006/1974: 333) ein dialektisches Raumkonzept, das mit drei Typen von Räumlichkeit operiert: Dabei handelt es sich um die räumliche Praxis („pratique spatiale"), die Raumrepräsentationen („représentations de l'espace") und die Repräsentationsräume („espaces de représentation"). Die räumliche Praxis „umfasst die Produktion und Reproduktion [...], die jeder sozialen Formation eigen sind, und sichert die Kontinuität in einem relativen Zusammenhalt". Der Zusammenhalt erfordert dabei von jedem Mitglied der Gesellschaft „sowohl eine gewisse Kompetenz als auch eine bestimmte Performanz". Die Raumrepräsentationen „sind mit den Produktionsverhältnissen verbunden, mit der ‚Ordnung', die sie durchsetzen, und folglich auch mit Kenntnissen, Zeichen, Codes und ‚frontalen' Beziehungen". Die Repräsentationsräume wiederum verweisen auf „komplexe Symbolisierungen", „die man möglicherweise nicht als Raumcode,

---

**16** | Zitiert nach der deutschen Eigenübersetzung der Autor_innen Hauser/Kamleithner/Meyer (2011: 14).

sondern als Code der Repräsentationsräume auffassen kann". Wie Dünne (2006: 298) betont, hat diese Dreistelligkeit „neben ihrer prozessualen, nie zum Stillstand kommenden Dialektik", die Lefèbvre in Abgrenzung zu simplifizierenden dualistischen Gegenüberstellungen besonders wichtig ist, auch eine semiotische Basis: Während die erste Ebene der sozialen Praxis der materiellen Seite des Zeichens entspricht, verweist die zweite Ebene der Raumrepräsentationen auf die Bedeutungsseite und die dritte Ebene, die Repräsentationsräume, stellen die Räumlichkeit von Repräsentation selbst dar. Bei der dritten Ebene vollzieht Lefèbvre auch den Konnex zur Kunst, wenn er in einem kapitalistischen System darauf hofft, Verschiebungen in den symbolisch besetzten Repräsentationsräumen durch die Kunst zu erreichen.

Der Körper spielt nicht nur auf der ersten Raumebene des Wahrgenommenen (in der sozialen Praxis) eine entscheidende Rolle, sondern auch auf der zweiten Ebene der Raumrepräsentationen, wenn wissenschaftliche Kenntnisse mit Ideologien vermischt und verbreitet werden. Auf der dritten Ebene des körperlich Gelebten verbindet sich das Körperliche mit einer symbolischen Abstraktion, wie es beispielsweise die Psychoanalyse freilegt. Mit dieser Anbindung an den Körper in Form des Wahrgenommenen, Konzipierten und Gelebten – beziehungsweise in Lefèbvres räumlicher Terminologie: Raumpraxis, Raumrepräsentationen und Repräsentationsräume – macht Lefèbvre auch klar, dass sein dreiteiliges Konzept notwendig an konkrete Dinge angebunden sein muss, um nicht als abstraktes Modell seine Tragweite zu verlieren.

Mit der Verabschiedung vom Konzept eines immer schon vorhandenen Raumes und der Etablierung eines differenzierten Raumbegriffs ist es auch als Lefèbvres Verdienst anzusehen, den Weg für ein Raumverständnis im Sinne von raumproduzierenden Praktiken geebnet zu haben (Löw 2005). Ein solches Interesse an den sozialen und kulturellen Praktiken, die mit einem derart gesellschaftlich geformten Raumkonzept auch ihre Bedeutung erlangen, stellt auch in meiner Untersuchung der Ausstellung als Handlungsraum eine wichtige Stoßrichtung dar. Von besonderer Relevanz ist die damit einhergehende Thematisierung des Körpers. Dabei stellt Lefèbvre (2006/1974: 337f.) fest, dass das „Subjekt" sich als Mitglied einer Gesellschaft auch immer in ein Verhältnis zu seinem eigenen Körper setzt und folglich auch die soziale Praxis nicht ohne den Einsatz des Körpers in Form des Gebrauchs der Hände, Gliedmaßen, Sinnesorgane etc. gedacht werden kann.

## Machtgefüge bei Michel de Certeau und Pierre Bourdieu

Während Henri Lefèbvre mit seinem empirisch nicht unbedingt leicht zu fassenden dreiteiligen räumlichen Raumkonzept arbeitet, unterscheidet Michel de Certeau – wie bereits bei den praxistheoretischen Überlegungen ausgeführt – zwischen Taktiken (als Raumpraktik von unten) und Strategien (als Raumordnung von oben). Auch seine raumtheoretisch relevante Unterscheidung von Ort und Raum baut auf einem binären Schema auf, indem der Ort mit dem Stabilen und der Raum mit dem Prozessualen verbunden wird. Dabei bedeutet Ort „die Ordnung (egal, welcher Art), nach der Elemente in Koexistenzbeziehungen aufgeteilt werden" (de Certeau 1988: 217f.). Das heißt, dass sich Elemente immer nebeneinander, aber nie an einem Punkt befinden und sich jedes sozusagen über seinen „eigenen" Bereich definiert. Der Ort kann so auch als „momentane Konstellation von festen Punkten" bestimmt werden und enthält „einen Hinweis auf eine mögliche Stabilität" (ebd. 218). Der Raum hingegen wäre – um wieder auf performative Sprechakte zurückzukommen – ein verbalisiertes Wort, welches innerhalb der Ambiguität einer Realisierung und in Bezug auf unterschiedliche Konventionen zu einem Ausdruck wird. Als „Akt einer Präsenz (oder einer Zeit)" verändert sich der Raum und besitzt weder „eine Eindeutigkeit noch die Stabilität von etwas ‚Eigenem'" oder kurz gefasst *„ist der Raum ein Ort,* mit dem man etwas macht" (ebd.). Hier besteht somit über dem Raum eine Sphäre, in der durch Handlungen die Ordnung und die Machtkonstellationen (zumindest zeitweilig) umgekehrt werden können.

Auch Bourdieus Theorie der Praxis weist raum- und machtrelevante Strukturen auf. Innerhalb der raumtheoretischen Diskussionen nimmt Bourdieu insofern eine besondere Rolle ein, als seine handlungstheoretische Konzeption des soziales Raumes mit seinen impliziten Macht- und Herrschaftsstrukturen ein hilfreiches Modell für die Untersuchung von spezifischen Feldern und insbesondere für die Analyse von Ungleichheiten bietet, die sich im Raum manifestieren. So veranschaulicht beispielsweise die Lokalisierung und der von einem Akteur / einer Akteurin eingenommene Ort „hervorragende Indikatoren für seine Stellung im sozialen Raum" (Bourdieu 1991: 26). Wie beispielsweise bei Besitzverhältnissen deutlich wird, zeigt sich für Bourdieu eine gewisse Konkordanz des sozialen mit dem physischen Raum, weil der soziale sich im physischen Raum realisiert und dessen Strukturen gewissermaßen in ihn eingeschrieben sind (ebd. 27f.).[17] Trotz des relationalen Konzepts des Sozialen wird bemängelt, dass Pierre Bourdieus Raumkonzeption, außer im metaphorischen Sinn, kein ausgereiftes theoretisches Modell anbietet, Raum in einer relativistischen oder relationalen Sicht zu denken (Löw 2001: 183). Roland Lippuner (2007: 270) weist in diesem Sinne darauf hin, dass mit Pierre Bourdieus Konzeption von diversen Feldern innerhalb des sozialen Raumes vielmehr das „Bild einer Schachtelung" entsteht und somit Bourdieu schlussendlich doch einem substanzialistischen Container-Denken verhaftet bleibt, das neue Raumkonzeptionen zu überwinden versuchen.

## Raum praxiszentriert neu denken und theoretisch entwerfen

Im Zuge der Thematisierung von Raum wurden somit nicht nur klassische Positionen in der Beschäftigung mit Raum reaktiviert, sondern ebenso Neukonzeptionen vorgelegt. Dabei möchte ich mich auf Benno Werlens handlungszentrierten Raumbegriff und Martina Löws relationales Raumkonzept beziehen, da beide Zugänge eine akteur_innenzentrierte Sicht auf die Prozesse der Raumproduktion ermöglichen. Obwohl sich beide Autoren nicht direkt aufeinander beziehen, eint sie eine handlungstheoretische Ausrichtung ihrer Argumentationen, die einen relationalen Raumbegriff notwendig macht. Mit der dezidierten Verabschiedung des Behälterraumes fokussieren beide stattdessen das „soziale Gemachtsein" von Räumen und die handlungsspezifischen Konstitutionsleistungen der Akteure und Akteurinnen. So schlägt der Sozialgeograf Benno Werlen (2008: 372f.) vor, den „spatial turn" konsequenterweise mit einer praxiszentrierten Forschungsperspektive zu verknüpfen, um die Starre der Raumanalyse zu umgehen und die Bedeutung alltäglicher Konstitutionsprozesse für gesellschaftliche Raumprozesse differenziert herausarbeiten zu können. Hier findet somit ein Perspektivenwechsel von der allgemeinen Raum- zur spezifischen Praxiszentrierung statt. Des Weiteren betont Werlen (2009: 152), dass es für eine Neuperspektivierung raumbezogener Sozial- und Kulturforschung unabdingbar sei, „Erdraum nicht als

**17** | Bourdieu selbst (1991: 28) macht darauf aufmerksam, dass der soziale Raum nicht mit dem physischen gleichzusetzen ist, es aber aufgrund der Realisierung des sozialen im physischen Raum so schwerfällt, ihn in der Differenz als gesellschaftlich konstruiert zu reflektieren.

vortheoretisches Konstrukt zu begreifen", sondern stattdessen sozialtheoretisch kompatible und auch für die Wirklichkeit der Menschen anschlussfähige Raumkonzeptionen zu entwickeln.

Seinen eigenen Handlungsbegriff expliziert Werlen (2000: 327, 2009: 154) als formal-klassifikatorisch und setzt dabei sowohl bei der sozialen Praxis der handelnden Subjekte als auch der begrifflichen Konzeptualisierung der physisch-materiellen Wirklichkeit an. Wichtig ist für ihn festzustellen, dass Raum weder ein empirischer Begriff sein kann, da Raum als Gegenstand nicht nachweisbar ist, noch ein apriorischer Begriff, da er auf Erfahrung beruht. Die Erfahrung bezieht sich dabei jedoch nicht auf einen mysteriösen Gegenstand Raum, sondern auf die konkrete Erfahrungsräumlichkeit der Handlungskontexte, abgeleitet aus der eigenen Körperlichkeit. Formal-klassifikatorisch ist Werlens Handlungsbegriff insofern, als er *formal* ist, „weil er sich nicht auf inhaltliche Merkmale von materiellen Gegebenheiten bezieht", und *klassifikatorisch*, „weil er Ordnungsbeschreibungen von materiellen Objekten und die Orientierung in der physischen Welt ermöglicht" (ebd.). Der möglichen Schlussfolgerung, dass in dieser getrennten Konzeption neben allen Dinglichkeiten (auch) mit einem physisch-materiellen Raum operiert wird, widerspricht Werlen (2009: 152) aber, indem er festhält, dass Raum nicht auf materiell-physische Art existiert, sondern kognitiver Art und demnach ein gedankliches Konstrukt ist. Eine wichtige Feststellung ist folglich auch, dass Raum- und Gesellschaftskonzeptionen wechselseitig bedingt sind. Ein anschauliches Beispiel zitiert Werlen mit einer Studie der Sozialgeografin Antje Schlottmann, die durch die Analyse der Presseberichterstattung über „Ostdeutschland" aufzeigen konnte, „dass die räumliche Sprache im Widerspruch zu spätmodernen Wirklichkeiten die Containerisierung des Gesellschaftlichen ‚provoziert' und die ‚Mauer in den Köpfen' zu reproduzieren hilft" (ebd. 153). Damit bestätigt sich auch eine Basisthese der handlungszentrierten Sozialforschung, dass Behälterraumkonzeptionen eine holistische Sichtweise des Gesellschaftlichen beinhalten.

Das heißt, Raum wird nicht allgemein und universell, sondern aus der räumlich verankerten Perspektive der sozialen Akteure und Akteurinnen über ihre körperlichen Handlungen konzipiert. Diese geografischen Praktiken bezeichnet Werlen mit dem Ausdruck des „geography-making", der vom Sozialgeografen Wolfgang Hartke geprägt und von Anthony Giddens übernommen wurde. Der Begriff umfasst somit „nicht mehr lediglich die Praktiken erdräumlicher Grenzziehungen und Territorialisierungen", „sondern – umfassender – die performativen Akte der Konstitution der Geografien des ‚Alltags und der Weltbildformung'" (Werlen 2009: 153). Hier schließt Werlen auch an Überlegungen von Michel de Certeau an, der die Taktiken der Konsument_innen ebenso im Alltag verortet und auf deren kreative Kompetenzen im Umgang mit vorgegebenen Strukturen verweist. Benno Werlen setzt ebenso bei Aneignungsprozessen an, indem er mit dem Begriff der „Welt-Bindung" „die soziale Beherrschung räumlicher und zeitlicher Bezüge zur Steuerung des eigenen Tuns und der Praxis anderer" (ebd. 154) herausstreicht. Bei der Welt-Bindung und den mit ihr verbundenen Aneignungspraktiken spielt auch die Körperlichkeit der handelnden Subjekte eine zentrale Rolle. Wie Werlen (2008: 373) im Anschluss an die Phänomenologie von Husserl und Schütz feststellt, gehen „räumliche Vorstellungen aus der Erfahrung der eigenen Körperlichkeit" hervor und verweisen „auf die Relationierung des eigenen Körpers mit anderen körperlichen Dingen".

Aus dieser begrifflichen Fassung von Raum ergeben sich zwei Vorteile, die sich auch auf die Ausstellung als Handlungsraum produktiv anwenden lassen: Erstens lässt sich laut Werlen (2008: 380) mit „der Qualifizierung von Raum als begriffliches Konstrukt, das die Relationierung der Körper der Handelnden mit anderen körperlichen Gegebenheiten thematisiert", der tiefe Graben zwischen dem absoluten und dem relationalen Raumverständnis überwinden. In Bezug auf die Ausstellung können die so zentralen physisch-materiellen Bedingungen einbezogen werden, aber eben nicht biologistisch-kausalistisch nivelliert, sondern in Relation mit der körpergebundenen Erfahrungsräumlichkeit der Handelnden. Der zweite Vorteil ergibt sich aus der Anpassungsfähigkeit dieses Raumkonzepts, wenn „über die Art der Handlungsausrichtung die Relationierungen des Körpers der Handelnden mit den physisch-materiellen Gegebenheiten des Handlungsbezuges jeweils anders ausfallen und sich damit auch die Bedeutung dessen ändert, was als Raum begrifflich gefasst wird" (Werlen 2009: 155). Die Handlungsausrichtung differenziert die Art und Weise der Aneignung (zweck-rational, sozial-politisch, symbolisch etc.) und bestimmt über die Perspektive der Handelnden die damit verbundenen Handlungsmöglichkeiten und -unmöglichkeiten. Die Ausstellung bestimmt sich in dieser Hinsicht als spezifischer Möglichkeitsraum, der nicht nur von Person zu Person, sondern auch von Situation zu Situation variiert.

## Eine Raumsoziologie mit raumkonstitutiven Praktiken

Die Soziologin Martina Löw entwirft mit ihrer Habilitationsschrift 2001 eine zeitgenössische Form der Raumsoziologie, deren Begrifflichkeiten sie auf Basis einer historisch-systematischen Analyse unterschiedlicher Raumverständnisse entwickelt. Ihr Buch „Raumsoziologie" gilt wenn nicht als Gründungsschrift, so zumindest doch als meistbeachtetes Buch der sozialwissenschaftlichen Raumwende (Döring/Thielmann 2008a: 25). Als Wegbereiter ihrer eigenen Raumkonzeption sieht Martina Löw (2001: 132) unter anderem Anthony Giddens mit seiner Verknüpfung von Handeln und Strukturen sowie Pierre Bourdieu, mit dessen Habitus-Begriff die Verbindung von Handeln und Strukturen gefasst werden kann. Gleichzeitig gibt sie aber zu bedenken, dass beide keine Antworten auf die Frage nach der Art und Weise der Herstellung von Räumen geben können.

Zunächst folgt Martina Löw (2001: 13) aber Bourdieu, wenn sie von einem sozialen Raum ausgeht, der durch materielle und symbolische Komponenten gekennzeichnet ist. Hinsichtlich des Zusammenhangs zwischen physischem und sozialem Raum, schlägt Löw für die Überwindung des Dualismus von „Naturraum" und Sozialraum gewissermaßen den Monismus eines sozialen Interaktionsraumes vor (Dünne 2006: 302). Anstatt zwischen zwei Realitäten – einerseits der Raum, andererseits die Menschen und die sozialen Güter – zu unterscheiden, entwirft Löw (2001: 13) einen relationalen Raumbegriff, der die Verflechtungen zwischen Mensch, Objekt und Raum beschreibt. Der Raum wird so zu einem dynamischen Gebilde, dessen sich verändernde Beziehungen und Konstellationen sich als Untersuchungsgegenstand einer Raumsoziologie, wie Löw sie vorsieht, anbieten. Hier unterscheidet sich die Ausrichtung von Löws Raumbegriff zu dem von Werlen, der auf Basis der ontologischen Unterschiede weiterhin auf eine begriffliche Unterscheidung zwischen physischem und sozialem Raum beharrt. Einklang herrscht – und dies kann auch im Sinne eines allgemeinen „praxis turn" gewertet werden – aber im Fokus auf die raumkonstituierenden Praktiken der Akteure und Akteurinnen. Denn so besteht die Aufgabe einer Raumsoziologie nach Martina Löw (ebd. 151) gerade darin, den Prozess der Konstitution neben der Bestimmung der relationalen Lageverhältnisse in den Mittelpunkt zu stellen: Die zentralen Fragen dabei sind, „was angeordnet wird (Dinge, Ereignisse etc.?), wer anordnet (mit welchem Recht, mit welcher Macht?)

und wie Räume entstehen, sich verflüchtigen, materialisieren oder verändern und somit Gesellschaft strukturieren". *„Raum ist eine relationale (An)Ordnung sozialer Güter und Menschen (Lebewesen) an Orten"*, lautet folglich Löws (ebd. 224) relationale Raumbestimmung, welche sich in Bezug zu ihrer Stoßrichtung der Konstitution von Raum setzen lässt und auf den raumkonstitutiven Akt des Anordnens verweist.

Im Prozess des Anordnens nimmt Löw (ebd. 225) die analytische Trennung von zwei unterschiedlichen Aktivitäten vor: die „Syntheseleistung" und das „Spacing". Mit der „Syntheseleistung" lassen sich *„Ensembles sozialer Güter und Menschen wie ein Element zusammenfassen"*, sie ermöglicht, durch *„Vorstellungs-, Wahrnehmungs- und Erinnerungsprozesse"* das Wahrnehmen von einzelnen materiellen Elementen in der Gesamtheit eines Raumes (ebd.). Die zweite Aktivität des Anordnens entspricht dem „Spacing", das im praktischen Handlungsvollzug in wechselseitiger Beeinflussung mit der „Syntheseleistung" verbunden ist. Unter „Spacing"-Prozessen versteht Löw „das Plazieren sozialer Güter oder Lebewesen bzw. das Sich-Plazieren derselben, das Bauen, Errichten oder Vermessen, auch das Positionieren primär symbolischer Markierungen, um Ensembles von Gütern und Menschen als solche kenntlich zu machen" oder auch „das Plazieren von Informationen" (ebd.). Ihre Schlussfolgerung, dass „Spacing"-Prozesse Aushandlungsprozesse sind, verweist wiederum auf den Ausgangspunkt ihrer Raumkonzeption zwischen Struktur und Handlung. So stehen „Synthese" und „Spacing" auch immer im Zusammenhang mit den konkreten Bedingungen einer Handlungssituation; „[v]erknüpft und plaziert werden kann nur, was in einer Handlungssituation zur Verfügung steht" (ebd.). Die Anerkennung von Strukturen bedeutet jedoch nicht, wie Löw (ebd. 230) herausstreicht, dass die Raumkonstitution prinzipiell strukturierte Kontexte bestätigt, sondern dass Synthesen und Plazierungen auch im Widerstand erfolgen können.

Das zweiteilige Konzept des Anordnens bietet sich insofern für eine Übertragung auf die Ausstellung als Handlungsraum an, als es zwei Kernelemente des Ausstellungsbesuches erfasst. So stellt die „Synthese" als Konzept die Handlung dar, in der Besucher_innen sich aus einzelnen räumlichen Elementen ihren Raum konstituieren, während sie die Elemente des Raumes und sich selbst im Rahmen des „Spacing" im Raum verorten. Dies geschieht weder im luftleeren noch im ideologiebefreiten Raum, sondern innerhalb einer mehr oder weniger strukturierten räumlichen Ordnung. Interessant ist somit auch die Analyse der Lesarten innerhalb der „Synthese"- und „Spacing"-Prozesse, die sowohl bei den Ausstellungsproduzent_innen als auch auf Seiten der Ausstellungsrezipient_innen vonstattengehen.

Die von Löw herausgestellten Praktiken der sozialen Akteure und Akteurinnen bei der Herstellung eines relationalen Raumes wurden wegen einer möglichen Überbetonung der sozialen Konstruiertheit und der möglichen Einflussnahme auf im Prozess befindliche Raumstrukturen auch bereits des Raumvoluntarismus bezichtigt (Dünne 2006: 302, Schroer 2008: 136f., Schroer 2009: 364ff.). In Bezug auf den Ausstellungsraum kann meiner Meinung nach die Betonung des sozial Gemachten und des Prozesshaften jedoch nicht groß genug sein, da gerade die bildungselitäre Institution des Kunstmuseums oder des Ausstellungshauses nicht oft genug auf die soziale Konstruiertheit ihrer Räume und die individuelle Raum- und Bedeutungsproduktion aufmerksam gemacht werden kann.

## 2.4 Prämissen für die Ausstellung als Handlungsraum

Konkludierend stellt sich die Frage, inwieweit das hier dargestellte theoretische Konglomerat und Kondensat aus unterschiedlichsten Ansätzen in seiner Gesamtheit für die Ausstellung von Relevanz ist. Manche Aussagen der Autor_innen mögen sich widersprechen und eine Anwendung auf die Ausstellung nicht immer naheliegend erscheinen. Für mich bilden jedoch all diese Theorien, Konzepte, Modelle oder einfach Gedanken gewissermaßen die theoretische Basis, um die Ausstellung neu zu denken und als Handlungsraum theoretisch verankert argumentieren zu können. In den folgenden fünf Punkten fasse ich in einer Art Synthese wichtige Überlegungen der geschilderten Handlungs- und Raumtheorien zusammen und formuliere sie als Prämissen für die Ausstellung als Handlungsraum:

1. Die Ausstellung als Handlungsraum baut auf einer akteur_innenzentrierten Sichtweise auf, welche die (kreativen) Fähigkeiten der Akteure und Akteurinnen bei der Interpretation und Bewältigung von Situationen betont. Von besonderem Interesse sind jene Methoden des Handelns im Alltag, mit Bekanntem und Gewöhnlichem, aber auch Neuem und Irritierendem umzugehen und das Vorgefundene in die eigene Lebenswelt zu integrieren.

2. Im Zentrum steht das mit subjektivem Sinn versehene Handeln der Akteure und Akteurinnen und jene Prozesse der Sinn- und Bedeutungszuschreibung, die das Handeln von Akteur_innen gegenüber Objekten, sich selbst und anderen bestimmen. Bedeutungen werden dabei in einem Interaktions- und Interpretationsprozess mit sich selbst und anderen ausgehandelt und sind dabei von der spezifischen Kontextsituation abhängig.

3. Raum ist als sozialer Raum für die Ausstellung als Handlungsraum relevant, weil hierbei nicht nur die materiellen Gegebenheiten der Ausstellung, sondern die Konstitution, Wahrnehmung und Nutzung von Raum aus Sicht der Akteure und Akteurinnen verhandelt werden. Räume sind nie einfach nur vorhanden, sondern immer sozial gemacht und können demnach als soziales, physisches und symbolisches Konstrukt verstanden werden. Raum bestimmt sich dabei über die Relationen von Menschen und Dingen und über die materiellen und symbolischen Praktiken der Akteure und Akteurinnen, mit denen sie Raum entwerfen.

4. Bei der Ausstellung als Handlungsraum liegt das Interesse nicht vorwiegend auf der Ausstellung als kulturelles Produkt, sondern bezieht sich auf die mit der Ausstellung verbundenen sozialen und kulturellen Praktiken. Dabei wird zwischen ausstellungsmachenden und ausstellungsrezipierenden Tätigkeiten pragmatisch als zu unterschiedlichen Zeitpunkten und mit unterschiedlichen Zielsetzungen stattfindenden Handlungen unterschieden, jedoch sind beide Tätigkeiten ohne hierarchische Wertung als Formen räumlicher Produktion aufzufassen, die sich gegenseitig bedingen.

5. Die Ausstellung als Handlungsraum soll als ein Möglichkeitsraum konzipiert sein. Die im Folgenden dargestellten Erkenntnisse wurden aus der Praxis der Ausstellungsmacher_innen und Ausstellungsbesucher_innen gewonnen und sollen für diese wieder fruchtbar gemacht werden. Das Potenzial der Ausstellung als sozialer und gesellschaftlich geschaffener Raum liegt demnach in ihren Handlungsmöglichkeiten begründet, welche auch im Sinne einer politisierten Aneignung in Anspruch genommen, ausgereizt und erweitert werden sollen.

In den folgenden drei Kapiteln versuche ich, die Nützlichkeit der Sichtweise der Ausstellung als Handlungsraum herauszuarbeiten, indem ich detailliert meine empirischen Ergebnisse darlege, sie mit handlungs- und raumtheoretischen Überlegungen verknüpfe und an die aktuelle Ausstellungsforschung anbinde. Während ich in Kapitel 3 den Akt der Verräumlichung und Vermittlung von Inhalten ins Zentrum meiner Ausführungen stelle, sind es in Kapitel 4 die körperliche Erfahrung der Ausstellung und in Kapitel 5 die sozialen Dimensionen des Ausstellungsbesuchs, welche den Blickwinkel bei der Beschreibung der Ausstellung als Handlungsraum bestimmen.

# 3 Der Raum spricht. Über die Ausstellung als räumliches Konstrukt

Ob monografische Ausstellung, thesenhafte Themenausstellung, xte Biennale Edition, gastkuratierte Kunstvereinsschau oder Satellitenprojekte im öffentlichen Raum. Die Bandbreite der zeitgenössischen Kunstausstellung ist groß, so auch die Vielfalt der Örtlichkeiten an denen sie stattfindet wie ebenso die räumliche Gestalt, die sie dabei annehmen kann. Der Raum ist ein dem durchwegs heterogenen Medium Ausstellung inhärentes Charakteristikum, welcher weitreichende Aussagen über die Ausstellung ermöglicht – lange bevor Kurator_innen oder Vermittler_innen die autorisierte Stimme erheben. Der vermittelnde Akt äußert sich nicht nur im Sprechen über das Objekt, sondern ebenso im Sprechen durch das Objekt. Jede Materialisierung, jede Übersetzung eines Gedankens in eine Form ist eine Vermittlungsleistung. Unter diesem Gesichtspunkt präsentiert sich die Ausstellung weniger als eine reine Versammlung von Kunstwerken, denn als eine folgenreiche Verkettung von Vermittlungssituationen. Denn Ausstellen heißt Gedanken in Kunstwerke zu übersetzen, diese an spezifisch ausgewählten und oft symbolbehafteten Orten zu zeigen sowie sich über die Art und Weise der Präsentation als auch der Kontextualisierung in Form von Text etc. Gedanken zu machen. Die Ausstellung spricht demnach (auch) durch den Raum, wenn hier Kunstobjekte in bestimmten räumlichen Konditionen und Konstellationen auf die Betrachter_innen treffen. Doch was spricht der Raum, was will er uns sagen?

In diesem Kapitel nähere ich mich der Ausstellung über ihre Gestalt und untersuche sie als räumliches Konstrukt. Gleichzeitig verstehe ich die Ausstellung sowohl räumlich als auch sozial konstruiert. Als materialisiertes Gefüge steht die Ausstellung für räumliche, soziale und kulturelle Praktiken des Ausstellungsmachens (wie in späterer Folge auch des Ausstellungsbesuchens). In ihrem praktischen Entstehungszusammenhang kann die Ausstellung im Sinne von Bourdieu als „soziale Objektivierung" der Tätigkeiten des Ausstellungsmachens im Kontext ihrer institutionellen Kulturen, Werte, Normen und Arbeitsroutinen gelesen werden. Der praktische Sinn reproduziert sich somit nicht nur in den körpergebundenen Praktiken der sozialen Akteure und Akteur_innen, sondern zudem auf der materiellen Ebene der Ausstellung. Wichtig ist jedoch nicht von einem vereinfachten Ursache-Wirkungsschema auszugehen, sondern insbesondere das Wechselspiel von Raum und Handeln zu beleuchten, wenn materialisierte Objektivierungen und habituell disponierte Formen der Praxis miteinander korrespondieren. Bourdieu verwendet hierzu gelegentlich (z.B. 1997) auch die Komplementärbegriffe von Habitat und Habitus und begreift beide als sich verschränkende Zustandsformen des Sozialen. Vergegenständlichte soziale Praxis in Form von Dingen trifft auf die den Körpern einverleibte Geschichte.

Methodisch nähere ich mich dem Artefakt der Ausstellung in diesem Kapitel auf zwei Wegen. Zum einen nütze ich Expert_inneninterviews, um über die Gespräche mit an der Ausstellung beteiligten Personen spezifische Informationen über die Ausstellungsgenese zu erhalten. Die Erzählungen offenbaren dabei nicht nur Wissen zu Prozessen, die normalerweise auf der Hinterbühne und nicht im Öffentlichen stattfinden, sondern zeigen zudem in Anlehnung an den bourdieuschen Habitus subjektive Handlungs-, Wahrnehmungs- und Denkschemata auf. Mit der Artefaktanalyse nähere ich mich zum anderen über die Vorderbühne der Ausstellung und rekonstruiere über die Objektebene sowohl manifeste als auch latente Bedeutungsstrukturen dieses Habitats. Dabei bedarf es einer interpretativen Auslegung, denn: „[a]n Artefakten interessiert nicht ihre Gegenständlichkeit, sondern ihre Bedeutung für organisationale Strukturierungsprozesse." (Froschauer 2009: 345). So geht in diesem Kapitel die Stoßrichtung dahin, die Ausstellung als Konstruktionsleistung zu begreifen, deren Produktionsmacht von Bedeutungen es über die mit ihr verbundenen Praktiken und deren Materialisierungen zu entschlüsseln gilt.

Im Aufbau des Kapitels orientierte ich mich an der Chronologie der Praxis, indem ich im ersten Teil jene Strukturen und Prozesse untersuche, die zur Formulierung der Ausstellung führen und mich sodann im zweiten Teil der räumlichen Manifestation und ihren Hintergründen widme. Im dritten Teil ergänze ich die Ausstellung um Überlegungen zu spezifischen Vermittlungsaspekten, um schlussendlich im vierten Teil fokussiert jene Konsequenzen, die sich daraus für die Besucher_innen ergeben, in den Blick zu nehmen.

## 3.1 Der Entstehungsprozess

Der Prozess und das Prozessuale scheinen insbesondere seit den 1990er-Jahren Liebkinder der zeitgenössischen Kunstpraxis zu sein. Dies zeigt sich auch in Bezug auf die Ausstellung, bei der nun vermehrt dem Prozess des Ausstellens als gestalterischem und bedeutungsstiftendem Akt Beachtung geschenkt wird. Mit der Ausweitung der Arbeitsfelder von Kurator_innen auf Agenden auch jenseits des Ausstellungsraumes ging sogar eine semantische Verschiebung von der Berufsbezeichnung „curator" zur Tätigkeit des „curating" einher.[1] Dennoch konstatiert Paul O'Neill (2007: 13): „[W]e still have more of an understanding of who certain curators are than what they actually *do*." Die Gründe sieht er zum einen im personalisierten Starsystem und in der zunehmenden Popularisierung von Kunst im Rahmen einer globalen Unterhaltungsindustrie. Zum anderen zeigt sich, dass trotz einer Erweiterung der kuratorischen Praxis der Fokus auf Resultaten wie der Ausstellung, dem Katalog oder dem Projektergebnis haften bleibt.

Ein weiterer Grund, warum trotz der Popularisierung des Prozessualen sich dies nicht in der Literatur oder in der öffentlichen Aufmerksamkeit auf das eigentliche Machen der Ausstellung niederschlägt, mag in der Banalität des Gegenstandes selbst liegen. Als produzierende Tätigkeit ist das Ausstellungsmachen an organisatorische Praktiken wie Korrespondenz, Logistik, Budgetverwaltung etc. gebunden, welche, wie es scheint, jenseits einer pragmatischen Kulturmanagement-Literatur nur bedingt einer theoretischen Besprechung bedürfen oder vielmehr ihrer kaum würdig erscheinen. Mit dem Erkenntnisinteresse an den konstitutiven

1 | In ihrem Beitrag zum Symposium „Harald Szeemann in context" am 15. November 2011 in Venedig markiert Mary Anne Staniszewski das Wort „curating" als das „buzzword" des Jahres 2011. Nicht mehr nur Ausstellungen, sondern auch Publikationen, Symposien bis hin zu Revolutionen werden unter dem steigenden Einfluss von „social media" kuratiert.

Praktiken im Umgang mit der Ausstellung sehe ich es aber als meine Aufgabe, dieses Feld aus dem Schutz seiner Alltäglichkeit herauszuholen und die konkreten Prozesse der Kunst- und Ausstellungswerdung in den Blickpunkt zu rücken. Denn eventuell werden gerade in der praktischen Umsetzung der Ausstellung verstärkt jene feldinternen Strukturen offengelegt, welche Aufschluss über das implizite Selbstverständnis, unausgesprochene Anliegen oder auch kursierende Konfliktlinien geben.

## Wer macht die Ausstellung?

Begreift man die Ausstellung als Resultat eines (arbeitsteiligen) Prozesses stellt sich zu Beginn die Frage, wer überhaupt die Ausstellung macht und an ihrer Entstehung wesentlich teilnimmt. Während die Bezeichnung Ausstellungsmacher_in als Synonym für Kurator_in gilt, definieren Künstler_innen ebenso – und dies insbesondere bei Einzelausstellungen und Installationen – in großem Maße, wie die Ausstellung aussieht und auch viele andere Parteien wie etwa Ausstellungsproduzent_innen oder Vermittler_innen tragen zum Ausstellungsmachen bei. Das Ausstellungsmachen wird immer mehr von Teams als von dominanten Macher_innen bewerkstelligt und nähert sich dabei, wie Sigrid Schade und Dorothee Richter (2007: 57) diagnostizieren, in seiner Arbeitsweise dem Filmschaffen an. Dennoch, und dies spiegelt mein Material wider, sind es die Rollen und noch spezifischer das Verhältnis zwischen dem Kurator / der Kuratorin und dem Künstler / der Künstlerin, die das Ausstellungsmachen in den Erzählungen dominieren, wenngleich die Praxis womöglich weitaus arbeitsteiliger funktioniert. In einem ersten Schritt erläutere ich deshalb die Zusammenarbeit im gesamten Team, während ich in einem zweiten Schritt das Verhältnis von Künstler_innen und Kurator_innen näher beleuchte. Jenseits der idealistischen Vorstellung eines (basis-)demokratischen Kunstbetriebs oder auch der Vorstellung von permanenten Aushandlungsprozessen zeigt sich in meiner Untersuchung, dass die grundsätzliche Arbeitsteilung hierarchisiert vergeben und auch relativ klar ist. In den untersuchten Institutionen gibt es, so erscheint es zumindest nach außen, eingespielte Arbeitsprozesse, bei denen jeder (im Sinne einer höheren Ordnung) seine Aufgaben erfüllt.[2]

## Heterogen, engagiert, erfahren und eingespielt

Systematisiert man die Erzählungen der Expert_innen zur Zusammensetzung des Teams gibt dies Einblick in die Idealvorstellung eines solchen: Heterogen, engagiert, erfahren und eingespielt, so stellt sich dieses kurz gefasst dar. So wird im Kunsthaus Bregenz etwa in der Kunstvermittlung stark betont, aus welchen unterschiedlichen Bereichen (Künstler_innen, Lehrer_innen, Kunstpädagog_innen, Bühnenbildnerin, Medienwissenschaftlerin) sich das Team zusammensetzt und dass die zwei hauptverantwortlichen Personen nur deshalb so gut zusammenarbeiten, weil sie extrem unterschiedlich sind. Engagement wird als weiterer Baustein für eine gelungene Zusammenarbeit genannt, wenn sich das ganze Team im Sinne des übergeordneten Ziels individuell einsetzt und gleichzeitig an einem Strang zieht. Beim Ausstellungsmachen lässt sich zudem aus der Erfahrung eines längerfristig bestehenden Teams schöpfen, da sich dadurch das Spektrum der Realisierungsmöglichkeiten erweitert oder auch ein gegenseitiger Lernprozess stattfinden kann. Kathrin Rhomberg, die Leiterin der 6. Berlin Biennale, bedankt sich bei der Pressekonferenz bei ihren Mitarbeiter_innen und konstatiert: „Ein großartiges Team, ein Team, das unglaubliche Erfahrungen hat, weil [es] über mehrere Jahre und viele Biennalen diese Erfahrungen sammeln konnte" (P25: 18).[3] Diese starke Betonung der Erfahrung verweist wiederum auf die Spezifik der temporären Projektarbeit, wie sie insbesondere bei Großausstellungen

**2** | Pierre Bourdieu (1999: 270) weist darauf hin, dass zu „den allgemeinen Merkmalen von Feldern gehört, daß in ihnen der Wettstreit um den Spieleinsatz verschleiert [wird], daß hinsichtlich den Grundregeln des Spiels bestes Einverständnis besteht".

**3** | Die Bezeichnung (Px: x) verweist auf die Primärdokumente meiner Feldforschung. Sie ist durch das Auswertungsprogramm Atlas.ti generiert und folgendermaßen zu lesen: P steht für Primärdokument wie zum Beispiel das Transkript eines Interviews. Die erste Zahl steht für die Nummer, die dieses Dokument im Pool der Dokumente erhalten hat; die zweite Zahl für den Absatz, aus dem das Zitat stammt, siehe Dokumentübersicht im Anhang.

wie Biennalen gängig ist, und auf die damit zusammenhängende Unüblichkeit eines konstanten Kernteams. Bereits bestehende Vertrauensverhältnisse und die Eingespieltheit eines Teams sind demnach förderliche Elemente bei der Realisierung einer Ausstellung.

## Der Künstler_innenkontakt als Bonus

Eine weitere Auffälligkeit von Teams in Kunstinstitutionen betrifft die Zusammenarbeit mit den ausstellenden Künstler_innen. Obwohl nahezu alle Abteilungen mit den Künstler_innen in Kontakt stehen – von den Kurator_innen, deren Mitarbeiter_innen, Techniker_innen, Kunstvermittler_innen bis hin zu den Verantwortlichen für die Pressearbeit –, haben die Kurator_innen das Privileg der Nähe zu den Künstler_innen. Hier spielt nicht nur die Intensität des persönlichen Kontakts mit den Künstler_innen eine Rolle, sondern auch die Frage, ab wann dieser beginnt beziehungsweise über wen er zustande kommt. Hierarchische Strukturen innerhalb der Institutionen machen sich bemerkbar, wenn die Kunstvermittlung – trotz ihres gestiegenen Prestiges und der Betonung ihrer integralen Funktion – beispielsweise erst über die kuratorische Abteilung den Kontakt zu den Künstler_innen erhält oder sich mit Informationen aus zweiter Hand begnügen muss.

Warum der Kontakt mit Künstler_innen als so wertvoll empfunden wird, lässt meines Erachtens zwei mögliche Schlussfolgerungen zu. Zum einen verbindet sich mit der Person des Künstlers / der Künstlerin – ohne den Fortbestand des Mythos des Künstlergenies heraufzubeschwören – das Bild eines besonderen Menschen, der für jene aktuell hoch gehandelten Werte wie Selbstbestimmung, Freiheit und Selbstverwirklichung abseits eines angepassten Daseins steht. Zum anderen wird deutlich, dass insbesondere jene Arbeiten, die in Verbindung mit Künstler_innen stehen, über die inhaltliche Nähe zu einer künstlerischen Praxis zumeist ein hohes symbolisches Kapital mit sich bringen, wie auch die in der jüngsten Zeit bemerkbare Aufwertung der kuratorischen Arbeit zeigt.

## Künstler_innen und Kurator_innen in Relation stellen

In diesem Zusammenhang wurde bereits viel über das veränderte Rollenverständnis und die Annäherung der Professionen von Kurator_innen und Künstler_innen geschrieben.[4] Verhandelt werden dabei sowohl Fragen von Kompetenzen und Konkurrenzen als auch Fragen der Autorschaft und des Anteils an der Bedeutungsproduktion. Im Zuge der erweiterten Lesart des Kuratierens, welche neben dem Ausstellungsmachen auch die diskursive Produktion und Formen der Selbstorganisation beinhaltet, verweisen Paul O'Neill und Mick Wilson (2010: 19) auf die mögliche Produktivität von flüssigen Grenzen. Anstelle der Tendenz, zwischen der internen Organisation eines Kunstwerks (repräsentiert durch Künstler_in / Autor_in / Produzent_in) und dessen externer Organisation (in Form von Verbreitung und Vermittlung) zu unterscheiden, plädieren sie dafür, Kuratieren eher als weitreichenden Überbegriff für unterschiedliche Organisationsformen, kooperative Modelle und kollaborative Strukturen zu lesen und weniger in der autoritären kuratorischen Subjektposition verankert zu sehen. Auch in meiner Untersuchung lässt sich diese Tendenz beobachten, wenn Kurator_innen ihre Rollen weniger ausschließlich aus dem beruflichen Selbstverständnis, sondern mehr über ihre Zusammenarbeit mit den Künstler_innen bestimmen. So finden sich im relationalen Verhältnis von Künstler_innen und Kurator_innen drei modellhafte Konzepte, die sich teils überschneiden oder eben je nach Situation von den Akteur_innen flexibel angewandt werden. Während sich das Konzept „Widerpart" (iv)[5] auf die jeweiligen Kompetenzfelder stützt, beleuchtet das Konzept „Dialogpartner_innen" Kommunikationsformen und das Konzept „Weggefährt_innen " spiegelt wiederum die persönliche und gewissermaßen emotionale Komponente dieses Arbeitsverhältnisses wider.

---

**4** | Siehe beispielsweise das Panel IV „Kuratoren als Künstler – Künstler als Kuratoren?" im Konferenzband „Die Kunst des Ausstellens" (2002), der ICE-Reader zum Forschungsprojekt „Curating Critique" (2007) oder die aus drei Symposien hervorgegangene Publikation „The Critics, The Curators, The Artists" (2010).

**5** | Mit (iv) für In-vivo-Kode sind jene Kategorien und Konzepte meiner Untersuchung gekennzeichnet, bei denen es sich um eine Wiedergabe des Sprachduktus aus dem Feld handelt.

### a) Widerpart (iv)

Das Konzept „Widerpart" (iv) bezieht sich in seiner Charakteristik auf unterschiedliche Formen der Zusammenarbeit und Kompetenzverteilungen. Wer macht was und wie ergänzen sich die Mitglieder eines Teams in diesen Tätigkeiten? Ein Widerpart zu sein, bedeutet, dass die Kurator_innen auf die Künstler_innen und nicht zuletzt auf die spezifische Situation der jeweiligen Ausstellung eingehen. Yilmaz Dziewior erklärt: „Und das ist eigentlich auch das Schöne, finde ich, in diesem Beruf, dass man sich immer wieder neu einlässt [...] auf unterschiedliche Charaktere, unterschiedliche Künstlerpersönlichkeiten. [...] [D]ie Form meines Einbringens ist immer durch mein Gegenüber eigentlich schon definiert. [...] [I]ch sehe das schon als Widerpart zu dem Künstler oder der Künstlerin, das ist mir sehr wichtig" (P17:55). In diesem Modell sind es die Kurator_innen, die auf die Künstler_innen reagieren und sich in die spezifischen kuratorischen Handlungsfelder in unterschiedlicher Intensität einbringen. Während beispielsweise manche Künstler_innen die Auswahl und die Positionierung der Kunstwerke ganz den Kurator_innen überlassen, wollen sich andere Künstler_innen im Laufe des Produktionsprozesses kontinuierlich mit den Kurator_innen austauschen. Und andere, wie etwa Roni Horn, benötigen im Grunde gar keinen Kurator / keine Kuratorin, da sie „sehr genaue Vorstellungen" hat, „wie sie Ausstellungen konzipiert" (P4: 17).

Eine etwas andere Rolle, die Kurator_innen im Sinne eines Widerparts einnehmen können, ist die von Ermöglicher_innen. Der Künstler / die Künstlerin hat eine Idee oder schlägt ein Konzept vor und der Kurator / die Kuratorin und das Ausstellungsteam versuchen, die Vorstellungen dann zu verwirklichen. Die Bandbreite des Ermöglichens und Unterstützens reicht dabei vom Zur-Verfügung-Stellen des Raumes zum Arbeiten vor Ort über die technische Realisierung und finanzielle Umsetzung bis hin zu gezeigtem Vertrauen in das Zustandekommen der Arbeit. In dieser Rolle begleiten die Kurator_innen die Künstler_innen bei ihren Vorhaben. Sie schaffen einen Rahmen, in dem sich die Künstler_innen frei bewegen können, und greifen nur teilweise lenkend ein, um beispielsweise die Ausstellung in Relation zu bereits stattgefundenen Ausstellungen mit anderen inhaltlichen Schwerpunkten (im Sinne eines Neuigkeitswertes) zu positionieren.

### b) Dialogpartner_innen

Das Konzept „Dialogpartner_innen" verweist als Modell auf die Kommunikationsform, welche die Zusammenarbeit von Künstler_innen und Kurator_innen bestimmt. Im Laufe der Ausstellungsvorbereitung erleben sie einen gemeinsamen Prozess, bei dem es sich immer wieder auszutauschen gilt. Man gibt sich gegenseitig Input, schlägt sich Dinge vor und prüft deren mögliche Umsetzung. Der Kurator Rudolf Sagmeister beschreibt diese Form des Austauschs als eine Art „Pingpong-Spiel" (P6: 13), bei dem Gedanken wie Bälle hin- und hergespielt werden und die Beteiligten vom erweiterten Gedankenpool profitieren. Im Sinne eines Idealmodells werden beim Konzept „Dialogpartner_innen" eine besonders intensive Kommunikation mit ausführlichen Gesprächen und eine lange gemeinsame Projektentwicklungszeit angestrebt. Wie viel Zeit in den Austausch investiert wird, drückt das Interesse aneinander, eine gewisse Wertschätzung füreinander und auch den Wunsch, gemeinsam ein gutes Projekt zu realisieren, aus. In den Gesprächen zwischen Künstler_innen und Kurator_innen geht es somit über den rein faktischen Austausch hinaus auch darum, ein Gespür für die gedanklichen Vorstellungen des anderen zu bekommen und sich aufeinander einzustimmen. Zumeist werden diese Beziehungen als sehr positiv dargestellt, nur die Kuratorin Kathrin Rhomberg gibt als intervenierende Bedingung den beschleunigten Kunstbetrieb zu bedenken, der das erstrebte Zusammenarbeiten über einen längeren Zeitraum oft gar nicht mehr möglich macht.

### c) Weggefährt_innen

Die durchgehend positive Darstellung des Verhältnisses zwischen Künstler_innen und Kurator_innen mag im Zusammenhang mit Erzählungen im Rahmen von Interviews und somit mit einer möglicherweise „geschönten" Außendarstellung nicht verwundern. Gleichzeitig wird jedoch ersichtlich, welch große Rolle die Verbindungen zwischen Künstler_innen und Kurator_innen im Kunstfeld spielen. Sie stellen gewissermaßen das soziale Kapital dieser beiden Professionen dar, wenn die erfolgreiche Arbeit im Kunstfeld sich auch als eine Frage des Netzwerks zeigt.[6] So haben Kurator_innen nicht nur oft bestimmte „Lieblingskünstler_innen",

---

**6** | Oder um es mit den Worten Hans Ulrich Obrists (2011: 34) zu sagen: „The whole curatorial thing has to do not only with exhibitions, it has a lot to do with bringing people together."

mit denen sie regelmäßig zusammenarbeiten und deren Karrieren sie auf diese Weise befördern, auch Künstler_innen können die Karrieren von Kurator_innen etwa durch persönliche Bewertungen beeinflussen. Ein positives Verhältnis zwischen diesen beiden Akteur_innen spiegelt sich demnach nicht in einem einseitigen Auswahlmechanismus wider, sondern lässt sich in Bezugnahme auf meine Daten mit der Bezeichnung Weggefährt_innen fassen. Wie vorhin der Wunsch nach einer langen Zusammenarbeit beschrieben wurde, steht hier nun der Wunsch nach einer vertiefenden Auseinandersetzung, die häufig über das gemeinsame Denken und Tun auch in eine persönliche Beziehung oder gar in eine Freundschaft mündet. Sich zu kennen und über die Jahre ein amikales Verhältnis entwickelt zu haben, bedeutet zumeist auch eine Erleichterung im Arbeitsprozess, weil hier auf einer anderen Vertrauensebene aufgebaut werden kann. Neben einer veränderten Arbeitsbasis führt das Sich-gut-Kennen und -Begleiten auch zur Abkehr von einer kritisch distanzierten hin zu einer involvierten Position von Kurator_innen, die sie diesbezüglich von jener der Kritiker_innen unterscheidet.

## Die Recherche als Ausgangspunkt

Im Folgenden gehe ich auf spezifische Prozessphasen und strukturelle Spezifika ein, die sich von der Recherche bis zur Realisierung der Ausstellung schematisch ergeben und von den Expert_innen selbst verstärkt thematisiert wurden.

Die Recherche steht zumeist am Beginn eines jedes Projekts und wird laut Erzählungen der Expert_innen als Grundlage für die Konzeption der Ausstellung, die Auswahl der Künstler_innen, der Ausstellungsorte, die Planung des Vermittlungsprogramms oder auch als Inspirationsquelle für Kunstwerke herangezogen. Von den Dimensionen präsentiert sich die Recherche in ihrer Ausrichtung sehr offen, um „einfach auch zu verstehen, was momentan gedacht, diskutiert wird“ (P48: 13) bis auf ein konkretes Projektergebnis wie die künstlerische Arbeit fokussiert. Teils offenbaren sich bei der Recherche auch strategische Überlegungen, wenn Künstler_innen etwa erzählen, dass sie ihre Beiträge bewusst in Relation zu anderen Arbeiten entwickeln und gewissermaßen in der Ausstellung eine Lücke suchen, um diese inhaltlich zu besetzen.[7] Weniger strategisch als vielmehr systematisch zeigt sich hingegen die Recherche innerhalb der Institutionen, wenn Hintergrundmaterialien über die Arbeit von Künstler_innen gesammelt und Handapparate angelegt werden. Zusätzlich zu Publikationen werden auch Personen als Informationsquelle herangezogen. Dies sind zumeist diejenigen, die stark in die Realisierung der Ausstellung involviert sind, wie die kuratorischen Mitarbeiter_innen oder eben die Künstler_innen selbst, denen die Rolle der primären und auch letztendlich autoritativen Quelle zukommt. Hinsichtlich des direkten Kontakts zu den Künstler_innen nehmen Rechercheisen im Kontext eines globalisierten Kunstfeldes einen großen Stellenwert ein. Besonders bei Ausstellungen wie Biennalen, die sich über eine internationale Künstler_innenliste definieren, werden sie als Instrument benützt, um Atelierbesuche vor Ort und persönliche Treffen mit Künstler_innen im Vorfeld der Ausstellung möglich zu machen. Hier offenbart sich die Wichtigkeit von Face-to-Face-Treffen, da das Kunstfeld – trotz enormer organisatorischer Veränderungen durch die Nutzung von Internet, Laptop, Smartphone etc. – in seiner Basis auf persönlichen Kontakten und einem Zusammentreffen in räumlicher Kopräsenz aufbaut.

## Von Einladungspolitiken und Neuproduktionen

Tendenziell erfolgt die Auswahl der Künstler_innen im frühestmöglichen Stadium, um sowohl der Entwicklung und Realisierung der Kunstwerke als auch der Konzeption der Ausstellung genügend Zeit zu geben. In den Erzählungen der Expert_innen findet sich hier als entscheidender Moment die Einladung. Sie stellt gewissermaßen den offiziellen Startschuss für das Projekt dar, dem zumeist in einer Art Sondierungsprozess informelle Gespräche vorausgehen. Während der Vorlauf, das heißt jene Zeit von der Einladung bis zur letztendlichen Ausstellungseröffnung,

7 | Hans Schabus stellt dieses Sichpositionieren in einer Gruppenausstellung auch in Zusammenhang mit seiner allgemeinen Arbeitspraxis. Denn „wenn man einmal eine große Arbeit gemacht hat, kann man danach wieder eine kleine machen, weil es einem persönlich so geht. Ich will ja nicht eine Sprache finden, um sie dann immer wieder zu sprechen, sondern ich will ja auch selber etwas dabei lernen“ (P50: 129).

von Institution zu Institution stark variiert, herrscht in Bezug auf die Frage, wer die Künstler_innen einlädt, vollkommene Einigkeit. Dies wird auf höchster Ebene entschieden, es ist eine „reine Direktorensache" (P18: 35) und steht in Zusammenhang mit inhaltlichen und strategischen Überlegungen, um das „Profil des Hauses festzulegen" (P17: 106). Die Institution positioniert sich über die Auswahl von Künstler_innen und kommuniziert eine gewisse inhaltliche Ausrichtung über deren Namen. Der Blick auf die Künstler_innenliste gibt nicht nur Auskunft über die Präferenzen einer Institution beziehungsweise eines Kurators / einer Kuratorin, sondern ist zugleich ein gängiges Messkriterium.

Auffällig ist, dass in den Erzählungen die Auswahl der Künstler_innen, aber nicht die der einzelnen Arbeiten dominiert. Dies resultiert aus der Zusammenstellung meiner Fallbeispiele, zu denen eben kein Museum mit eigener Sammlung gehört, sondern Institutionen, die vornehmlich mit zeitgenössischen, lebenden Künstler_innen und weniger mit Leihverkehr arbeiten. Zentrales Auswahlkriterium ist somit sowohl das (vorhandene oder erhoffte) symbolische Kapital der Künstler_innen als auch die Stimmigkeit des Zusammenschlusses, wenn sich die (ebenso mit einem spezifischen symbolischen Kapital behaftete) Institution für die Künstler_innen im Idealfall als stimmiger, *natürlicher* Ort im Feld der kulturellen Produktion darstellt (Bourdieu 1999: 267ff.). Der Künstler / die Künstlerin und die Institution stehen demnach bestenfalls in einem Verhältnis, das für beide Parteien passend ist und gewinnbringende Aussichten verspricht. An ein solches Versprechen anknüpfend, ist die Einladung zumeist weniger an inhaltliche Parameter, sehr wohl aber an den Wunsch oder teils auch die Vorgabe geknüpft, eine neue Arbeit für die Institution zu produzieren. Egal ob Kunsthaus, Biennale oder Kunstverein – sie alle betonen diese Arbeitspraxis in den Interviews.

Über Neuproduktionen werden der spannende Entstehungsprozess der Kunstwerke, der nicht immer planbare, sondern sich prozessual entwickelnde Charakter der Ausstellung sowie insbesondere die Unterscheidung zu anderen Häusern betont. Die Neuproduktion steht damit gewissermaßen als Gütekriterium und nicht zuletzt als schlagendes Verkaufsargument für die Institution. Das Neue zeigt sich dabei als relationale Kategorie zu Altem und nötigt im Sinne des kreativen Imperativs (von Osten 2003) zur permanenten Abweichung und Ausschöpfung des vorhandenen Potenzials. Damit präsentiert sich die Neuproduktion in meinem Datenmaterial vorerst als grundsätzliche Win-win-Situation, wenn

Künstler_innen mit Budget und Betreuung eine neue Arbeit entwickeln können, die Institution eine neue Arbeit ausstellen kann. Auf lange Sicht stellt die Schleife des immer zu erfüllenden Neuen jedoch beide Seiten unter Druck und limitiert gleichsam ihre Handlungsmöglichkeiten. Dass die Anforderung des ständig Neuen teils jedoch auch geschickt unterlaufen werden kann, verdeutlicht Roman Ondáks Arbeit für den Salzburger Kunstverein. Mit seiner Installation „Before Waiting Becomes Part of Your Life" erfüllt er zwar die Vorgabe einer neuen Produktion, bezieht sich dabei aber in einer Art Reflexionschleife auf seine bereits existierende Arbeit „Good Feelings in Good Times", deren ausführliche Rezeption im Kunstfeld er über das Ausstellen unzähliger Drucksorten in selbst gebauten Vitrinen skulptural musealisiert.

## Entstehungsgeschichten

Bei der Entstehung, Entwicklung und Realisierung von Kunstwerken finden sich in den Erzählungen der Künstler_innen starke Parallelen zur Ausstellungsproduktion, die vorrangig innerhalb der Institution angesiedelt ist. Das heißt, unabhängig ob es sich um die Produktion des singulären Kunstwerks oder der Ausstellung als Gesamtes handelt, sind es die Aspekte Zeit, finanzielle Mittel und technisches Know-how, die als elementare intervenierende Bedingungen wenig überraschend diesen Prozess prägen. Für eine Künstlerin erschien beispielsweise das Timing ihrer Ausstellung anfangs nicht unbedingt ideal, da sie zeitgleich eine große Retrospektive hatte und diese allein schon viel Aufwand für sie bedeutete; andere Zeitlimits ergeben sich durch straffe Projektstrukturen mit klaren Deadlines wie eben jene der Eröffnung. Beim finanziellen Aspekt zeigen sich die eklatantesten Unterschiede zwischen meinen drei Fallbeispielen und ihren Handlungsspielräumen bei der Realisierung der Ausstellung, da mit sehr unterschiedlichen Budgets[8] hantiert wird.

**8** | Im Jahr 2010 erhielt das Kunsthaus Bregenz 1,9 Millionen Euro vom Land Vorarlberg und erwirtschaftet pro Jahr in etwa 1 bis 1,5 Millionen durch eigene Erträge und Sponsoring. Die 6. Berlin Biennale wurde mit 2,5 Millionen Euro von der Kulturstiftung des Bundes und zusätzlich durch Projektförderer und Sponsoren subventioniert. Die Förderung des Salzburger Kunstvereins durch Stadt Salzburg, Land Salzburg und den Bund betrug im Jahr 2010 insgesamt 298.700 Euro und die

Teils wird die Budgetverwaltung auch an die Künstler_innen weitergeben, die innerhalb eines gewissen Rahmens ihr Kunstwerk realisieren müssen. Hans Schabus erzählt in Bezug auf seine Arbeit „Klub Europa“, dass er die gebrauchten Dinosaurier aus dem ehemaligen Ostberliner Vergnügungspark Spreepark erst als Ausstellungsobjekte im Hof des Gebäudes am Oranienplatz verwenden konnte, als er jemanden im Ausland fand, der dem Besitzer für sein mögliches Produktionsbudget zwei neue lebensgroße Dinosaurier nachbauen konnte. Die Frage nach der möglichen Realisierung und Machbarkeit ist so neben dem finanziellen Rahmen auch wesentlich durch technische Herausforderungen bestimmt. Beim Know-How spielen die Erfahrungen des Teams und die vorhandenen technischen Ressourcen im räumlichen Umkreis der Institution eine große Rolle, die je nach Spezialisierung des Ortes erheblich variieren und teils eine Auslagerung notwendig machen. Insbesondere bei den Neuproduktionen fordern Künstler_innen die Institutionen bei der Realisierung heraus, aber „über die konkrete Herausforderung [...] ergibt sich da menschlich, künstlerisch natürlich sehr viel spannendes Neuland“ (P6: 38).

Bei den Entstehungsgeschichten von Kunstwerken ist zudem auffallend, dass die Informationen in einer narrativen, zumeist chronologischen Erzählung wiedergegeben werden. Oft sind diese Hintergrundinformationen zur Entstehung eines Kunstwerks auch mit Beschreibungen von Situationen oder sogar persönlichen Anekdoten geschmückt. Roman Ondák erzählt etwa bei der Pressekonferenz im Salzburger Kunstverein, dass er die in der Ausstellung gezeigten Videos im Zuge eines Auslandsstipendiums in Berlin mit seiner Familie anfertigte:

> „So I asked my wife and two boys which were three and nine at that time to go out in the quarter where we lived in Berlin [...] and to practice queuing which is absolutely absurd because kids don't have to practice this. And of course if you look at the small one he resisted so much, he didn't want to be captured in these constraints of social order“ (P72: 16).

Im Sinne von Alois Hahns (1995) „Biographiegeneratoren“ wirkt sich gerade die institutionelle Rahmung einer Pressekonferenz, eines Künst-

Eigenmittel des Kunstvereins beziffern sich pro Jahr mit etwa einem Drittel dieser Gesamtfördersumme.

ler_innengesprächs oder auch eines Interviews auf das Sprechen von Künstler_innen aus. Denn erst, wenn den Künstler_innen eine autorisierte Sprechrolle zugesprochen wird und sie mit der notwendigen Aufmerksamkeit rechnen können, werden jene Prozesse in Gang gesetzt, welche in der notgedrungen verkürzten und subjektiv pointierten Nacherzählung oft den Entstehungsmythos von Kunstwerken befördern.

## 3.2 Die Manifestation

Während ich im vorigen Abschnitt das Feld der sozialen Akteure und Akteurinnen und einzelne Prozesse der Ausstellungsgenese aufgefächert habe, stelle ich im Folgenden das finale räumliche Konstrukt der Ausstellung in den Fokus. Denn auch wenn man die Ausstellung als Prozess begreift und aktuelle Raumverständnisse sich über das Handeln konstituieren, kommt es irgendwann zu sozialen „Objektivierungen", wie sie im räumlichen Setting der Ausstellung festgeschrieben sind. Der Ausstellung als räumlicher Manifestation nähere ich mich erstens über den Ort und seinen Eingang in die Ausstellung, zweitens über Präsentationslogiken in Referenz und Distanz zum White Cube sowie drittens über spezifische Installationspraktiken im Zusammenspiel von Kunst und Raum.

### 1. Der Ort und sein Eingang in die Ausstellung

Für die Thematisierung der Ausstellung als Handlungsraum stellt sich zunächst die Frage nach dem Ausstellungsort als erste raumdeterminierende Konstante. Inwiefern fließt der spezifische architektonische Ort in die Ausstellung ein und macht sich in seiner Eigenlogik darin bemerkbar? Anhand meiner Fallbeispiele lassen sich hier drei unterschiedliche Modelle aufzeigen, die von einer fast gänzlichen Nichtthematisierung der räumlichen Gegebenheiten (Salzburger Kunstverein) über das Verständnis, die Architektur als präsentes Gegenüber zu begreifen (Kunsthaus Bregenz), bis zur Strategie reichen, die Gestimmtheit des Raumes in der Ausstellung bewusst spürbar zu machen (6. Berlin Biennale). Fakt ist jedoch, dass der Ort – selbst in seiner gestalterischen Negation – immer Eingang in die Ausstellung findet, insofern als die Ausstellung sich am konkreten Ort lokalisiert und sich dort gewissermaßen „einrichtet".

Im Fall des Salzburger Kunstvereins stellt der große Saal als primärer Ausstellungsraum das Herz des Künstlerhauses dar. Mit seiner Fläche von knapp 200 m² nimmt er den Großteil des Innenraumes in Anspruch und wird von der Ringgalerie in der Art eines Versorgungsganges gesäumt. Doch so wichtig der Raum sich im Grundriss des Künstlerhauses darstellt, so wenig imposant präsentiert sich der Ausstellungsraum selbst: weiße Wände, braunes Stabholzparkett und eine weiß gehaltene Decke mit Trennelementen, Lüftung und Lichtsystem. Der große Raum steht so in seiner zweckmäßigen Gestaltung gewissermaßen für einen „Nicht-Ort" im Sinne von Marc Augé (1994) und könnte sich nach dem Prinzip seiner anonymen „Ortlosigkeit" ohne Weiteres auch woanders befinden. Gebrochen wird das Attest eines Nicht-Ortes für den großen Saal des Salzburger Kunstvereins jedoch insofern, als dieser nicht nur für sich allein, sondern im Gesamtgefüge des Künstlerhauses zu lesen ist. Die mit Wandzeichnungen gestaltete Ringgalerie, das Kabinett als zweiter Ausstellungsraum mit seiner charakteristischen Holzkassettendecke oder auch die seit der letzten Renovierung vorhandene, historisch begründete rote Fassadenfarbe rahmen den Ausstellungsbesuch wahrnehmungstechnisch. Die Baugeschichte des Salzburger Kunstvereins mit vielen Umbauten und den immer wieder aufkeimenden Neubauplänen verweist wiederum auf das Faktum notwendiger Renovierungsmaßnahmen wie genauso veränderter räumlicher Wünsche an den Ausstellungsort. So steht der Salzburger Kunstverein für jene pragmatischen Bestrebungen, mit dem Vorhandenen umzugehen und es innerhalb der Möglichkeiten an vorherrschende Standards der Kunstpräsentation anzupassen. In seiner heutigen Form der Gestaltung nimmt sich der große Saal nach dem Ideal einer „dienenden" räumlichen Struktur zurück und folgt auf diese Weise dem Diktum, dass der Raum für die Kunst zurücktreten soll und bestenfalls nur als Schutzhülle fungiert.

*Abbildung 1: Außenansicht Künstlerhaus, Sitz des Salzburger Kunstvereins*

Foto: Andrew Phelps

*Abbildung 2: Installationsansicht Román Ondák „Before Waiting Becomes Part of Your Life", Salzburger Kunstverein*

Foto: Andrew Phelps

Das Kunsthaus Bregenz, 100 Jahre nach dem Salzburger Künstlerhaus erbaut, steht als prototypisches Fallbeispiel konträr zum Umgang mit einem historischen Bestandsgebäude und in der Gestaltung seiner Ausstellungsräume auch quer zur Tendenz, einen „Nicht-Ort" zu kreieren. So müssen bei einem Neubau nicht nur weniger Kompromisse mit dem Vorgefundenen eingegangen werden, sondern kann vielmehr die spezifische Vorstellung von einem idealen und zeitgemäßen Ausstellungshaus verwirklicht werden. Mit der Wahl des Architekten Peter Zumthor wurde gleichsam die Entscheidung für eine charakteristische Architektur gewählt, indem Peter Zumthor sich von Beginn an verwehrte, eine „weiße Kiste hinzustellen" (P98: 14). Der Direktor Yilmaz Dziewior sieht jedoch eine charakteristische Architektur nicht im Widerspruch zu einer „relativen Neutralität" und stellt für sich fest, dass es Peter Zumthor gelungen ist, eine sehr präsente und gleichzeitig dienende Architektur zu entwerfen.[9] Im Kontext der museumsarchitektonischen Debatte verschränkt Dziewior hier das Ideal des Landmark – verstanden als signifikante Architektur mit Wiedererkennungswert – mit dem Ideal der dienenden Architektur, wenngleich auch die gegensätzliche Interpretation der Architektur als „dominant" bereits Eingang in die Wahrnehmung des Kunsthaus Bregenz fand (z.B. Magnago Lampugnani 2011: 257ff.). Im Sinne einer Verwertungslogik stellt die präsente Architektur einen zusätzlichen Nutzen für die Institution dar, wenn das mediale Bild des Kunsthaus Bregenz häufig nicht nur auf die Kunst, sondern ebenso auf die Architektur verweist und sie als Alleinstellungsmerkmal in Relation zu anderen Häusern fungiert.[10]

**9** | Yilmaz Dziewior (P17: 63) exemplifiziert dies an seiner eigenen Wahrnehmung: „Wenn man reingeht, man merkt sofort diesen Boden, die Betonwände, die Glasdecke. Das ist einfach alles sehr da, sehr präsent und das Interessante aber ist, sobald man nur etwas an die Wand hängt oder nur etwas auf den Boden legt, nimmt meiner Meinung nach diese Architektur sich auch wieder zurück."

**10** | So wie die Startseite der Homepage kunsthaus-bregenz.at (23. 11. 2014) eine Slideshow der Architekturdetails präsentiert, ist auch die allgemeine Medienberichterstattung mit Hinweisen auf die Architektur gespickt. Angesprochen auf diese Architekturdominanz in der (medialen) Wahrnehmung meint Yilmaz Dziewior, dass in einer Institution, die ein „architektonisches Meisterwerk" darstellt und einer Region wie Vorarlberg, wo Architektur „eine der herausragenden kulturellen Manifestationen ist", eine solche Betonung ihre Berechtigung hat (P17: 69).

*Abbildung 3: Außenansicht Kunsthaus Bregenz*

© Kunsthaus Bregenz, Foto: Matthias Weissengruber

*Abbildung 4: Innenansicht Kunsthaus Bregenz*

© Kunsthaus Bregenz, Foto: Matthias Weissengruber

Die 6. Berlin Biennale wählt hinsichtlich des Eingangs des spezifischen Ortes in die Ausstellung einen dritten Weg. Bedingt durch die Vielzahl von Ausstellungsorten setzt die Kuratorin Kathrin Rhomberg weniger auf ein spezifisches Verhältnis zwischen Architektur und Ausstellung, sondern vielmehr auf die Thematisierung der eigenlogischen räumlichen Strukturen eines jeden Ausstellungsortes. Anstelle vordefinierter Kunstorte oder historisch signifikanter Räume entschied sich die Kuratorin Kathrin Rhomberg gewissermaßen für gewöhnliche und in den Alltag integrierte Orte. Eine Ausnahme bildet die Alte Nationalgalerie, in welcher der einzige nicht zeitgenössische Künstler, Adolph Menzel, sozusagen in seinem natürlichen Umfeld ausgestellt wurde. Alle anderen Räume bestimmen sich über das Modell der adaptierten Nach- und Zwischennutzung. Die KW Institute for Contemporary Art, heute ein international etablierter Ausstellungsort, gingen aus einer ehemaligen Margarinefabrik hervor; das Haus am Oranienplatz wurde vormals als Warenhaus genützt. Bei den Präsentationsorten einzelner Künstler_innen wurden ein ehemaliges Billardlokal (John Smith), eine ehemalige Autowerkstatt und ein Raum am Industriegelände des Mehringdamms (George Kuchar, Cameron Jamie) sowie für die Dauer der Ausstellung auch die Wohnung eines Künstlers (Dhan Vo) für Ausstellungszwecke umgewandelt. Die Unterschiedlichkeit der Orte versucht Kathrin Rhomberg in der Ausstellung nicht zu negieren oder gar auf eine einheitliche „Corporate Identity" herunterzubrechen. Vielmehr zeigt sich in der Gestaltung der Wunsch, die Anwesenheit des Ortes herauszuarbeiten und die jeweilige Atmosphäre Teil der Ausstellung werden zu lassen. Hier machen sich im Kuratorischen bereits Aspekte eines ortsspezifischen Arbeitens bemerkbar; eine Arbeitsweise, die Künstler_innen insbesondere seit den 1960er-Jahren für sich erschlossen haben.

*Abbildung 5: Ausstellungsorte 6. Berlin Biennale*

1 KW Institute for Contemporary Art

2 Oranienplatz 17

3 Dresdener Straße 19

4 Kohlfurter Straße 1

5.1 Mehringdamm 28

5.2 Mehringdamm 28

6 Alte Nationalgalerie ★ Old National Gallery

Fotos: Faltblatt zur Ausstellung

## 2. Präsentationslogiken in Referenz und Distanz zum White Cube

Der Eingang des Ortes in die Ausstellung verweist durch bewusste Nicht-Thematisierung, durch Referenzen an die Architektur oder durch die Integration der räumlichen Gestimmtheit bereits auf spezifische Präsentationslogiken der Ausstellung. Hier zeigt sich im Rahmen der Expert_inneninterviews die diskursive Besonderheit, dass Fragen nach dem Wie des Ausstellens auch immer eine Thematisierung des Modells des White Cube nach sich ziehen. Dies mag insofern nicht verwundern, als die Konvention des White Cube und dessen reduzierter „leerer" Präsentationsmodus mit schlichtem Boden, weißen Wänden, Oberlicht und vereinzelter Objektplatzierung paradigmatisch für die Kunstpräsentation der zweiten Hälfte des 20. Jahrhunderts steht. Die von mir befragten Expert_innen thematisieren durchgehend den White Cube, indem sie ihn beispielsweise als determinierendes Ideal darstellen (Salzburger Kunstverein), ihn idealerweise mit einer charakteristischen Architektur in Verbindung sehen wollen (Kunsthaus Bregenz) oder aber versuchen, mit ihrer Gestaltung Alternativen zu entwerfen (6. Berlin Biennale). Dabei differenzieren sich die Ausstellungsräume über ihr Verhältnis von innen und außen und verweisen auf das Bild der idealen Kunstrezeption in räumlicher Nähe oder aber auch in Distanz zum Geschehen des Alltags. Dem großen Saal des Salzburger Kunstvereins kommt hier mit seinem rechtwinkligen Grundriss, den weißen Wänden, dem Holzboden, den fehlenden Fenstern und ursprünglich sogar vorhandenem Oberlicht insofern eine spezifische Stellung zu, als dieser in seiner räumlichen Gestalt dem Ideal des White Cube sehr nahekommt. Die zurückhaltende und „dienende" Raumgestaltung zeigt sich somit zugunsten der Kunst, wenn sich der große Saal, wie die damalige Direktorin Hemma Schmutz meint, besonders gut für die Präsentation einer singulären Arbeit eignet.

Und obwohl der White Cube in seinem Grundkonzept eine gestaltende Architektur außerhalb der Präsentationsnorm in gewisser Weise annulliert, kann selbst die Geschichte des Kunsthaus Bregenz in Referenz zur Diskussion des White Cube gelesen werden. Zu Beginn steht hier eine klare Distanzierung, wenn Peter Zumthor sich, wie schon erwähnt, dem Hinstellen einer weißen Kiste verwehrte und die weiße Wand als Errungenschaft der Moderne durch samtene Betonwände ablöste.[11] Zeigt sich das Kunsthaus Bregenz so eher als Gegenmodell zum ortslosen White Cube, indem es der Architektur nicht nur einen eingrenzenden Rahmen, sondern als Wahrnehmungsdispositiv eine gewichtige Rolle zuschreibt, lässt sich wiederum auf der Ebene der Betrachtungssituation eine direkte Referenz zum White Cube ziehen. So lenkt auch das Kunsthaus Bregenz mit seiner fensterlosen Gestaltung und dem Tageslichteinfall über die Lichtdecken die Aufmerksamkeit klar nach innen und den Blick auf die Kunst. Durch die hohe Bedeutung des Lichts erscheint auch hier die Assoziation einer Kirche beziehungsweise eines Kunsttempels naheliegend, bei dem die Besucher_innen in eine kontemplative Stimmung geführt werden und in ein Erlebnis abseits des Alltags eintauchen.

Der Außenbezug stellt bei der 6. Berlin Biennale hingegen eine Konstante in der Gestaltung dar, die damit auch formell ihrem Titel „was

**11** | Selbst ursprüngliche Planungen, die Betonwände bei Bedarf beziehungsweise nach Künstler_innenwunsch weiß zu streichen, wurden nie realisiert. Jene Ortlosigkeit, wie sie ähnlich aussehende Installationsansichten diverser Kunstinstitutionen rund um die Welt demonstrieren, tritt deshalb beim Kunsthaus Bregenz nicht ein. Vielmehr ist jede Installationsansicht – im Guten wie im Schlechten – nicht nur ein Verweis auf die ausgestellte Arbeit, sondern das Kunsthaus Bregenz selbst.

draußen wartet" gerecht wird. Viele offene Fenster, Innenhöfe und die Wege zwischen den Ausstellungsorten verweisen auf die Lokalisierung der Biennale im urbanen Raum, machen die Stadt als Teil der Biennale spürbar. Dass der White Cube dennoch auch im Rahmen von Kathrin Rhombergs Ausstellung thematisiert wird, liegt in ihrer kuratorischen Auseinandersetzung mit dem Ausstellungsort KW Institute for Contemporary Art begründet. Dieser entpricht zwar vom Typus her einem postindustriellen Ausstellungshaus, versteht sich aber „als herkömmliche, klassische Institution [...] inzwischen auch als Art White Cube" (P48: 32). Kathrin Rhomberg stellt die Frage, „ob das überhaupt noch ein idealer Ausstellungsort ist, [...] wo zeitgenössische, jüngere Kunst ausgestellt werden kann" (ebd.) und sieht eine mögliche Antwort in der Arbeit von Petrit Halilaj, der mit seiner Hausinstallation die Form der Halle sprengt und die Decke durchbricht. Ein dezidiertes kuratorisches Statement findet sich im ersten Stock des Gebäudes mit Kathrin Rhombergs Inszenierung einer weißen Zelle, die an Stelle von Kunstwerken die Besucher_innen im gleißend ausgeleuchteten weißen Raum sich selbst überlässt. Hier kann mit Simmels Überlegungen zum „leeren Raum" (1995/1903b: 214–220) festgestellt werden, dass selbst die „Leere" ein sozial geformter Ort ist und zu spezifischen Interaktionsformen aufruft.[12] Gerade durch das Nichtvorhandensein von Kunst verlagert sich in dieser Ausstellungssituation der Fokus auf das gegenseitige Beobachten und den Versuch, durch Aktivitäten wie beispielsweise das Abschreiten des Raumes, Faxen machen und Fotografieren den Raum für sich zu begreifen.

Gemeinsam mit dem Künstler Marcus Geiger entwickelt Kathrin Rhomberg auch das gestalterische Konzept der „professionellen Unprofessionalität", das anstatt mit einer perfekten Ausstellungsarchitektur mit zurückhaltenden und gleichzeitig unbeschönigt sichtbaren Eingriffen die Bedingungen für die Präsentation der Arbeiten schäfft. So stellt die Ausstellungsgestaltung der 6. Berlin Biennale nur das Notwendigste für die Kunstpräsentation bereit und versteckt die Eigenheit des Ortes und den konstruktiven Eingriff der Gestaltung nicht. Kathrin Rhomberg sieht

**12** | In Form von „neutralen" Grenzzonen kann der „leere Raum" als trennender Schutzraum zwischen zwei Gruppen fungieren, als Grauzone dazwischen für Austausch und Handel dienen und sich im Besitz von niemandem oder vielen befinden und so in Folge seine spezifische Bedeutung „als Träger und Ausdruck sociologischer Wechselwirkung" (Simmel 1995 / 1903b: 220) entfalten.

dies als einen Versuch, „mit geringsten Mitteln [...] ideale Bedingungen für die künstlerischen Arbeiten zu schaffen" und möchte über die Brechung der Professionalität „wieder Unmittelbarkeit herstellen" (P48: 18). Der Wunsch, Unmittelbarkeit zwischen dem Werk und dem Betrachter / der Betrachterin herzustellen, steht jedoch nicht nur hinter dieser, man könnte auch sagen Anti-White-Cube-Präsentationsform, sondern scheint mitunter ein allgemeiner Topos zu sein. Der zweite Weg zeigt sich in Referenz zum White Cube, indem zum einen architektonisch „relativ neutrale" Orte bevorzugt werden und der Wunsch nach einer puren Kunstpräsentation eine möglichst direkte Kommunikation zwischen Kunst und Publikum herstellen soll. Dem Modell des gewöhnlichen und alltäglichen Ortes steht so jenes des besonderen und vor Alltagseinflüssen geschützten Ortes gegenüber.

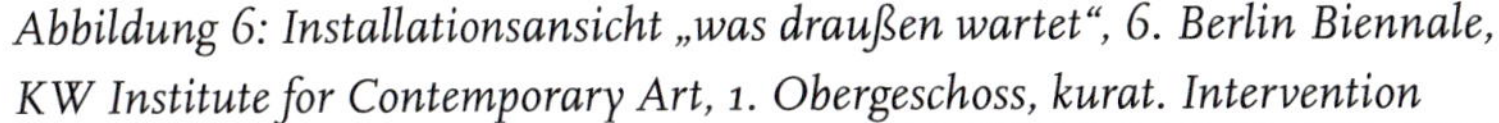

*Abbildung 6: Installationsansicht „was draußen wartet", 6. Berlin Biennale, KW Institute for Contemporary Art, 1. Obergeschoss, kurat. Intervention*

Foto: Uwe Walter

*Abbildung 7: Installationsansicht „was draußen wartet", 6. Berlin Biennale, Oranienplatz, 1. Obergeschoss*

Foto: Josephine Walter

## 3. Formfragen und Installationspraktiken

Die Präsentationslogiken in Referenz und Distanz zum White Cube schaffen die räumlichen Grundbedingungen für das Zeigen der Kunstwerke in der Ausstellung. Auf der Ebene der spezifischen Präsentationsweisen der künstlerischen Arbeiten werden wiederum Fragen des Displays verhandelt, welche sowohl die Formalisierung der Arbeiten als auch ihre Präsentation im Raum bestimmen. Dabei fällt die Trennung zwischen singulärem Kunstobjekt, Display, Installation, Ausstellungsgestaltung und Ausstellung mitunter nicht leicht, da fließende Grenzen bestehen und zudem nur bedingt klare Begrifflichkeiten vorherrschen.

Martin Beck (2009) versucht in einer Begriffsbestimmung, den Knoten um den Sammelbegriff Display zu entwirren. Dieser – das zeigen unzählige Veröffentlichungen von Buchpublikationen bis zu Pressetexten – wird im Rahmen einer verstärkten Beschäftigung mit dem Wie des Ausstellens zwar nahezu inflationär, aber nur bedingt begrifflich trennscharf benutzt. Zur Klärung verweist Beck auf den begriffsgeschichtlichen Ursprung von Display in den 1950er-Jahren im Zuge der gestalterischen Auseinandersetzung mit der Ausstellung als Form der Massenkommunikation. Gerade in der US-amerikanischen Tradition steht Display trotz der Möglichkeit einer substantivischen Verwendung in der Bedeutung des Verbs „to display“ und rekurriert dabei auf die Bedeutungsebene des Zeigens, Demonstrierens, Verführens, kurz des intentionalen Formproduzierens. Im Gegensatz zur eher statischen Ausstellung resultiert in dieser Sichtweise Display aus dem Verständnis einer Tätigkeit und kann so als Methode der Formproduktion sowie als Strategie der Visualisierung und Verräumlichung von Inhalten angesehen werden.

Nähert man sich der Frage des Displays vonseiten des Kunstwerks, steht die Frage im Fokus, wie denn ein Kunstwerk (in der Ausstellung) aussehen soll und welche Form adäquat für jene Mitteilungen ist, die Künstler_innen über das Werk ausdrücken möchten. Roman Ondák beschäftigt sich beispielsweise bei der Installation „Before Waiting Becomes Part of Your Life“ im Salzburger Kunstverein mit dem Thema Warten und greift in seiner Visualisierung auf die Metapher der Warteschlange zurück. Bei der Pressekonferenz erklärt er seine Wahl mit den abstrakten Qualitäten dieses Bildes, das der individuellen Empfindung des Wartens, als einem verheißungsvollen Zwischenstadium von etwas das war und etwas das kommt, entspricht. In 24 Vitrinen finden sich Bilder von Warteschlangen seiner Performance „Good Feelings in Good Times“, ergänzt durch zwei Videos, bei denen eine Mutter ihren beiden Kindern das Warten beibringt. Roman Ondák transportiert aber nicht nur über das Bild der Warteschlange seine konzeptuellen Gedanken, sondern auch über weniger eindeutige Details wie beispielsweise die leicht modifizierten Beine der Vitrinen, die sie ohne großen Aufwand wie Skulpturen und möglicherweise auch wartende Individuen aussehen lassen. Über die bewusst intendierten Mitteilungen der Künstler_innen hinausgehend werden formal auch unbewusste Bedeutungen transportiert. So schlussfolgert Hemma Schmutz etwa aus der peniblen Präsentationsweise Roman Ondáks und seiner negativen Handlungsanweisung, die Vitrinen nicht zu berühren: „[D]as ist schon ein sehr museales Konzept, das einfach auch dem entspricht, wo er im Moment steht als Künstler in seiner Karriere“ (P95: 49).

*Abbildung 8: Installationsansicht Roman Ondák „Before Waiting Becomes Part of Your Life", Salzburger Kunstverein*

Foto: Andrew Phelps

*Abbildung 9: Detail Roman Ondák „Before Waiting Becomes Part of Your Life", Salzburger Kunstverein*

Foto: Andrew Phelps

## Arbeiten im Raum positionieren

Über die Formalisierung der Kunstwerke hinausgehend, kommunizieren Arbeiten gleichsam über die Positionierung im Raum spezifische Bedeutungen. Hier wird eine begriffliche Unterscheidung zwischen der Installation der Ausstellung und der Installation als Kunstgattung notwendig, eine Unterscheidung, die nicht nur die Verantwortlichkeiten zwischen Künstler_innen und Kurator_innen regelt, sondern auch unterschiedliche Kunstdiskurse mit sich bringt. Während die Positionierung der Kunstwerke in die Geschichte der kunsthistorischen Praxis der Hängung eingeschrieben ist, beginnt die Geschichte der Installation als eigene Kunstgattung erst in den 1960er-Jahren. Wie Claire Bishop (2005: 6) erläutert, zeigen sich die Termini „installation of art" und „installation art" dabei eng verknüpft. So wird das Wort „installation" von Kunstmagazinen in dieser Zeit eingeführt, um das Arrangement der Ausstellung zu beschreiben; die fotografische Dokumentation wird mit „installation shot" benannt, was schlussendlich dazu führt, dass raumgreifende Arbeiten mit „installation art" umschrieben werden. Sowohl der Ausstellung als auch der Installation sind so eine körperliche Annäherung im Rahmen der Rezeption und der Wunsch, das Bewusstsein der Betrachter_innen für das Ausgestellte zu erhöhen, eingeschrieben. In Unterscheidung zur Ausstellung sind laut Bishop bei einer Installation die einzelnen Objekte zweitrangig, da die Installation als singuläre Einheit betrachtet wird.

Gerade über die Integration der Wahrnehmung als Definitionskriterium wird jedoch deutlich, dass hierbei sehr wohl Interpretationsspielräume offen gelassen werden. Inwieweit die Positionierung der Arbeit im Raum noch Teil des Kunstwerks ist, ist somit nicht nur eine kunsttheoretische Gattungsfrage, sondern auch von der konkreten Arbeitsteilung zwischen Künstler_innen, Kurator_innen und anderen an der Ausstellungsproduktion beteiligten Personen abhängig. Yilmaz Dziewior unterscheidet nach der Ausübung dieser formproduzierenden Tätigkeit zwischen kuratorischen und künstlerischen Display-Entscheidungen. Letztere dominieren etwa die Einzelausstellungen von Roni Horn im Kunsthaus Bregenz, bei denen die Künstlerin das Präsentieren und Positionieren der Arbeiten im Raum sowie ihre Kombination als Teil ihrer künstlerischen Praxis begreift. Die Einzelausstellung verhält sich dabei per se, wie Hemma Schmutz auch mit der Zurücknahme ihrer kuratorischen Rolle im Fall dieses Formats verdeutlicht, vor allem als künstlerisches Ausdrucksmittel.

*Abbildung 10: Installationsansicht Roni Horn „Well and Truly", Kunsthaus Bregenz, Erdgeschoss*

*Abbildung 11: Installationsansicht Roni Horn „Well and Truly", Kunsthaus Bregenz, 1. Obergeschoss*

Foto: Philipp Steurer

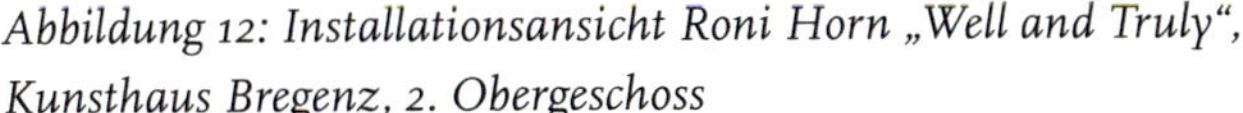

*Abbildung 12: Installationsansicht Roni Horn „Well and Truly“, Kunsthaus Bregenz, 2. Obergeschoss*

*Abbildung 13: Installationsansicht Roni Horn „Well and Truly“, Kunsthaus Bregenz, 3. Obergeschoss*

Foto: Philipp Steurer

Im Gegensatz zur Ausstellung ist bei der Installation die Frage der Positionierung im Raum jedoch keine künstlerisch-kuratorische Verhandlungssache, sondern wird den Künstler_innen als Teil ihres Kunstwerks zugeschrieben. Die Spezifik der Installation im Vergleich zu anderen Medien wie Skulptur, Malerei, Fotografie oder Video ergibt sich demnach daraus, dass sie mehr als andere Medien mit dem Raum arbeitet. Installationen präsentieren sich gewissermaßen nicht nur im Ausstellungsraum, sondern organisieren diesen gleichsam, wie Juliane Rebentisch (2003: 251ff.) mit dem Verweis auf Martin Heidegger und dessen Begriff des „Einräumens" verdeutlicht. Raum und Kunst stehen dabei in einem Wechselverhältnis, wenn mit dem Werk nicht nur der Raum „eingeräumt", sondern der Raum als ästhetisches Material im Sinne eines „Zulassens" Teil des Werks und somit ästhetisch signifikant wird.

Bei der Bestimmung der „richtigen" Positionierung der Arbeiten im Raum markieren die Aussagen der Ausstellungsmacher_innen in meiner Untersuchung unterschiedliche Strategien. Hier werden schnelle Entscheidungen getroffen oder aber lange Überlegungs- und Testphasen angewandt, die im Endergebnis zwischen (scheinbarer) Beiläufigkeit und Perfektion changieren. Während Hans Schabus etwa entschied, seine Dinosaurier-Objekte der Arbeit „Klub Europa" genau an der Position im Innenhof zu lassen, wie der Kran sie abgestellt hatte, bei seinem Lokalaugenschein nur noch die Füße der Tiere woanders deponierte und dabei seine abgelegte Jacke in der Installation beließ, benötigte Roni Horn hingegen viel Zeit und Ruhe, um ihre Arbeiten im Kunsthaus Bregenz punktgenau zu platzieren. Der Kurator Rudolf Sagmeister erzählt von der Installation der Glasobjekte „Well and Truly", für deren Handling sie extra kleine Paletten bauten und beschreibt, wie Roni Horn „immer wieder neue Positionen gesucht" hat. „Der Leerraum ist genauso wichtig wie der Raum, den sie [die Objekte] besetzen, und alles ist aktiviert" (P4: 41).

Mit dem Verweis auf den Leerraum wird deutlich, wie wichtig die Offenheit des Einräumens ist, wenn damit nicht nur räumliche Koordinaten besetzt, sondern auch freigelassen werden. Diese Offenheit verweist auf das Verhältnis von Raum und Kunst wie zugleich auf das Verhältnis von Kunst und Betrachter_innen. Diese finden in der Installation Raum, um sich selbst zu lokalisieren, und über ihre ästhetische Erfahrung der Leere auch die Möglichkeit, den Dingen Bedeutung zuzuschreiben. Denn die Leere wird, wie Rebentisch (2003: 255) feststellt, eben nur dann signifikant, „wenn sie gelesen wird. Sie ist es nicht von sich aus". Über das Zusammenwirken von Elementen im Raum wird die Notwendigkeit eines relationalen Raumverständnisses ersichtlich. Hier wartet nicht wie im absolutistischen Raumverständnis der Behälter auf die Befüllung mit Kunst. Stattdessen stellt sich die Kunst in Relation zum Raum und zu den Betrachter_innen, wie es beispielsweise Martina Löw (2001: 224) mit ihrem Konzept von Raum als „relationale (An)Ordnung sozialer Güter und Menschen (Lebewesen) an Orten“ beschreibt.

## Ortsspezifik und ihre Verweise

Die Interaktion der Kunst mit dem Raum beschränkt sich jedoch nicht nur auf die konkrete räumliche Relation der beiden. In ortsspezifischen Praktiken ergeben sich darüber hinaus relationale Verweiszusammenhänge, da mit der Thematisierung des Ortes eine allgemeine Kontextsensibilität einhergeht. Rebentisch (2003: 233) fasst diese Doppeldeutigkeit, indem sie exemplifiziert:

> „Unter dem Titel ‚Ortsspezifik‘ spitzt installative Kunst die Reflexion auf den doppelten Ort der Kunst dadurch zu, daß sie seine beiden Seiten ausdrücklich miteinander vermittelt: ortsspezifische Installationskunst zielt auf die thematische Verschränkung des buchstäblichen und des gesellschaftlichen Ortes. Sie reflektiert ihre institutionellen, sozialen, wirtschaftlichen, politischen und / oder historischen Rahmenbedingungen, indem sie formal in architektonische und landschaftliche Gegebenheiten interveniert.“

So finden sich beispielsweise bei der 6. Berlin Biennale zahlreiche Arbeiten am Ausstellungsort Oranienplatz, die sich mit dem ehemaligen Warenhaus in Kreuzberg räumlich wie inhaltlich verschränken. Kathrin Rhomberg führt als Beispiel Gedi Sibony an, der „das einzige Symbol, […] das in dem Haus noch übrig geblieben ist, also den Stern im Boden, […] zum Ausgangspunkt seiner Installation gemacht hat“ (P48: 42). Zudem erzählt sie von Vincent Vulsma, der sich mit seinen Galeriewänden direkt vor die Wände des Warenhauses stellte, „wo es natürlich auch […] um den Kunstmarkt als Kontext für künstlerische Arbeiten“ geht (48: 44) und verweist außerdem auf Adrian Lohmüller, der mit seiner sich über den Liftschacht ausbreitenden Wasserleitungsanlage „fast parasitär sich an dieses Haus andockt“ (P48: 42). Die Kunst der Installation richtet sich somit in ihrer Ortsspezifik nicht nur am Ort ein, sondern referenziert über diesen Akt institutionelle, soziale und politische Kontexte.

## Arbeiten im Dialog oder Der höhere Sinn der Ausstellung

Damit stellt sich die Frage, ob der kontextuelle, über den konkreten Ort hinausgehende Verweis nicht nur ortsspezifische Installationen, sondern ebenso für Ausstellungen gilt. Gerade die Kombination mehrerer Arbeiten und ihre Positionierung in räumlicher Nähe oder Distanz stehen in der Ausstellung als zusätzliches bedeutungsstiftendes Element zur Verfügung. Auf diese Weise können unterschiedliche Arbeiten nicht nur miteinander in Dialog treten und sich gegenseitig in ihren Bedeutungen beeinflussen, sondern es eröffnet sich ebenso die Möglichkeit der Ausstellung Bedeutungen zuzuschreiben, welche über die Sinngehalte der einzelnen Arbeiten hinausgehen. Im Kontext einer größeren Einzelausstellung sieht etwa Roni Horn die Möglichkeit gegeben, mehrere Arbeiten gemeinsam auszustellen und den Besucher_innen einen Gesamteindruck, „a real kind of sense of the whole“ (P1: 24), zu geben. Dramaturgische Prinzipien spielen hier eine bedeutende Rolle, wenn es darum geht, die Arbeiten den Räumen zuzuordnen und die Abfolge zu bestimmen. Im Kunsthaus Bregenz, dessen Räume übereinandergestapelt eine gewisse Linearität der Rezeption bestimmen, entschied Roni Horn sich bei der Auswahl der Arbeiten für ein additives Prinzip, bei dem vier unterschiedliche Werkkomplexe auf den vier Ebenen den Besucher_innen jeweils eine eigenständige Erfahrung offerieren.

Im Kontext der Gruppenausstellung spielt die Entscheidung, welche Arbeiten miteinander kombiniert werden, eine vielleicht noch größere Rolle. Über eine gewisse Heterogenität der Arbeiten hinausgehend, die bereits durch das Zusammentreffen unterschiedlicher Autor_innen gegeben ist, kommt im Hinblick auf die inhaltliche und räumliche Zusammenstellung der Arbeiten die Frage der kuratorischen Autorschaft ins Treffen. Die Brisanz dieser Tätigkeit ergibt sich insbesondere aus der Tatsache, dass die zeitgenössische Kunstausstellung keinerlei bestimmende Hängeprinzipien nach Chronologie, Geografie, Genre oder anderweitiger „objektiver“ Ordnung (mehr) kennt. Auf diese Weise wird, so Peter Fischer (2012: 62), ehemaliger Direktor des Kunstmuseum Luzern, jedoch nicht nur eine kanonisierende Kunstgeschichte ad acta gelegt, sondern gleichsam das Verhältnis von Institution und Rezipient_innen neu definiert. Denn wenn in Gruppenausstellungen durch die Kombination von Arbeiten bestenfalls keine autoritären oder hegemonialen, sondern subjektive Thesen offen vertreten werden, sind auch die Besucher_innen mit einem anderen Spielraum hinsichtlich der möglichen Bedeutungsproduktion konfrontiert.

Ohne die inhaltliche Bedeutung der ausstellenden Kombinatorik und Hängepraxis schmälern zu wollen, zeigt sich jedoch, dass diese nicht mit eindeutigen kuratorischen Aussagen gleichgesetzt werden können. So spielen auch pragmatische Aspekte eine gewichtige Rolle, wenn etwa bei der 6. Berlin Biennale der Wunsch nach möglichst offenen und dialogischen Strukturen zwar vorhanden war, die Auswahl vieler Videoarbeiten aber verstärkt Sicht- und Schalltrennung notwendig machte. Hans Schabus zeigt sich dabei vom Einsatz der reduzierten Wandelemente begeistert, die ungeschönt ihre konstruktive Rückseite offenbaren, denn wie er feststellt: „Die Wand ist ja grundsätzlich einmal ein Problem, [...] in der Ausstellungsarchitektur ist es [...] viel Material, es dividiert“ (P50: 141). An dieser Stelle offenbart sich ein Konflikt zwischen dem Material der Ausstellungsarchitektur und dem Anspruch einer möglichst offenen Raumsituation. Dem Wunsch von Kathrin Rhomberg nach noch mehr offenen Situationen in der Ausstellung spießt sich zudem daran, dass „viele Künstler, die mit Film und Video arbeiten, einfach inzwischen den Standard haben, Black Boxes zu haben“ und gewissermaßen ideale Rezeptionssituationen für ihre Arbeiten beanspruchen (P48: 74).

Das Ziel einer sinnstiftenden Präsentation, wie Yilmaz Dziewior es für sich „im Sinne von einer Genauigkeit“ vom Bieten eines „adäquaten [...] Rahmen[s]“ (P17: 55) formuliert, steht hier im Konflikt mit dem Kontext der Gruppenausstellung, wo naturgemäß unterschiedliche Interessen miteinander konkurrieren. Der Drang, die einzelne Arbeit möglichst gut und in dem Sinne auch autonom von den restlichen Arbeiten präsentiert sehen zu wollen, steht konträr zur Zielsetzung eines höheren Ganzen der Gruppenausstellung. Für sich selbst stellt Kathrin Rhomberg aber fest, dass die Ausstellungsgestaltung „dort am besten funktioniert hat, wo wir [...] mehr Freiheit und Freiraum hatten in der Präsentation“ (P48: 74). Persönlich empfand sie beispielsweise das räumliche Arrangement im ersten Stock am Oranienplatz als besonders geglückt, weil „die Arbeiten [...] viel Platz [haben] und [...] trotzdem im Dialog miteinander [sind], der Blick nach außen tut sich auf“ (P48: 78).

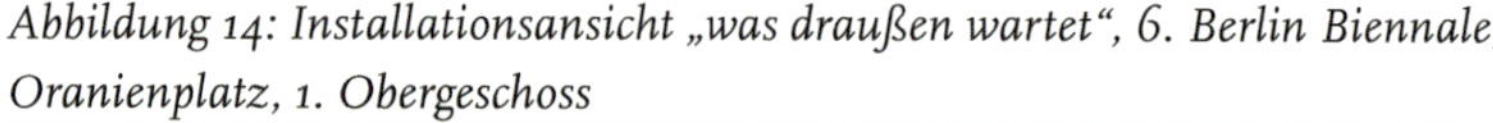

*Abbildung 14: Installationsansicht „was draußen wartet", 6. Berlin Biennale, Oranienplatz, 1. Obergeschoss*

Foto: Michael Straßburger

Auch Künstler_innen teilen diese Sichtweise, wenn andere Arbeiten in ihrem Umfeld eigene Bedeutungsebenen des Werks unterstützen oder auch neue Aspekte auffächern. So freut sich beispielsweise der Künstler Adrian Lohmüller, dass seine Installation „Das Haus bleibt still" in der Nähe einer Arbeit von Marcus Geiger platziert ist, auf der in großen Lettern „Kommune" zu lesen ist und damit Verweise auf Hausbesetzungen und die linke Szene verstärkt werden. Der Effekt, dass eine Arbeit durch die Kombination mit einer anderen neue Bedeutungsebenen entwickelt oder auch eine Gemeinschaftswirkung entsteht, charakterisiert so die Ausstellung wie die Installation. Eine Ausstellung bedeutet für Hans Schabus in diesem Sinn, „dass es ein Nebeneinander gibt und im besten Falle wird es an manchen Stellen ein Miteinander. Und je authentischer, je klarer oder ehrlicher die Einzelteile sind, desto mehr kann dann auch im Miteinander passieren" (P50: 177).

## 3.3 Vermittelnde Instanzen

Wie im vorangegangenen Abschnitt gezeigt wurde, vermitteln sich Ausstellungen zeitgenössischer Kunst über die Rahmung durch den Ausstellungsort, die Gestaltung der Ausstellung, die Formalisierung der Kunstwerke und ihre Präsentation. Zusätzlich zu den der Ausstellung inhärenten räumlichen Kommunikationspraktiken sind Ausstellungen zumeist mit einem textlichen und personalen Vermittlungsapparat und -programm verbunden. Hier stellt sich die Frage, inwieweit diese vermittelnden Instanzen als Ergänzung oder als integraler Bestandteil der Ausstellung betrachtet werden. Historisch lässt sich damit über den Status des Objekts die Differenz von zwei Idealen aufzeigen: zum einen die Kunstausstellung als ein weitgehend autonomes ästhetisches Medium mit für sich selbst sprechenden Objekten, zum anderen die Ausstellung als Bildungsmedium, das sich über die kontextuelle Verortung der (Kunst-)Objekte vermittelt.[13]

### Wie viel Vermittlung verträgt die Kunst?

In meiner Untersuchung zeigt sich, dass die Rolle der Vermittlung in den untersuchten Institutionen sehr unterschiedlich gedacht und gehandhabt wird. Das Kunsthaus Bregenz versteht Vermittlung mit bis zu 700 Veranstaltungen pro Jahr als ein „Netz an Aktivitäten“, das ganz wesentlich zur Formung dessen beiträgt, „was eigentlich das Kunsthaus Bregenz ausmacht“ (P4: 21). Eine etwas andere Position vertritt Hemma Schmutz, die damalige Direktorin des Salzburger Kunstvereins, wenn sie erläutert, dass sie „grundsätzlich die Ausstellungen nicht mit einem zu großen Apparat an Vermittlung, an Beschriftung, [...] an Texten, die im Saal sind“ ausstattet und ergänzt: „Also diese Dinge sollten eher außerhalb des Ausstellungsraumes sein und wenn man dann drinnen ist, hast du wirklich nur die Arbeit möglichst pur und unmittelbar“ (P95: 71).

**13** | Carol Duncan (2001: 4) streicht beispielsweise die grundsätzliche Differenzierung zwischen einem „aesthetic museum“ und dem „educational model“ hervor; Peter Vergo (1989b: 48f.) unterscheidet in seiner Auseinandersetzung mit dem stillen Objekt zwischen der „aesthetic exhibition“ und der „contextual exhibition“.

Damit zeigt sich der Salzburger Kunstverein zwar ebenso der Vermittlung verpflichtet, gleichzeitig wird über eine räumliche Trennung versucht, die ästhetischen Objekte für sich sprechen zu lassen. Bei der 6. Berlin Biennale stellt sich der Vermittlungsansatz breiter und der Ausstellung entsprechend gesellschaftspolitischer dar. Neben dem klassischen Führungsprogramm, das an die Kunstvermittlungsagentur Art Berlin ausgelagert wurde, erweitern die „Rückkopplungen" (eine Kooperation mit der Bundeszentrale für politische Bildung) und die Satellitenprojekte von Studierenden des Instituts für Kunst im Kontext sowie zusätzliche Veranstaltungen wie etwa Performances oder Künstler_innengespräche den Aktionsradius der Ausstellung.

In den folgenden Ausführungen zu den konkreten vermittelnden Instanzen wende ich mich nun in einem ersten Schritt der Rolle des Textes in Relation zu den ausgestellten Objekten zu. In einem zweiten Schritt beleuchte ich das Vermittlungsprogramm der untersuchten Ausstellungen, um über den Versuch einer Systematisierung idealtypische Zugänge zur Kunst herauszustellen.

## 1. Der Text und seine Funktionen

Wie Kunst und Pädagogik stehen sich in der Kunstausstellung Objekt und Text in einer ambivalenten Haltung gegenüber. Zwar nahm im Zuge der bildungspolitischen Neuorientierung nach der 1968er-Bewegung die Menge an Text in der zweiten Hälfte des 20. Jahrhunderts in kulturhistorischen Ausstellungen ungemein zu, doch gilt dies nicht für die Kunstausstellung. Deren Vertreter_innen verwehrten sich dieser Tendenz, indem sie sich auf die auratischen Qualitäten des Objekts beriefen und den Text auch immer in Verdacht einer ungewollten Didaktisierung stellten (Flügel 2009: 114). Peter Vergo (1989b: 49) hat im Sinne der neuen Museologie dieses Text-Objekt-Verständnis der „ästhetischen Ausstellung" hinterfragt. Er ist dabei zum Schluss gekommen, dass dieses Konzept nicht nur auf einem kohärenten gebildeten Blick aufbaut, sondern zudem die Tatsache negiert, dass es sehr wohl eines interpretativen Aufwands bedarf, um Objekte aussagekräftig zu machen. Denn: „Left to speak for themselves, they often say very little." (ebd.) Betrachtet man also Text jenseits des Klischees eines störenden didaktischen Hilfsmittels, eröffnet dies einen neuen Blick auf institutionelle Textproduktion. Der Text bietet in dieser Hinsicht vielmehr ein Mittel der Institution (und der körperlich zumeist nicht anwesenden Ausstellungsmacher_innen), um mit ihrem Publikum zu kommunizieren. Im Folgenden möchte ich deshalb die Funktionen des Texts auffächern und die textlichen Begleitumstände der Ausstellung über drei unterschiedliche Ebenen diskutieren: a) der Text als Hinweis, b) der Text als Kommentar zur Kunst und c) der Text als (darüber hinausgehender) Diskurs.

### a) Der Text als Hinweis

In seiner Funktion, auf etwas hinzuweisen, kommt dem Text eine weitreichende Verantwortlichkeit im reibungslosen und erfolgreichen Ausstellungsbesuch zu. Nicht nur, dass Besucher_innen vorab über Einladungskarten, Aussendungen, Poster, Banner und dergleichen über die Ausstellung informiert werden, über textliche Hinweise finden sie auch ihren Weg zum Ausstellungsort, erfahren Eintrittspreise und Öffnungszeiten. Der Besuch der Ausstellung ist damit schon vor ihrer eigentlichen Ausstellungserfahrung über diese textlich festgehaltenen Parameter gerahmt. Einladungskarten oder Flyer dienen neben organisatorischen Belangen oft auch schon zum ersten inhaltlichen Einstieg, da sie bereits den Titel der Ausstellung, die Namen der Künstler_innen beziehungsweise auch einen einleitenden Text offerieren.

Eine weitere Ebene des textlichen Hinweises findet sich in der direkten Handlungsanleitung für die Besucher_innen. Bei der Berlin Biennale wird damit beispielsweise der Rundgang an die Besucher_innen kommuniziert. In den Kunst-Werken erläutert ein kurzer Text beim Abgang zur Kellertreppe diesen ungewöhnlichen Beginn der Ausstellung oder sorgt an anderer Stelle ein Pfeil im Stiegenhaus mit den Worten „exhibition continues" für die vollständige und „richtige" räumliche Betrachtungsabfolge. Klassisch ist wiederum die (negative) Handlungsanleitung für die Besucher_innen, die Kunstwerke nicht zu berühren,[14] die im Sinne Max Webers (1984/1921: 19) auf die Handlung der Unterlassung rekurriert. Während dieses Berührverbot im Kunsthaus Bregenz zu Beginn an

**14** | Wie Dorothee Richter (2007: 196) mit Verweis auf Walther Grasskamp konstatiert, kappt hier das Museum den natürlichen Wunsch von Besucher_innen, Empfindungen der verschiedenen Sinnesorgane zu verknüpfen. Mit dem Verbot der haptischen Annäherung wird das Objekt nunmehr aus betrachtender Distanz erfahren und erfährt damit gleichsam eine Aufwertung zum Kultobjekt.

der Kassa und später strategisch noch einmal beim Eingangsbereich des dritten Oberschoßes positioniert ist, wo die besonders zur Berührung herausfordernden Glasobjekte „Well and Truly“ ausgestellt sind, findet sich interessanterweise diese Handlungsanleitung bei der 6. Berlin Biennale gar nicht. Vertraut die Institution darauf, dass die Besucher_innen diese Konvention kennen? Sind die ausgestellten Kunstwerke dort möglicherweise konservatorisch weniger heikel? Oder setzt die Berlin Biennale auf die Kontrolle durch die anwesenden Aufsichten? Ein Zusammenspiel all dieser Vermutungen mag zutreffen, erscheinen viele der ausgestellten Videos und Installationen wirklich nicht sehr empfindlich, verlangen manche Arbeiten, wie beispielsweise die Garderobe von Roman Ondák („Zone“), eine Benützung anstatt eines Berührverbots.

### b) Der Text als Kommentar zur Kunst

Während Text in seiner Funktion als Hinweis die Grundparameter des Ausstellungsbesuches definiert, kommt dem Text in Form des Kommentars zur Kunst eine weitergehende Aufgabe zu. Der Text als Kommentar ergänzt das Sprechen des Objekts durch das Sprechen über das Objekt. Gerade im Raum zwischen Text und Objekt eröffnen sich Möglichkeiten zur Deutung, wenn Text selbst mit knappen Angaben nicht nur eine deskriptive, sondern eine ebenso erklärende Funktion zukommt (Baxandall 1991). Den einfachsten Kommentar stellen dabei die Schilder zu den Kunstwerken dar, die über Angaben wie Autor_in, Titel, Jahr, Technik, Maße, Courtesy etc. primäre Charakteristika des Objekts wiedergeben und dabei trotz dieser so „neutral“ wirkenden Angaben bereits gewisse Lesarten des Objekts festschreiben. Die Bekanntheit eines Namens beispielsweise kann bereits beeinflussen, wie sehr ein Objekt gefällt, wie der Psychologe Helmut Leder (2001) in einer Studie mit Van-Gogh-Gemälden herausfand: Je bekannter die Kunstwerke zuvor eingestuft wurden, umso besser gefielen sie.[15]

Dieser starke Einfluss des Textes auf die Kunstrezeption mag irritieren, sodass Haltungen von Ausstellungsmacher_innen, dieses Element als Störfaktor zu betrachten oder nur reduziert einzusetzen, verständlich erscheinen. Eine Reduktion von Text kann zudem als Gegenpol zu einer

**15** | Wurde jedoch bei der Verwendung des gleichen Bildmaterials die Information ergänzt, dass die Echtheit dieser Bilder anzuzweifeln sei, wirkte sich dies signifikant vermindernd auf den Zusammenhang zwischen Bekanntheit und Gefallen aus.

Überproduktion von Begleitmaterialien zur Ausstellung gelesen werden wie es die 6. Berlin Biennale mit ihrem Wunsch nach Reduktion und Konzentration verfolgte. Auf der Ebene des Textes als Kommentar zur Kunst stellt sich jedoch die Frage nach dem Anwendungsnutzen der einzelnen Texte, wenn über den Flyer zwar eine kurze Einführung zur Ausstellung und ihre Veranstaltungsorte gegeben wird (wie ich sie vorwiegend dem Text auf der Ebene des Hinweises zuordnen würde), die Kunstwerke selbst aber nicht erläutert werden. Die Textebene des Kommentars wird bei der 6. Berlin Biennale somit vorwiegend in die Drucksorten ausgelagert. Der Katalog / Kurzführer liefert dabei zu allen Künstler_innen einen Text, der allgemein auf die Arbeitsweise und auch mehr oder weniger auf die ausgestellten Arbeiten (je nach Wissensstand zu Redaktionsschluss) eingeht. Er eignet sich so grundsätzlich als Begleiter zur Ausstellung, muss aber zu diesem Zweck erst käuflich erworben werden, sodass die Mehrheit der Besucher_innen diesen Text bei ihrem Besuch nicht zur Verfügung hat.[16]

Im Kunsthaus Bregenz wird hingegen Text als Handwerkszeug zur Kunstbetrachtung bereits mit dem Erwerb des Tickets in Form des Ausstellungshefts mitgeliefert. Da das Heft erst nach der Eröffnung produziert wird, kann es die einzelnen Arbeiten Stockwerk für Stockwerk im Kontext ihrer schlussendlichen Präsentation kommentieren und enthält teils sogar O-Töne der Künstler_innen zu der soeben realisierten Ausstellung. Das Ausstellungsheft zeigt des Weiteren, dass Begleittext nicht immer als instantaner Kommentar zum Kunstwerk betrachtet werden muss. Die Besonderheit dieses Textangebots liegt vielmehr in seiner örtlichen Flexibilität. Die Besucher_innen sind frei, selbst zu entscheiden, ob, wann und wo sie zusätzlich zu den Kunstwerken weiteren Text als

**16** | Die Verwendung des Katalogs in der Ausstellung verspielt, wie Andreas Spiegl (2005: 93) kritisch anmerkt, ihren Vorteil, die Reichweite der Ausstellung beziehungsweise mehr noch deren symbolisches Kapital zu steigern. Aufgrund seiner Sprache, seines Gewichts und seines Umfangs eignet sich der Katalog nicht für den Einsatz vor dem Kunstwerk. Die gängige Praxis von Großausstellungen, den Katalog als Begleiter für die Ausstellung zu verkaufen, harmoniert damit nicht mit der primären Textfunktion des Katalogs, der zumeist im Diskurs und nicht im Kommentar liegt. Das heißt die von mir vorgenommene Trennung der Textebenen von Hinweis, Kommentar und Diskurs wäre demnach auch in der Praxis sinnvoll, bedürfte jedoch der Bedienung aller Textebenen und dementsprechender Ressourcen.

Informationsquelle benötigen. Die Lektüre kann, wie Beobachtungen zeigen, sozusagen nach Bedarf oder gern auch dann erfolgen, wenn sich eine Sitzgelegenheit bietet. Der Text funktioniert in diesem Sinne je nach Lesezeitpunkt als Vorabinformation, inhaltliche Parallelebene oder Nachlese zur Ausstellung. Indem Besucher_innen das hübsch gelayoutete Heft zudem als Erinnerung mit nach Hause nehmen können, entspricht diese Geste auch dem in der Besucher_innenbefragung festgestellten Bedürfnis, von der Ausstellung immer etwas (sei es gedanklich oder auch materiell) mitnehmen zu wollen.

### c) Der Text als Diskurs

Indem der Text mitgenommen werden kann, entspricht ein solches Angebot auch jenen Beobachtungen, die besagen, dass Besucher_innen nur bedingt beziehungsweise nur eine gewisse Informationsmenge während ihres Ausstellungsrundganges lesen (wollen) (Hoffer 2005: 181). Demnach kommt dem Text mit der Möglichkeit zur Nachlese eine wichtige Funktion zu. Neben ortsungebundenen Informationen (Ausstellungsheft, kopierte Zettel etc.) kann auf der Ebene der institutionellen Drucksorten insbesondere der Katalog diese Aufgabe erfüllen. Mit einem verstärkt wissenschaftlichen oder kunsttheoretischen Anspruch bedient der Katalog zumeist auch einen Diskurs, der über die eigentliche Ausstellung hinausgeht. Der Reader zur 6. Berlin Biennale enthält etwa Hintergrundinformationen zur Ausstellung in Form eines kuratorischen Statements von Kathrin Rhomberg, Bilder zu (anderen) Werken der Künstler_innen, Künstler_innentexte, Aufzeichnungen aus Gesprächsrunden etc. und somit jenes Material, das sich für eine Vertiefung und Kontextualisierung der Ausstellung anbietet. Der (wertvolle) Status der Ausstellung und der ausgestellten Arbeiten wird über den Katalog noch einmal bekräftigt, in dem via Text das Ausgestellte noch einmal mehr zum Sprechen gebracht wird. Die Frage, wer in und aus diesem Diskurs spricht, changiert so zwischen dem beschriebenen Objekt selbst und den involvierten Akteur_innen wie Künstler_innen, Kurator_innen oder eben auch Textautor_innen (Vergo 1989b: 50).

Andere Ebenen des über den Kommentar zur Kunst hinausgehenden Diskurses finden sich in der Medienberichterstattung und dem Gästebuch. Diese Textsorten sprechen nicht aus Sicht der Kunstinstitution selbst, sondern aus der Warte der Kritiker_innen und Besucher_innen. Gattungsbedingt diskutieren sie verstärkt subjektiv wertend das Gezeigte. Während die Medienberichterstattung die Sichtweise der Besucher_innen insbesondere vor dem realen Besuch beeinflussen oder überhaupt erst initiieren kann, ist die Nutzung des Gästebuches an den institutionellen Ort selbst gebunden.[17] Die zentrale Unterscheidung von Medienberichterstattung und Gästebuch besteht jedoch in ihrem Verhältnis zu den Besucher_innen. Denn fungiert die Presseberichterstattung vor allem als ein externes meinungsbildendes Medium, stellt das Gästebuch vielmehr die Möglichkeit für Besucher_innen dar, sich selbst im musealen Kontext zu verorten und ihre Meinung kundzutun. Als Raum der Repräsentation werden im Gästebuch aber gleichsam In- und Exklusionsmechanismen der Institution sichtbar, denn ob Einträge von Besucher_innen ins Gästebuch überhaupt zustande kommen, hängt von der eigenen Einschätzung ihrer Besucher_innenkompetenz ab. Nur teilweise wird diese Konvention durch Gegenstrategien im Sinne von ausstellungsirrelevanten Bekundungen wie „I love Rock 'n' Roll" im Gästebuch unterlaufen (Bounia 2011).

## 2. Kunstvermittlung zwischen Wissen und Wahrnehmen

Neben dem Text stellen zusätzlich Programme der Kunstvermittlung ein Angebot für die über den individuellen Besuch hinausgehende Auseinandersetzung mit der Ausstellung bereit. Kunstvermittlung zeigt sich hier im Sinne ihrer Institutionalisierung als mittlerweile weitgehend anerkannte Position innerhalb des Kunstsystems und markiert ihre aktuelle Position auch in Distanz zu einer Kunst- oder Kulturpädagogik früherer Jahre. Ihre verstärkte Legitimation und Integration erfährt Kunstvermittlung heute auch im Zuge einer neu ausgerufenen Besucher_innenorientierung. Hier offenbaren sich gleichsam der Wunsch nach gesellschaftlicher Anbindung und sozialer Relevanz der Inhalte der Ausstellung wie ebenso die kulturpolitisch vorgegebene Notwendigkeit einer Steigerung der Besucher_innenzahlen. Auch das Vermittlungsprogramm der von mir untersuchten Ausstellungen spiegelt diese Ambivalenz der Kunstvermittlung zwischen ihrem Status als Dienstleistung (im Sinne einer

**17** | Teilweise ist die Diskursebene in Form eines Pressespiegels beziehungsweise ausgewählter Artikel ebenso am Ausstellungsort mittels eines Aushangs oder einer Mappe rezipierbar.

Befriedigung von Konsument_innenbedürfnissen) und ästhetisch kultureller Bildung (im Sinne der Ermöglichung eines Auseinandersetzungsprozesses mit kulturellen Inhalten) wider.[18]

Neben klassischen und dialogischen Führungen werden Workshops mit praktischen Elementen, Diskursformate wie etwa Vorträge oder Gespräche oder auch spezifische Sonderprojekte angeboten. Grundsätzlich lassen sich bei allen Vermittlungsangeboten eine zunehmende Ausrichtung auf spezifische Publikumsschichten und – im Sinne einer Erweiterung des engen Besucher_innenkreises und der Heranbildung des Publikums von morgen – die Anwendung des Prinzips der Kooperation und Diversifikation ablesen. Durch Kooperationen mit anderen Institutionen, Vereinen oder Gruppen ergeben sich beispielsweise in inhaltlicher, organisatorischer und teilweise auch finanzieller Hinsicht Allianzen, die es ermöglichen, neue Projekte zu entwickeln beziehungsweise auch neues Publikum zu gewinnen. Die „Rückkopplungen"[19] der 6. Berlin Biennale gingen mit Vertreter_innen von Universität, Politik und Pädagogik etwa der Frage nach, was Kunstvermittlung beziehungsweise kulturelle Bildung gesellschaftlich leisten kann, und führten dazu zahlreiche Aktivitäten im Berliner Stadtteil Kreuzberg mit vor Ort bereits aktiven Initiativen durch. Eine andere Möglichkeit, sich lokal zu engagieren und auch Verbindungen in nahestehende Felder aufzubauen, zeigen etwa die Atelierbesuche bei Vorarlberger Architekt_innen des Kunsthaus Bregenz. Augenscheinlich vorhandene Kompetenzen wie die der Region Vorarlberg im Bereich der Architektur werden so in produktive Allianzen umgewandelt.

Grundsätzlich zeigt sich eine Ausdifferenzierung des Publikums in viele unterschiedliche Teilöffentlichkeiten, wenn anstatt der in den

**18** | Die Spannung zeigt sich hier insbesondere zwischen den konventionellen Erwartungen von Besucher_innen und der gewünschten kritischen Praxis von Vermittler_innen, wenn, wie Carmen Mörsch (2009: 28) für die Vermittlungspraxis der documenta 12 feststellt, „die Vermittler_innen auf ein zahlendes Publikum stießen, das von ihnen in aller Regel einen von Expertise geleisteten Service erwartete: in möglichst kurzer Zeit, möglichst unangreifbar, möglichst freundlich, möglichst gutaussehend, möglichst viel von der Ausstellung zu erklären". Die dazu in Opposition stehende kritische Praxis musste demnach von den Vermittler_innen immer wieder neu verhandelt werden.

**19** | Ein Überblick über die Veranstaltungen und Kooperationspartner_innen der „Rückkopplungen" findet sich auf rueckkopplungen.de (23. 11. 2014).

1970er-Jahren gestellten Forderung nach „Kultur für alle" die Angebote sich heute verstärkt an spezifische Gruppen unterschiedlichen Alters, Geschlechts, Interessens- und auch Bildungshintergrunds richten und eine „Kultur mit allen" forcieren. Inwiefern mit diesem ausdifferenzierten Angebot eine erfolgreichere demokratische Kulturpolitik einhergeht oder doch über Zielgruppendifferenzierungen nur den Normen einer spätkapitalistischen, individualisierten Gesellschaft entsprochen wird, bleibt fraglich. Betrachtet man die Ausstellung als Handlungsraum, stellt sich im Sinne dieses pluralen Vermittlungsangebots die Frage, welche Angebote sich als Good-Practice-Modelle eignen, um die Ausstellung für Besucher_innen als Möglichkeitsraum zu öffnen. Über den Versuch, das konkrete Vermittlungsprogramm der drei Ausstellungen mittels Aussagen der Expert_innen zu systematisieren, finden sich unterschiedliche Anleitungsmodi zur Auseinandersetzung mit Kunst, die zwischen dem eher rationalen Wissen und dem eher emotionalen Wahrnehmen changieren. Die Konzepte „Input", „assoziieren", „(einfach) wahrnehmen", „das besondere Erlebnis" und „Reflexion" stellen so in einer Typologie fünf (idealtypische) Möglichkeiten der Erfahrung und Beschäftigung mit Kunst dar, die sich bei einzelnen Programmen auch überschneiden können.

### a) Input

Beim Konzept „Input" erhalten die Besucher_innen von der Kunstvermittlung aufbereitete Informationen zur Ausstellung, die von biografischen Fakten bis zu kunsthistorischen Verweisen reichen können. Damit lassen sich vor allem Führungen als typische Methodik der Kunstvermittlung fassen, welche in ihrer Durchführung von frontal bis dialogisch variieren. Die Lehrer_innenführung steht etwa für die eher frontalere Wissensvermittlung. Der damalige Leiter der Vermittlung im Kunsthaus Bregenz, Winfried Nußbaummüller, erläutert: „Da kommen die Lehrer, weil sie wissen, sie kriegen mindestens eine Stunde lang einfach eine sachlich fundierte [...] Komprimation der Welt von Roni Horn" (P18: 175). Die Dialogführung wiederum bricht die frontale Situation auf, indem sie von zwei Personen gemeinsam durchgeführt wird, die sich in einem Gespräch vor den Besucher_innen über ihre Sichtweisen austauschen.

Grundsätzliche Einigkeit herrscht bei allen Vermittler_innen, dass selbst die frontale Informationsvermittlung nicht in einer zu starren Form passieren sollte. Es gilt einen reinen Wissenstransfer, das heißt die

Weitergabe von Wissen von einem autorisierten Sprecher an eine anonyme Masse, möglichst zu vermeiden. Diesen Wunsch implementierte etwa die 6. Berlin Biennale bereits beim Namen ihres primären Vermittlungsformats, das sich gemäß einer Teilhabe auf Augenhöhe „moderierte Rundgänge" anstatt Führung nennt. An diesem Punkt zeigt sich jedoch ein Widerspruch zu den Bedürfnissen der Besucher_innen, die gerade bei Vermittlungsaktivitäten den faktischen Input schätzen, um mehr über Entstehungskontexte der Werke und Intentionen der Ausstellungsmacher_innen zu erfahren. Dass hier nicht nur Neugierde und Wissensdrang, sondern auch der Wunsch nach kompaktem und abgesichertem Wissen mitschwingt, kann nicht geleugnet werden – auch wenn eine kritische Kunstvermittlung das Bedürfnis nach eindeutigen „Wahrheiten" gerade nicht bedienen will. Bei Ausstellungen, in denen der Kontext eine wichtige Rolle spielt und sich dieser über die rein wahrzunehmende Ebene aber nicht erschließt, kann das Modell des Wissenstransfers – entgegen der eher negativen und hegemonialen Konnotation im aktuellen Kunstvermittlungsdiskurs – ein ermächtigendes Moment darstellen.

### b) Assoziieren

Während beim Konzept „Input" die Vermittler_innen die entscheidenden (autorisierten) Sprechrollen haben, lockert sich dies beim Konzept „assoziieren". Hier sind die Besucher_innen nicht nur eingeladen, sondern in gewisser Weise auch aufgefordert, sich zu äußern und ihre Gedanken und Meinungen einzubringen. Typische Fragen, die dabei an die Besucher_innen gerichtet werden, sind jene nach sichtbaren Inhalten und subjektiven Deutungen des Kunstwerks. Ein Beispiel für dieses Modell findet sich etwa bei einer Veranstaltung der ARTgenossen, den Kunstvermittlerinnen des Salzburger Kunstvereins. Als Auftakt ihrer Vermittlung der Ausstellung „Before Waiting Becomes Part of Your Life" von Roman Ondák projizierten sie das Plakat, auf dem eine wartende Kleinfamilie abgebildet war, an die Wand. Danach ließen sie die Jugendlichen sich dahinter als zusätzliche Warteschlange aufstellen und befragten sie zu ihrem subjektiven Empfinden der Situation und ihren persönlichen Assoziationen zum Warten. Laut den Vermitterinnen war es dabei wichtig, das Ganze vorab als Experiment zu deklarieren, um die Teilnehmer_innen auf eine Vermittlung fernab der Frontalführung einzustellen. Mit der hier deutlich werdenden möglichen (und von Kindern bis zu Erwachsenen noch erheblich variierenden) Hemmschwelle, sich auf solche assoziativen Kommunikationsprozesse einzulassen, wird ein weiterer Widerspruch zwischen Theorie und Praxis der Vermittlung sichtbar. So steht dem Ideal der aktiven Teilnahme der Besucher_innen mitunter der Wunsch nach aufbereiteter Information und vermeintlich passiver und stiller Rezeption entgegen. Winfried Nußbaummüller stellt dahingehend fest: „Also, man kann zwar von Interaktivität oder solchen Sachen reden, aber das Bedürfnis bei den meisten Besuchern ist eigentlich so, dass sie still konsumieren möchten." (P18: 144)

### c) (Einfach) wahrnehmen

Ein konträrer Zugang spiegelt sich im Konzept „(einfach) wahrnehmen" wider, das sich vielleicht auch weniger als allgemeiner Vermittlungsansatz für Gruppen denn als ein Ansatzpunkt für die individuelle Kunstrezeption beschreiben lässt. Hier spielen Vorwissen, Verstand und Verbalisierung eine untergeordnete Rolle, während das körperliche, emotionale und atmosphärische Wahrnehmen im Vordergrund stehen. Susanne Knauseder (P97: 44), die im Salzburger Kunstverein bereits seit mehr als zwanzig Jahren in der Besucher_inneninformation arbeitet, meint etwa, dass sie das Sicheinlassen der Besucher_innen auf die Ausstellungen im Salzburger Kunstverein als besonders wichtig empfindet. Skeptischen Besucher_innen empfiehlt sie, in die Ausstellung hineinzugehen und ohne sofort zu versuchen, das Gezeigte zu verstehen, einfach die Kunst wahrzunehmen. Diesen sinnlichen Zugang trieb eines der Satellitenprojekte der 6. Berlin Biennale auf die Spitze: Angeboten wurde ein Spaziergang von teils sehbehinderten Künstler_innen unter dem Titel „Werkzeug Wahrnehmung", um den Einsatz der Sinne bei der Kunstbetrachtung zu reflektieren und insbesondere den Erfahrungsraum zu beleuchten, der „von Kunst übrig bleibt, wenn man sie zum Beispiel nicht sehen kann" (P47: 67). So steht das Konzept „(einfach) wahrnehmen" für eine unmittelbare und eventuell auch ungewohnt anti-intellektuelle Auseinandersetzung mit Kunst, die vielen Erwachsenen im Gegensatz zu Kindern oft gar nicht so leicht fällt. Verbinden lässt sich dieser Ansatz auch mit der „Ideologie" der „ästhetischen Ausstellung", bei der die möglichst unmittelbare Kunsterfahrung rein durch die Objekte geht.

### d) Das besondere Erlebnis

Das Konzept „das besondere Erlebnis“ bezieht sich auf Vermittlungsformate, die sich als außergewöhnliches Ereignis darstellen. Die Beurteilung als „besonders“ zeigt sich als abhängig von subjektiven Kriterien, kann jedoch auch einfach als relationales Vergleichsmaß zum üblichen Programm angesehen werden. Ein Beispiel ist etwa der ART CRASH im Kunsthaus Bregenz, der sich an die bislang wenig individuell adressierten Jugendlichen richtet und versucht, für diese Zielgruppe immer etwas Spezielles zur Ausstellung anzubieten. Die Kunstvermittlerin Kirsten Helfrich erzählt etwa von einem Ausflug mit den Jugendlichen zur Künstlerin Alexandra Vogt. Diese lebt einer alten Molkerei in der Nähe von Memmingen mit 20 Pferden und genau an diesem Ort entstanden auch die Fotosujets für die Kunsthaus Bregenz Billboards im Sommer 2009 (P18: 155). Ein ebenso zielgruppenabgestimmtes Format bot ein anderes Satellitenprojekt der Biennale unter dem Namen „Resonanzessen“, bei dem die lokale Bevölkerung, das heißt konkret „Kreuzberger eingeladen w[u]rden, erst die Berlin Biennale zu besuchen und dann ein Kunstwerk auszuwählen, zu dem sie gerne ein Essen hätten“ (P47: 81). So bietet „das besondere Erlebnis“ oft nicht nur die Möglichkeit, hinter die Kulissen zu blicken, indem Künstler_innen kennengelernt oder gar in ihrem Atelier besucht werden können. Mit gruppendynamischen Elementen wie gemeinsamen Essen und Ausflügen stellt es auch freud- oder lustvolle Zugänge zur Kunst her. Teils zeigt sich die Kunstvermittlung beim Konzept „besonderes Erlebnis“ auch mit Marketinginteressen konfrontiert, wenn sich Aktivitäten wie Vernissagen, Partys und VIP-Veranstaltungen für Sponsoren sich nahtlos in eine Logik des „besonderen Erlebnisses“ einreihen. Dass solche Veranstaltungen ebenso Zugänge zur Kunst eröffnen können, sei an dieser Stelle nicht abgesprochen, möglicherweise gewähren sie der Kunst selbst aber nur einen peripheren Status im Rahmen des Ereignisses.[20]

**20** | Eine empirische Studie der Universität Salzburg konstatiert, dass die Kunst bei einer Vernissage zugunsten der Sichtbarmachung der Künstlerperson zurücktritt. Gleichsam wird die Veranstaltung zur Bühne für Besucher_innen, indem nicht nur ihr Interesse an Kunst, sondern vor allem ihr Distinktions- und Lifestyle-Bedürfnis bedient wird (Bachleitner/Aschauer 2008).

### e) Reflexion

Das letzte Konzept der „Reflexion" verweist wiederum auf eine tiefer gehende Auseinandersetzung mit den Diskursen der Ausstellung und ihren institutionellen Produktionsmechanismen. Insbesondere die 6. Berlin Biennale widmete sich verstärkt diesem Zugang, indem sie das Anliegen der Ausstellung, eine kritische Wirklichkeitsbefragung von Seiten der Kunst zu setzen, auf das Vermittlungsprogramm übertrug. In Anlehnung an die documenta 12, die Kunstvermittlung als zentralen Bestandteil der Ausstellung deklarierte und auch beforschte,[21] entwickelte die Berlin Biennale mit einem Team auch universitär eingebundener Vermittler_innen eine Reihe reflexiver Formate. Neben den „Rückkopplungen" erweiterten insbesondere die Satellitenprojekte von Studierenden des Instituts für Kunst im Kontext den gesellschaftspolitischen Aktionsradius der Ausstellung. Unter dem Titel „With Re-Guards" nahm beispielsweise Valentina Sartori gemeinsam mit acht Guards ihre Erfahrung in der Langzeitbetrachtung der Ausstellung im Sinne einer Selbstreflexion unter die Lupe. Der im Projekt erarbeitete Kommentar mündete zumeist in eine künstlerische Auseinandersetzung, da viele Aufsichten selbst Künstler_innen sind und zur Finanzierung ihres Lebensunterhalts auf Nebentätigkeiten angewiesen sind. Wie sehr die Arbeit eines Guards von Monotonie, Verantwortung und gleichzeitiger Unterforderung geprägt ist, zeigt beispielsweise das seitenlange Textprotokoll von Katja Kalla, in dem sie nahezu schlafwandlerisch die Ausstellungsräume am Oranienplatz abschreitet und ihre ins Unterbewusstsein übergegangene Raum- und Kunstwahrnehmung beschreibt.

Eine kritische Kunstvermittlung, wie sie im Modell „Reflexion" zum Tragen kommt, reflektiert im Gegensatz zu einem unhinterfragten Alltagsbetrieb ihre angewandten Formate und ihr alltägliches Handeln selbst stark. Gerade über die Integration wissenschaftlicher, künstlerischer wie politischer Praktiken und durch das Einnehmen kontroverser und herrschafts-

**21** | Siehe hierzu das Leitmotiv „Was tun?", welches der künstlerische Leiter Roger M. Buergel als eine von drei orientierenden Fragen an die Ausstellung stellte (documenta12.de/leitmotive.html, 23. 11. 2014) sowie die zwei 2009 publizierten Bände „Kunstvermittlung 1. Arbeit mit dem Publikum, Öffnung der Institution" und „Kunstvermittlung 2. Zwischen kritischer Praxis und Dienstleistung auf der documenta 12".

kritischer Positionen versucht sie innerhalb der Institution für eine reflexive Vermittlungspraxis Sorge zu tragen (Mörsch 2009: 20ff.). In diesen Rahmen reiht sich auch eine sogenannte künstlerische Kunstvermittlung wie etwa beim Projekt „With Re-Guards" ein. Im Sinne eines dritten Weges versteht sich künstlerische Kunstvermittlung weder als reine Serviceleistung noch ganz im Dienste des Kunstwerks, sondern als selbst hervorbringende, kreierende Tätigkeit (Maset 2006). Kunstvermittlung als Fortsetzung der Kunst zu denken, eröffnet insofern auch neue Spiel- und Handlungsräume für die Besucher_innen, als sie Kunst nunmehr nicht nur rezipieren, sondern als Ressource für eigenständiges Denken und Handeln begreifen und einsetzen können. Die oben beschriebenen idealtypischen Modelle der Kunstvermittlung machen deutlich, dass die Annäherung an die Ausstellung auf verschiedenen Ebenen passieren kann und es im Vermittlungsprogramm zwischen Wissen und Wahrnehmen auch eine Analogie zur individuellen Herangehensweise an die Ausstellung gibt, wie ich im nächsten Kapitel zeigen werde.

## 3.4 Von folgenreichen Setzungen

Wenn Ausstellungsmacher_innen wie vorhin dargestellt die Ausstellung und deren vermittelnde Rahmenbedingungen gestalten und die Ausstellung sowohl räumlich als auch sozial konstruieren, werden damit die Parameter der Ausstellung als Handlungsraum für die Besucher_innen definiert. Ausstellen heißt zeigen, heißt, manche Dinge sichtbar und andere weniger sichtbar zu machen, heißt, bestimmte Zusammenhänge in den Blick und andere aus dem Blick zu rücken, heißt bewerten und Einfluss nehmen. Und egal, ob man sich der Ausstellung nun vonseiten der Produktion, der räumlichen Gestaltung oder auch der Vermittlung nähert, all diese Bereiche kommunizieren über ihre Entscheidungen eine gewisse Geisteshaltung an die Besucher_innen. Diese Setzungen bestimmen die Bedingungen für die Besucher_innen, indem sich die Ausstellung als Medium zwischen emanzipatorischem Versprechen und Kontrollapparat in ein Verhältnis zu ihren implizit entworfenen Besucher_innen stellt. Darin liegt das Potenzial, aber auch die Verantwortung der Ausstellung (Beck 2009: 9f.). Jede Entscheidung, ob von Pragmatik oder bewusster inhaltlicher Steuerung geprägt, wirkt sich auf die Handlungsoptionen der Besucher_innen im Ausstellungsraum aus.

Dabei bestimmen sich die Möglichkeiten für Besucher_innen nicht nur über normierte und historisch tradierte Verhaltensweisen, über die personifizierte Kontrolle durch die Aufsichten oder die mechanisierte Variante der Überwachungskameras, sondern ebenso vehement über räumliche Parameter. Wo eine Tür ist, kann hineingegangen, wo ein Fenster ist, kann hinausgeblickt, wo eine Bank ist, kann pausiert werden. Praktiken stehen immer im Wechselspiel mit Materialisierungen und verweisen folglich auf ihre soziale und gesellschaftliche Bedingtheit. Das heißt, die Materialisierung der Ausstellung entsteht nicht nur durch soziale Praktiken wie in diesem Kapitel beschrieben, sondern definiert wiederum die sozialen Praktiken des Ausstellungsbesuches. Materialisierungen sind demnach entscheidende „Mitspieler_innen“ im Agieren in unserer Umwelt. Um einem Vorschlag Stefan Hirschauers (2004: 74) zu folgen, begreife ich Artefakte jedoch nicht als soziale „Quasi-Akteure und -Akteurinnen“, wie in den Entwürfen der Akteur-Netzwerk-Theorie angelegt, sondern als signifikante Partizipanden des Tuns. Anstatt einer kontributorischen Perspektive offeriert Hirschauer eine partizipatorische Sicht auf Artefakte, da sie an der Praxis teilnehmen und genau dort ihre Dynamik entwickeln.[22] Doch was lässt sich konkret über die prozessuale Spezifik und die räumliche Determination bei den von mir untersuchten Ausstellungen sagen?

## Von sozialen Auffälligkeiten im Betriebssystem Kunst

Vorerst wird im Prozess des Ausstellungsmachens sichtbar, dass es sich hier um eingespielte, ausgeklügelte, man könnte auch sagen professionalisierte und ritualisierte Abläufe handelt, in denen die Ausstellung entsteht. Am Beitrag der einzelnen Personen zur Ausstellung lässt sich

**22** | An den Entwürfen der Akteur-Netzwerk-Theorie von Bruno Latour und Michel Callon, bei denen menschlichen Akteur_innen mächtige nicht menschliche Agenten gegenüberstehen, kritisiert Stefan Hirschauer (2004: 74f.) die Konzentration auf technische Artefakte und die Vernachlässigung des Körpers. Mit dem Einnehmen einer partizipatorischen Sichtweise auf Artefakte wird folglich zwar die grundsätzliche Bedeutung der Artefakte in Relation zu den Akteur_innen gemindert, gleichzeitig aber ihre existenzielle materielle Einbindung in soziale Praktiken betont.

ein System erkennen, bei dem alle innerhalb der vorhandenen Kompetenzen, aber auch hierarchischen Limitierungen das Ihre zum Gelingen der Ausstellung beitragen. Die Teams stellen sich nach außen hin – ihrem Selbstverständnis entsprechend – zumeist als erfolgreich dar, wenn die Zusammenarbeit und insbesondere das Engagement der meist heterogen zusammengewürfelten Mitarbeiter_innen gelobt und auch beschworen werden. Das idealistische Bild wird lediglich durch intervenierende Bedingungen wie etwa zu wenig Zeit (um sich intensiver und langfristiger auf gemeinsame Arbeitsprozesse mit Künstler_innen einzulassen) oder zu wenig Geld (für mehr Mitarbeiter_innen, höhere Produktionsbudgets etc.) gebrochen.

Die enge Zusammenarbeit und der starke Zusammenhalt im Team lassen sich im Sinne eines auf Kollaboration und Kommunikation basierenden post-fordistischen Arbeitsmodells erklären, bei welchem die große Motivation und der hohe Einsatz der einzelnen Mitarbeiter_innen nicht unwesentlich zum Funktionieren der Institution beitragen. „Den Vorteilen von Selbstbestimmung und Selbstverwaltung stehen", so Beatrice von Bismarck (2003: 83), jedoch „ökonomische Vereinnahmungen, eine Entgrenzung der Arbeit aufgrund der verschwindenden Trennung zwischen Beruflichem und Privatem als Schattenseiten gegenüber."[23] Das Betriebssystem Kunst präsentiert sich hier gewissermaßen als Vorreiter in der neuen entgrenzten Arbeitswelt. Häufig sind die unterschiedlichen Akteure und Akteurinnen vereint im Zuge der Projektarbeit, wie sie für den zeitgenössischen Kunstbetrieb geradezu konstitutiv ist. Die Sinngebung eines Projekts äußert sich folglich, wie von Bismarck (2002: 229) hervorhebt, zum einen bereits in dieser spezifischen Gemeinschaftsbildung und zum anderen darüber hinausgehend in einer verbindenden Fragestellung oder einem höheren Ziel, wie es die Realisierung einer Ausstellung darstellt.

**23** | Eine lesenswerte fiktive Beschreibung des Tagesablaufs eines solchen postmodernen, flexiblen Subjekts haben Marion von Osten, Brigitta Kuster, Katja Reichard und Isabell Lorey im Gruppenzusammenhang „kleines postfordistisches Drama" (kpD) mit „She now works flexible" (2007) formuliert. Die immaterielle und nur schwer genau zu definierende Arbeit einer Kulturproduzentin, verbunden mit dem Versuch, auch für schlecht bezahlte Jobs hoch motiviert zu sein, fügt sich als personalisierte Referenz ins Gesamtgefüge einer neoliberalen Arbeitspolitik.

Im Sinne dieser Verschwörung auf ein gemeinsames Ziel hin werden Hierarchien in den Teamgefügen in meiner Untersuchung nicht deutlich artikuliert. Sie zeigen sich aber über die Zuteilung der Arbeiten, bei denen gerade jene mit dem höchsten symbolischen Kapital verbunden sind, die in der direkten Zusammenarbeit mit den Künstler_innen lokalisiert oder als künstlerische / kreative / wissenschaftliche Tätigkeiten klassifiziert werden können. Im relationalen Gefüge positionieren sich Künstler_innen als wichtige Bezugspersonen, um darüber das jeweilige Kurator_innenverständnis als „Widerpart" (iv), „Dialogpartner_innen" beziehungsweise „Weggefährt_innen" zu bestimmen. Anstatt Kunstwerke auszuwählen dominiert vorwiegend die Auswahl der Künstler_innen, die in Folge mit ihrem symbolischem Kapital auch das Profil eines Hauses definieren. Oft haben die Künstler_innen in der Entwicklung ihrer Arbeiten freie Hand, wenngleich häufig der Wunsch nach einer neuen Arbeit besteht. Der durchgängig bei meinen Fallbeispielen vorhandene Fokus auf Neuproduktionen macht somit deutlich, wie sehr Kunstinstitutionen in einem internationalen Kampf um Aufmerksamkeit in Konkurrenz zueinander stehen und sich durch Distinktionsprofite mit Neuigkeitswert voneinander abzusetzen versuchen. Im Fall der Neuproduktion gehen Marktlogiken mit der Spezifik des Kunstfeldes einher, wenn, wie Ulrich Bröckling (2009: 50) schreibt, „[k]ünstlerisches und unternehmerisches Handeln [...] gleichermaßen auf Differenz angewiesen" sind und der Erfolg mit Alleinstellungsmerkmalen verbunden ist.

## Von eigenlogischen Räumen

Die Architektur – insbesondere in Form von Neubauten – ist dabei ein weiteres Mittel, sich voneinander abzuheben. Das Haus steht jedoch nicht nur für die erste raumdeterminierende Konstante der Ausstellung, sondern gleichsam für die Institution selbst. Bereits Georg Simmel (1995 / 1903b: 210) hat mit seinen Überlegungen zum festen Haus auf die Notwendigkeit der räumlichen Materialisierung von Gemeinschaften hingewiesen. Denn nahezu jede gesellschaftliche Vereinheitlichung wie die Familie, der Klub, die Universität oder die Gewerkschaft benötigt „ihr" oder „sein" eigenes Haus. Und wie Simmel spezifiziert „*hat* sie nicht eigentlich das Haus, sondern sie *ist* es, das Haus stellt den Gesellschaftsgedanken dar, indem es ihn lokalisiert" (ebd.). Dem Haus kommt damit über seine Lokalisierung eine identitätsstiftende Funktion zu. Doch wie sollen Häuser für die Kunst überhaupt beschaffen sein? In welches Verhältnis soll sich die Architektur zur Kunst stellen, welche Art von Kunstbetrachtung befördern?

Diese Fragen beschäftigen die Museumsarchitektur seit den ersten dezidiert für die Präsentation von Kunstwerken errichteten Bauten in der Renaissance. Die Herausforderung besteht bis heute darin, das komplexe Verhältnis von „content and container" im Dialog zwischen ästhetischen und funktionalen Kriterien adäquat zu bestimmen (Giebelhausen 2011: 223). In der jüngeren Museumsarchitekturgeschichte stellen sich Fragen nach Funktion und Form dieser Bauten insbesondere seit den 1980er-Jahren, als im Zusammenhang mit dem Museumsboom zahlreiche Neubauten errichtet wurden und im Grunde in einer globalen Sicht diese museale „Aufrüstung" in Ländern wie den Vereinigten Arabischen Emiraten oder China bis heute nicht abgerissen ist. Systematisiert man die Literatur zu diesen neuen Bauten,[24] fällt auf, dass die Museumsarchitekturdebatte von divergierenden Autonomieansprüchen und polaren semiotischen Feldern (wie den dazwischenliegenden Möglichkeiten) bestimmt wird, wenn das Verhältnis von Kunst zu Architektur von dienend bis dominant beschrieben; die ästhetische Gestalt zwischen schlicht und expressiv verortet und den Architekturen in Analogie zu menschlichen Charaktereigenschaften eine gar bescheidene oder überaus selbstbewusste Geisteshaltung attribuiert werden kann.

Die Kunstpräsentation findet jedoch nicht nur an jenen Orten statt, die extra dafür (neu) gebaut wurden. Neben der Geschichte des Bautypus „Museum" als freistehendes, unabhängiges Gebäude gibt es eine lange Geschichte der adaptierten Räumlichkeiten, wie sie beispielsweise bereits der Raumtypus „Galerie" in seinem Entstehungszusammenhang als

---

**24** | Zumeist handelt es sich bei der jüngsten Museumsarchitekturliteratur um Sammelbände mit der Vorstellung einer Vielzahl von Bauten mit teils theoretischer Fundierung, siehe beispielsweise „Wege zu einem neuen Museum. Museumsarchitektur im 20. Jahrhundert" (1998) von Victoria Newhouse, „Museen für ein neues Jahrtausend. Ideen, Projekte, Bauten" (1999) herausgegeben von Vittorio Magnago Lampugnani und Angeli Sachs, das Nachfolgebuch „Museen im 21. Jahrhundert: Ideen. Projekte. Bauten" (2006) herausgegeben von Suzanne und Thierry Greub oder auch den Sammelband „Neue Museen in Europa. Kultorte für das 21. Jahrhundert" (2008) von Frank Maier-Solgk.

umgewidmeter Teil von Palastanlagen in Italien und Frankreich im 16. Jahrhundert versinnbildlicht. Die jüngste europäische Museumsarchitekturgeschichte macht deutlich, dass in Zeiten weltweiter Krisen und stagnierender Kulturbudgets die selbstbewusste Expansion ihre Risse bekommen hat und heute weitaus schlichtere Bauten gefragt sind.[25] Ein weiteres Indiz in dieser Entwicklung ist auch die Anzahl der Zu- und Umbauten, welche in den letzten Jahren beträchtlich gestiegen ist. Selbst Institutionen ohne festen Ort wie beispielsweise die Europäische Kunsthalle in Köln, wie in der Studie „Institution Building: Artists, Curators, Architects in the Struggle for Institutional Space" (2009) ausgearbeitet wurde, stellen eine Alternative zu einem eigenen Ausstellungshaus dar. Heute gibt es, wie auch meine Fallbeispiele zeigen, somit ein großes Spektrum an möglichen Orten, um Kunst zu zeigen. Über die Thematisierung von eigenlogischen, lokalen Ortspezifiken lässt sich der individuelle Raumprofit herausstreichen.

Nichtsdestotrotz spielt der ortsunspezifische White Cube als nach wie vor existierende Präsentationskonvention innerhalb der von mir untersuchten Ausstellungen eine entscheidende Rolle – im Sinne einer ausführenden Akzeptanz, in eindeutigen kuratorischen Referenzen oder in ähnlich räumlicher Abgeschlossenheit vom Außenraum und dessen störenden Einflüssen. Dem Künstler und Kunstkritiker Brian O'Doherty ist es dabei zu verdanken, dass er mit seiner Essayfolge[26] die zentrale Bedeutung des weißen, scheinbar neutralen Ausstellungsraumes für das Kunstsystem der Moderne herausstrich und dessen Ideologie dechiffrierte. So steht die Präsentationsform des White Cube nicht nur im Verdacht, das Ausgestellte rein über den Präsentationsmodus zu Kunst zu stilisieren und Kunst zur transportablen Ware zu degradieren, sondern ebenso

**25** | Sandra Hofmeister (2009) attestiert in dieser Entwicklung der Museumsarchitektur gar einen Paradigmenwechsel vom „Gehry-Effekt" zum „Chipperfieldismus" und stellt dabei in einer etwas überzeichneten Charakterschablone dem exzentrischen, lauten Bautypus den bedachten und stillen als zeitgemäße Form gegenüber.

**26** | Brian O'Doherty publizierte 1976 in der Kunstzeitschrift „Artforum" eine dreiteilige Essayfolge, die 1981 mit „Gallery as Gesture" noch einen Nachschlag erhielt. Auf Deutsch liegen alle vier Aufsätze in dem von Wolfgang Kemp herausgegebenen und mit einem Nachwort von Markus Brüderlin versehenen Merve-Buch „In der weißen Zelle / Inside the White Cube" (1996) vor.

für die Gefahr, Kunst in einer von der Außenwelt abgekoppelten sakralen Atmosphäre zur apolitischen Requisite verkommen zu lassen.

Zur gleichen Zeit finden sich jedoch auch zahlreiche Bestrebungen von Künstler_innen, diese Tendenzen des Betriebssystems Kunst und seiner Kunstpräsentationskonvention zu brechen. In den 1960er- und 1970er-Jahren versuchen institutionskritische Praktiken gerade auch mit ortsspezifischen Arbeiten wie Installationen oder Performances, die Ortslosigkeit und Marktaffinität des White Cube zu umgehen beziehungsweise dessen Mechanismen offenzulegen. Gleichzeitig wird eine Ambivalenz hinsichtlich der Dekonstruktion und Destruktion dieser Utopie deutlich, wenn die möglichst „gereinigte" Art der Kunstpräsentation des White Cube sich von Kunstseite teilweise als ebenso gewünscht und funktional präsentiert. In dieser geschützten Form der Kunstpräsentation scheint der Kunst der Fokus der Aufmerksamkeit sicher zu sein und eine konzentrierte Auseinandersetzung zwischen Kunst und Publikum vermeintlich möglich. Der White Cube wird so zu einem historisch klassifizierten, aber dennoch weiterhin gelebten Präsentationsmodus, dessen anhaltende Bedeutung sich gerade in der Beständigkeit seiner Thematisierung offenbart.[27]

Mit der ortsspezifischen Kunst wurde, wie sich rückblickend feststellen lässt, in den 1960er- und 1970er-Jahren gleichsam auch die institutionskritische Kunst geboren. Während in dieser „ersten Welle" der Institutionskritik noch vornehmlich Funktionsweisen und Machtverhältnisse des Kunstfeldes im Fokus standen, öffnet sich die Institutionskritik in ihrer „zweiten Welle" mit ihrem Höhepunkt in den 1990er-Jahren weitaus mehr einem gesamtgesellschaftlichen und auch sozialpolitischen Kontext. Stefan Nowotny und Gerald Raunig (2008) konstatieren in aktuellen Rückgriffen auf institutionskritische Ansätze eine „dritte Welle" der Institutionskritik, die nicht nur vonseiten der Künstler_innen formuliert wird, sondern sich als „komplexe Bündelung von Gesellschaftskritik, Ins-

**27** | Iwona Blazwick (2012) fragt sich diesbezüglich, ob es nicht eben gerade jene Beständigkeit des White Cube ist, die sein utopisches Potenzial ausmacht. Denn sein Dasein als fixer Referenzpunkt, als geschütztes Laboratorium ermöglicht es dem White Cube trotz seiner Angeschlagenheit, sich – auch durch die Zufuhr von künstlerischen und wissenschaftlichen Formen abseits des engen Zirkels zeitgenössischer bildender Kunst, wie es etwa die documenta 13 zur Strategie erhob – immer wieder zu aktualisieren und neu zu erfinden.

titutionskritik und Selbstkritik entwickelt" (ebd. 7). Eine solche Kritik positioniert sich verstärkt an den Rändern eines ausfransenden Kunstfeldes, wie dies beispielsweise am gesellschaftspolitisch durchzogenen Konzept der 6. Berlin Biennale deutlich wird und sich noch stärker zugespitzt im künstlerisch-aktivistischen Konzept der 7. Berlin Biennale manifestiert.

## Zugänge zur Kunst

Unabhängig von Präsentationslogiken, die sich über ihre Innengerichtetheit vom Außen temporär abgrenzen oder aber gerade „das, was draußen wartet" in den Kunstraum einladen, versuchen Ausstellungsmacher_innen, ihren Besucher_innen tendenziell einen unmittelbaren Zugang zur Kunst und eine intensive Erfahrung mit ihr zu ermöglichen. Ob eine intensive Kunsterfahrung besser mit oder ohne Text zu gelingen vermag, darüber scheinen sich Ausstellungsmacher_innen heute nicht einig zu sein, da Text sehr heterogen in seiner Funktion als Hinweis, Kommentar und Diskurs eingesetzt wird.[28] Das Spektrum reicht von einem reduzierten Einsatz von Text, um Kunst vor zu viel Interpretation oder einer Überproduktion zu bewahren, bis hin zur Tendenz, Text gewissermaßen als bewusste Serviceleistung für Besucher_innen auf mehreren Ebenen anzubieten. Welche textlichen Bedürfnisse Besucher_innen an die Ausstellung herantragen und wie sie auf Textangebote reagieren, werde ich später in Abschnitt 5.1 bei der Diskussion des Stellenwerts von Kontextinformationen noch zeigen.

Beim Vermittlungsprogramm, das ausdifferenzierten Öffentlichkeiten ebenso ausdifferenzierte Zugänge zur Kunst offeriert, offenbart sich wiederum das Spektrum eines etablierten, aber dennoch mehr oder weniger integrierten Aspekts der Ausstellung. Die Angebote der Vermittlung

**28** | Eine vertiefende Untersuchung der diversen involvierten Textebenen in und zur Ausstellung würde sich als mögliche Erweiterung meiner raum- und handlungszentrierten Untersuchung eignen, um sowohl das institutionelle Selbstverständnis als auch die allgemeine Rolle des Textes für die Kunsterfahrung zu beleuchten. Denn der Diskurs über das Kunstwerk ist, um es mit Bourdieu (1999: 276) zu sagen, „kein bloß unterstützendes Mittel mehr zum besseren Erfassen und Würdigen, sondern ein Moment der Produktion des Werks, seines Sinns und seines Werts".

changieren dabei in der Rezeptionserfahrung zwischen dem eher rationalen Wissen und dem eher emotionalen Wahrnehmen und in ihrem Verständnis zwischen einfacher Dienstleistung und experimenteller Ausstellungserweiterung. Nicht zu unterschätzen ist der Einfluss von personalen Vermittlungsangeboten, wenn mit der sichtbaren Anwesenheit der Mitarbeiter_innen und ihrer Rolle als autorisierten Sprecher_innen die Institution nicht nur bestimmte „Wahrheiten" zu den Werken, sondern auch ein bestimmtes Bild von sich selbst kommuniziert. Gleichsam wird in der Vermittlungssituation auch das Bild der Besucher_innen geprägt, wenn hier konkrete Wege der Kunstbetrachtung offeriert, demonstriert und auch eingeübt werden.

## Das Skript und seine Spielräume

Wie in diesem Kapitel dargestellt, ist der Ausstellung über ihre räumliche Gestaltung und deren vermittelnde Instanzen ein gewisses Skript eingeschrieben. Das Skript ruft die Besucher_innen zum einen zur Nutzung des Vorgefundenen auf, indem die Ausstellung erst durch die Rezeption der Besucher_innen ihren Zweck als öffentliche Kunstpräsentation erfüllt. Zum anderen limitiert das Skript die Handlungen der Besucher_innen, wenn nur bestimmte Nutzungsformen möglich, adäquat und erlaubt sind. Der Spielraum der Besucher_innen liegt somit in diesem zweifachen Artefakt-Mensch-Verhältnis begründet, indem der Akt des Gebrauchs nicht gleich freie Interpretation und indem der Akt der Konditionierung nicht gleich fixe Determination bedeutet. Artefakte und räumliche Gesamtgebilde wie die der Ausstellung sind als Konstrukte somit nicht im Sinne eines vorbestimmten Ursache-Wirkungsschemas zu lesen. Vielmehr zeigen sich Ausstellungen im Sinne eines materiellen Skripts, wenn „in das Design von Artefakten spezifische Positionen und Spielräume für menschliche Aktivitäten ‚eingeschrieben' sind, die als soziale Normen wirken" (Hirschauer 1999: 226, Fußnote 11).

Der Frage, wie das Skript der zeitgenössischen Kunstausstellung das Besucher_innenverhalten konditioniert und vor allem wie das Skript von den Besucher_innen selbst gebraucht und gedeutet wird, widme ich mich nun dezidiert in den nächsten zwei Kapiteln. Während ich in Kapitel 4 insbesondere die individuelle körperliche Erfahrung in den Blick rücke, sind es in Kapitel 5 jene Interaktionen mit dem Objekt und anderen Personen, die den Ausstellungsbesuch als soziales Ereignis determinieren. Welche konkreten Spielräume sich dabei im Verhältnis von Subjekten und Objekten, Körpern und Räumen eröffnen, soll zentrales Thema der Diskussion sein.

# 4 Wenn Körper wissen. Über die Ausstellung als körperliche Erfahrung

Was machen Menschen eigentlich, wenn sie eine Ausstellung besuchen? Und wie prägen körperliche Praktiken die Erfahrung eines Ausstellungsbesuches? Diese beiden Fragen stehen am Beginn dieses Kapitels, in dem ich die Ausstellung aus der Perspektive der Besucher_innen und über ihre körperliche Erfahrung untersuche. Mit dieser Sichtweise plädiere ich in gewisser Weise für einen doppelten Perspektivenwechsel, indem ich zum einen anstatt der ausstellungsmachenden Tätigkeiten nun fokussiert die Handlungen der Besucher_innen betrachte und zum anderen mich auch von der auf das Sehen konzentrierten Kunstrezeption abwende, um stattdessen ohne privilegierende Wertung der Sinne die körperliche Erfahrung während des Ausstellungsbesuches in den Blick zu nehmen. Mag dieser Perspektivenwechsel heute im Zuge von Schwenkbewegungen der kulturwissenschaftlichen Forschung – sei es etwa in Form eines „praxis turn“, „spatial turn“, „somatic turn“, „performative turn“ oder auch des spezifischen „educational turn“ des Kunstfeldes – natürlich erscheinen, ist die dem Museum und der Ausstellung ursprünglich und bis heute nachwirkend eingeschriebene bürgerliche Rezeptionskultur für das Verständnis eines solchen Blickwechsels zentral.

## Das Primat des bürgerlichen Blicks

In seinem Aufsatz „Der bürgerliche Blick. Das Museum und die Organisation des Sehens“ widmet sich Tony Bennett (2010) der Funktion des modernen Museums in der Herausbildung einer spezifischen Rezeptionskultur. Im Gegensatz zu voraufklärerischen Museumsmodellen wie beispielsweise dem Kuriositätenkabinett oder der Galerie, bei denen mehrere Sinne angesprochen und auch das Gespräch kultiviert wurde, bestimmt sich der bürgerliche Blick im modernen Museum gerade über die Privilegierung des Sehsinns. Mit dem Ideal der „reinen Wahrnehmung" von Kunst in Form einer formalistischen Kontemplation wird die Notwendigkeit visueller Kompetenzen virulent. Sie führt in Folge auch zur Konstruktion von sozialen Unterschieden, die dem Anspruch des Museums, für alle Bürger_innen zu sprechen, zuwiderlaufen. Vielmehr ergibt sich aus dem „bürgerlichen Blick" ein spezifischer Adressatenkreis, welcher mit vorhandenen visuellen Kompetenzen das Angebotene entsprechend wahrnehmen und wertschätzen sowie das Gefühl der Überlegenheit gegenüber Nichtkenner_innen für sich beanspruchen kann.[1] Wenn nur das gesellschaftlich und kulturell geschulte Auge das Gezeigte verstehen kann, positioniert sich der bürgerliche Blick auch in Abgrenzung zu niederen Formen der Unterhaltung, welche in Verdacht stehen, die Betrachter_innen zu überwältigen und zu zerstreuen. So präsentiert sich der bürgerliche Blick auch immer über einen festen Standpunkt – im abstrakten Sinne über den Standpunkt der herrschenden Klasse und ganz konkret über den in der fixierten Betrachter_innenposition im Museum –, aus dem sich die Logik der Ausstellungsordnung erschließen lässt. Bennett zufolge dominiert diese Sichtweise das Museum und die Ausstellung den größten Teil des 18. und 19. Jahrhunderts. Erst im 20. Jahrhundert kommt es vor allem in den letzten Jahrzehnten zu einer Pluralisierung der Standpunkte, wenn neue Formen der Ausstellung „das Auge seiner Kontrollposition" entheben und stattdessen „eine mehrere oder alle Sinne ansprechende Ordnung" begünstigen, „um eine stärker körperliche, aktive und teilhabende Beziehung zum Museum und zu anderen Besuchern zu fördern" (ebd. 73).

Auch Marion von Osten (2005: 208f.) stellt in dieser Hinsicht fest, dass – sieht man von einzelnen Avantgardebestrebungen im Schatten vorherrschender Präsentationspolitiken ab – erst beginnend mit den 1960er-Jahren und ihren grenzüberschreitenden künstlerischen Praktiken wie Konzeptkunst, Happening und Performance das Publikum in der

**1** | Oder wie Carol Duncan (1991: 102) in ihrer räumlichen Analyse des Kunstmuseums und seines eingeschriebenen bildungsbürgerlichen Rituals resümiert: „[T]hose who understand how to use art in the museum environment are also those on whom the museum ritual confers this greater and better identity."

Ausstellung auch jenseits seiner Rolle von zivilisierten Betrachter_innen adressiert wird. Gerade die Präsentationskonvention des White Cube wird in dieser Zeit immer mehr zum Reibungsfeld, da sie die Privilegierung des Blicks im 20. Jahrhundert fortsetzt und Besucher_innen vornehmlich die Rolle von passiven Subjekten in einer produktorientierten visuellen Kultur zuschreibt. Institutionskritische Bewegungen in den 1960er- und 1970er-Jahren sowie daran anknüpfende Praktiken in den 1990er-Jahren hinterfragen damit gleichsam die strikte und hierarchische Arbeitsteilung zwischen Künstler_innen als Produzent_innen, Kurator_innen und Galerist_innen als Verbreiter_innen und dem Publikum als passive Konsument_innen, die dem modernistischen Ausstellungsraum in seiner traditionellen Nutzung eingeschrieben ist.

## Eine Wende zur Ausstellungserfahrung

Aktuell wieder aufgegriffene institutionskritische und partizipative Strategien, eine verstärkte Reflexion über mögliche Formen der Ausstellung sowie eine allgemeine Hinwendung zu Raumfragen begünstigen meiner Ansicht nach, dass das Publikum heute eine große Palette unterschiedlicher Raumerfahrungen in Ausstellungen zeitgenössischer Kunst offeriert bekommt. Dies bezieht sich auf klassische Formen der Ausstellung mit einer genealogischen kunsthistorischen Hängung, die nach wie vor primär den bürgerlichen Blick bedienen, wie genauso auf experimentelle Formate, denen Besucher_innen jenseits der traditionellen Vorstellung von Ausstellungen begegnen. Gleichsam resultiert aus dem Wunsch nach sinnlicher und kommunikativer Erfahrung, wie auch Bennett (2010: 55) feststellt, ein verstärktes Interesse an vormodernen Formen der Ausstellung wie beispielsweise der Wunderkammer, die mit dem Fokus auf das Seltene, Kuriose und Besondere auch eine verstärkt assoziative Annäherung an die Ausstellung ermöglicht.[2] Im Zuge einer allgemeinen Wende-Rhetorik lässt sich hier auch von einem „Erfahrungs-Turn" sprechen, wenn Erfahrung als soziales und kulturelles Leitparadigma ab der zweiten

**2** | So wurde am 1. März 2013 in Wien – nach zehnjähriger Schließung und einer groß angelegten öffentlichen Unterstützungsaktion – die Kunstkammer des Kunsthistorischen Museums mit einer neuen Präsentation in 20 Räumen als „Museum im Museum" wiedereröffnet, siehe kkhm.at/ (23. 11. 2014).

Hälfte des 20. Jahrhunderts zu einem veränderten Stellenwert des Objekts in der Ausstellung führt. Gerade mit dem Fokus auf das subjektive Erleben wird die Konzeption der Ausstellung von einer Objektschau zu einem Erfahrungsraum transferiert (von Hantelmann / Meister 2010b: 16ff.).

In einer kulturkritischen Sichtweise kann diese Wende auch im Sinne einer negativ konnotierten Erlebnis- oder Spektakelgesellschaft oder eines Niedergangs von der hehren, fokussierten Kunstbetrachtung zu einem oberflächlichen und atmosphärischen Eintauchen in Inhalte gelesen werden. Wenn ich an dieser Stelle den Terminus Erfahrung benütze, geht es mir jedoch weniger darum, diese vorab zu klassifizieren, sondern vielmehr die Offenheit des Begriffs zu nutzen,[3] um die individuellen Erfahrungen der Besucher_innen in diesem räumlichen Setting zu beschreiben. Im Gegensatz zu Autorinnen wie Carol Duncan (2001), Charlotte Klonk (2009) und Dorothea von Hantelmann (2012), die das Moment der Erfahrung und seine Ritualhaftigkeit in der Ausstellung thematisieren, betrachte ich hier jedoch nicht die rekonstruierte oder antizipierte Besucher_innenerfahrung über die Inszenierungspraktiken, sondern beziehe mich konkret auf die Ausstellungserfahrung der tatsächlichen Besucher_innen. Soll ein wirklicher Perspektivenwechsel stattfinden und die Qualität der Ausstellungserfahrung der Besucher_innen als ein Beurteilungskriterium für die Ausstellungspraxis fungieren – wofür Philipp Wright (1989) bereits im Zuge der neuen Museologie klug plädierte –, ist dies meiner Ansicht nur über die empirische Ausstellungserfahrung der einzelnen Besucher_innen nachvollziehbar.

Im Folgenden beziehe ich mich also auf die Daten zur Ausstellungserfahrung der Besucher_innen, welche ich mit der Methode der teilnehmenden Beobachtung und der Besucher_innenbefragung erhoben habe. Die Analyse zeigt, dass die Ausstellung im Verständnis eines Handlungsraumes von Besucher_innen auf sehr individuelle Weise genutzt wird und dass Handlungen wie Gehen, Stehen, Sitzen, Schauen, Lesen und Sprechen dabei zum Standardrepertoire eines Ausstellungsbesuches gehören. Während ich in diesem Kapitel vorwiegend die individuelle körperliche Ausstellungserfahrung betrachte, werde ich im nächsten Kapitel in Er-

---

**3** | Erfahrung soll hier als durch Anschauung, Wahrnehmung und Empfindung gewonnenes Wissen als Grundlage der Erkenntnis verstanden sein, siehe duden.de/rechtschreibung/Erfahrung#Bedeutung3 (23. 11. 2014).

gänzung und spezifischer Schwerpunktsetzung noch detailliert auf die soziale Interaktion mit dem Ausstellungsobjekt und anderen Akteur_innen im Raum eingehen. Zum Erfassen der körperlichen Spezifik der Ausstellungserfahrung gehe ich in vier Schritten vor, indem ich erstens das Gehen und die Wege der Besucher_innen, zweitens das Innehalten und ihre Positionierung im Raum, drittens ihre eigene Raumwahrnehmung aus dem erzählerischen Rückblick und viertens – alle Stränge zusammenführend – die Charakteristik dieser körperlich-räumlichen Wissensvermittlung und -aneignung beleuchte.

## 4.1 Im Gehen

„Walking around is fundamental to the everyday practice of social life" and „to much anthropological fieldwork", schreiben Jo Lee und Tim Ingold (2006: 67) und heben die Verwendung der Methode Gehen sowohl im Alltag als auch in der Feldforschung hervor. Gehen ist eine Form, sich einem Ort anzunähern, ihn zu erkunden und ihn sich anzueignen. Zentral beim Gehen ist der körperliche Bezug, den man über seine Sinne zur Umgebung aufbaut beziehungsweise könnte man sogar sagen, dass der Raum erst durch die körperliche Bewegung les- und wahrnehmbar wird. Michel de Certeau (1988: 188ff.) fasst Gehen als den „Raum der Äußerung" in dreifacher Funktion, indem über die Praxis des Gehens erstens eine Aneignung des topografischen Systems stattfindet, zweitens eine räumliche Realisierung des Ortes geschieht und drittens in Form von Bewegungen zwischen unterschiedlichen Positionen Beziehungen gestiftet werden. Was für den urbanen Raum und die Praktiken der Fußgänger_innen als „Sprechen der verhallenden Schritte" (ebd.) gilt, lässt sich nahtlos auf die Ausstellung übertragen. Das Gehen zeigt sich als ein dem Medium Ausstellung inhärenter Rezeptionsmodus und ist demnach für das Verständnis seiner Spezifik gewichtig. Darüber scheint sich die Fachwelt – trotz Auswirkungen des dominanten bürgerlichen Blicks auch auf die wissenschaftliche Betrachtung – heute weitgehend einig zu sein. So spricht Gottfried Korff (2005: 96) etwa davon, dass in der Ausstellung im „Sehen und Gehen, sozusagen in einem ‚okkulomotorischen Feld'" „Dinge und Betrachter zusammengeführt" werden; heißt es bei Katharina Flügel (2009: 124), dass „das Gehen ein unverzichtbares Mittel im gesamten Kontext der sinnlichen Erfassung ist". Dieter Bogner wiederum versteht die Bewegungen von Menschen im Raum als einen wichtigen Bestandteil seines ganzheitlichen Denkansatzes, das Museum in Bewegung zu begreifen.[4]

In gestalterischer Hinsicht spiegelt sich die Bedeutung des Gehens in der Ausstellung in der Bedeutung des Leitsystems wider. Das Leitsystem verantwortet in gewisser Weise die räumliche Logik eines Ausstellungshauses, indem es sowohl Angebot als auch Abfolge der räumlichen Dispositionen für die Besucher_innen bestimmt. Wo geht man in das Gebäude hinein? Wie kommt man von einem Ausstellungsraum in den nächsten? Gibt es Wahlmöglichkeiten oder einen vorgeschriebenen Weg? Und welchen Unterschied machen der Aufbau und der Grundriss eines Gebäudes für seine Nutzer_innen? Mit diesen Fragen beschäftigt sich in dezidierter Weise die Theorie und Methode Space Syntax.[5] Wie Bill Hillier und Kali Tzortzi (2011) in einem Überblicksbeitrag verschiedener Studien zeigen, findet Space Syntax vereinzelt auch in Museen und Ausstellungen in der Untersuchung von Leitsystemen seit den 1980er-Jahren seine Anwendung. Grundsätzlich kann zwischen eher deterministischen (primär forcierte und auch eingeschränkte Bewegungsmöglichkeiten) und eher probabilistischen Leitsystemen (verstärkt modulierte und beiläufige Bewegungen) unterschieden werden. Eine andere Einteilung lässt sich wiederum über die Tendenz, Besucher_innenwege verstärkt zu sequenzieren (ein Raum nach dem anderen) oder verstärkt zu integrieren (ein eher geschlossenes, zirkuläres Raumsystem) treffen. Jüngere Studien widmen sich zunehmend auch der Erforschung von Möglichkeiten, über die Gestal-

**4** | In seinem Vortrag beim Symposium „Neubau Kunsthalle Mannheim – Räume denken“ am 27. Oktober 2012 exemplifiziert Dieter Bogner dies, indem er Bewegung als Kernphänomen des Museums fasst und mit den Aspekten „Bewegung im Raum“, „Bewegung der Sammlung“ und „Bewegung der Ideen“ im Rückgriff auf seine langjährige Praxis in der konzeptiven Planung erläutert.

**5** | Space Syntax wurde in den 1970er-Jahren von Bill Hillier, Julienne Hanson und Kollegen von „The Bartlett“ am University College London entwickelt. Als Set an Techniken zur Analyse von Städten und Innenräumen baut Space Syntax auf der Erkenntnis auf, dass Raum nicht nur Hintergrund, sondern intrinsischer Aspekt des Handelns ist. Unter Verwendung (vorwiegend quantitativer und deskriptiver) analytischer Instrumente können mit Space Syntax die sozialen Implikationen räumlicher Konfigurationen analysiert und (bis zu einem gewissen Grad) auch vorhergesagt werden, siehe spacesyntax.net (23. 11. 2014).

tung des Leitsystems kognitive und soziale Erfahrungen positiv zu verstärken. Zusammenfassend lässt sich in allen Studien die große Potenz von Gebäuden, die Museumserfahrung der Besucher_innen über ihre räumliche Struktur zu formen, feststellen – eine Erkenntnis, welche die Bedeutung des Hauses in seiner primären Wahrnehmungslenkung unterstreicht.

Doch wie bewegen sich Besucher_innen überhaupt in Museen und Ausstellungen? Diese Frage beschäftigt nicht nur Space Syntax, sondern auch die museologische Forschung spätestens seit den Studien Edward S. Robinsons in den 1920er-Jahren. So wurden bereits in frühen Besucher_innenforschungen die Gehlinien in Skizzen und per Stoppuhr die Verweildauer der Besucher_innen vor einzelnen Exponaten im Sinne einer Evaluation festgehalten. Wie das Kunstforschungsprojekt „eMotion – mapping museum experience" zeigt, können hierfür heute elektronische Tracking-Methoden verwendet werden, um Wege, Standort und Verweildauer nachzuverfolgen, wie dies in ähnlicher Weise in der Konsumforschung passiert. Inhaltlich knüpft das Projekt „eMotion" an die psychogeografische Methode des „dérive" wie ebenso an medienkünstlerische Projekte mit visualisierter Tracking-Technologie an, welche selbst auch den Aspekt von Fremdbeobachtung und Überwachungstechnologie kritisch reflektieren (Tröndle et al. 2009: 135ff.).

## Modellhafte Gehfiguren

Im meinem eigenen Datenmaterial erhob ich die körperliche Annäherung an die Ausstellung über das Gehen vergleichsweise „antiquiert", indem ich zum einen die Besucher_innen selbst gehend bei der teilnehmenden Beobachtung im Ausstellungsraum betrachtete und zum anderen mir den Ausstellungsbesuch von den Besucher_innen anhand ihrer konkreten Wege nacherzählen ließ. Die aus dem Datenmaterial extrahierten Konzepte verweisen auf Basis meiner Erhebungsmethoden und der Arbeit mit Grounded Theory – im Unterschied zu Untersuchungen, bei denen mit Tracking-Methoden gearbeitet wurde – so weniger auf konkrete Gehrouten denn vielmehr auf gedanklich abstrahierte und typologisierte Gehfiguren. In starkem Ausmaß sind diese dem räumlichen Setting eingeschrieben, wenngleich möglicherweise einige als archetypisch für die gehende Kunstbetrachtung in Ausstellungen gelten können.

### a) „der normale Weg" (iv) / „der Reihe nach"

Das Konzept „der normale Weg" (iv) referiert auf eine Wegeführung, die die Besucher_innen als so angedacht, vorgesehen, vorgeschrieben oder instinktiv richtig beziehungsweise logisch beschreiben. Zwei exemplarische Aussagen verdeutlichen dies: „Also, ich denk mal den ganz normalen Weg, also von der untersten Etage bis dahin, wo die Ausstellung aufhört" (P21: 12) oder: „I think I took the parcours as it was meant" (P61: 10). Bei diesem Konzept handelt es sich folglich um eine subjektive Zuschreibung der Besucher_innen, die demnach nur in den Gesprächen mit diesen, nicht aber in den Protokollen der teilnehmenden Beobachtung vorkommt. Als Konzept stimmt diese Wegeführung mit der Ausrichtung des Leitsystems des Gebäudes überein, das – wie bereits beschrieben – imstande ist, die Wege der Besucher_innen in großem Maße zu lenken.

„Der Reihe nach" schließt an den normalen Weg an, indem es ebenso auf eine innere Logik der Ausstellung und einer damit einhergehenden Reihenfolge bei der Rezeption verweist. Eine Kurzzusammenfassung eines akkurat die Reihenfolge einhaltenden Ausstellungsbesuches lautet zum Beispiel: „Dann waren wir bei der Kasse, dann Garderobe, den Rucksack abgeben, dann sind wir die Geschosse der Reihe nach durchgegangen" (P22: 15). Gerade in Ausstellungsgebäuden, die über mehrere Stockwerke hin organisiert sind, wie dies beim Kunsthaus Bregenz und bei der 6. Berlin Biennale an den beiden Hauptorten der Fall ist, kommt im Sinne dieses sequentiellen Weges ein Hinauf und Hinunter zum Tragen. Die meisten Besucher_innen „arbeiten" sich dort vom untersten bis ins oberste Geschoss hinauf und gehen dann wieder herunter. Beim Heruntergehen kann es dazu kommen, dass eine gewisse Wiederholung in der Betrachtung stattfindet, wenn sich Besucher_innen bewusst noch einmal in die Ausstellungsräume hineinbegeben. Diese Wiederholung ermöglicht es den Besucher_innen, sich das Gesehene, sozusagen im Schnelldurchlauf, noch einmal zu vergegenwärtigen oder auch bewusst zu gewissen Dingen noch einmal zurückzukehren. In der Wiederholung von Inhalten verstärkt sich, wie Friedrich Waidacher (1996: 206) in Bezug auf die höchst redundante Struktur der meisten Sprachen betont, die Verlässlichkeit einer Nachricht oder in Übertragung auf die Ausstellung auch die Wahrscheinlichkeit, dass Exponate in Erinnerung bleiben.

### b) „im Uhrzeigersinn" / „die Runde"

Insgesamt wird in meiner Untersuchung deutlich, dass universale Gehfiguren schwer festzumachen sind, da die Wege stark durch die (Ausstellungs-)Architektur und die Positionierung der Kunstwerke im Raum geprägt sind. Nichtsdestotrotz lässt sich in meinem Material dennoch eine vorhandene natürliche Gehrichtung bestimmen und zwar jene „im Uhrzeigersinn". Diese Tendenz zeigt sich vor allem im Kunsthaus Bregenz bei seiner über die Grundrisse und die Ein- und Ausgänge spiralförmig eingeschriebenen Besucher_innenbewegung. Auch im Salzburger Kunstverein lässt sich beobachten, dass nach dem Eintritt in den Ausstellungsraum über den mittigen Zugang zumeist linker Hand begonnen wird und die Weiterbewegung häufig im Uhrzeigersinn stattfindet. Ein Besucher erzählt zum Beispiel, dass sie nach dem Überblick-Verschaffen an der Schwelle, sich „ wirklich im Uhrzeigersinn" im Raum bewegten (P35: 11). Die Gehrichtung im Uhrzeigersinn bestätigt dabei sowohl den in museologischen Untersuchungen grundsätzlich bei Besucher_innen festgestellten Rechtsdrall als auch die gewöhnliche Betrachtungsrichtung von links nach rechts entsprechend der westlichen Lesegewohnheiten (Flügel 2009: 126).

Im Zusammenhang mit der Gehrichtung im Uhrzeigersinn steht das Konzept „die Runde", das einerseits auf eine klare Zirkulation verweist, andererseits in seiner Metaphorik meiner Ansicht nach ebenso auf die flanierende Spezifik eines Ausstellungsbesuches hinweist. Die Runde bringt es des Weiteren mit sich, dass sich die Besucher_innen zumeist an der Wand entlangbewegen, die trotz zahlreicher installativer Arbeiten in der Gegenwartskunst immer noch als primäres Displaymedium genutzt wird. Die Distanz zur Wand wird dabei durch das darauf Präsentierte bestimmt, kleinere Arbeiten, Details oder Texte verlangen etwa eine nähere Betrachtungsweise. Ein weiterer Gedanke, dass der Weg entlang der Wand im Gegensatz zum Weg durch den Raum auch aus Schutz bevorzugt wird, wird durch umweltpsychologische Untersuchungen von Raumnutzungen und den sich dahinter verbergenden anthropologischen Grundbedürfnissen nach Sicherheit und Kontrolle bestätigt. Wenn eine Rückendeckung durch die Wand nicht möglich ist, kann das Gefühl der Sicherheit auch durch die Positionierung nahe am Boden oder in einer guten Aussichtsposition erreicht werden (Rui Olds 1999). Für die Gestaltung von Ausstellungen bedeutet dies wiederum, dass jene Aktivitäten, bei denen Konzentration und Entspannung gefordert sind, besonders an solch „sicheren" Orten anzusiedeln sind.

### c) „kreuz und quer" / „durschlendern"

Während „der normale Weg" (iv) / „der Reihe nach" sowie „im Uhrzeigersinn" / „die Runde" einen eher linearen, stärker regelgeleiteten Eindruck erwecken, zeigen die folgenden Gehmodelle individuellere und man könnte fast sagen spielerische Züge. Hier zeigt sich, dass sich die Besucher_innen von dem Vorhandenen in ihren Wegen inspirieren lassen und dabei „etwas weniger orientiert, so nach Gefühl" (P35: 11) agieren. Neben „kreuz und quer" werden auch „weichere" Verben wie „durchschlendern" und „durchbewegen" verwendet, die bereits auf den charakteristischen Gehmodus des Flanierens in der Ausstellung verweisen.

Ob Personen sich eher an der Wand oder im Raum bewegen, steht nachvollziehbarerweise in eindeutigem Zusammenhang mit der Frage, ob Bilder an der Wand oder Skulpturen im Raum präsentiert werden. In meiner Feldforschung stellt beispielsweise eine Besucherin für sich fest, dass sie bei den an die Wand gelehnten Stäben und bei den Porträts sich im Uhrzeigersinn und an der Wand fortbewegt hat, bei den Glasskulpturen jedoch nicht, weil „das lädt mehr dazu ein, dass man so durchgeht und guckt" (P21: 24). Räumliche Konstellationen wie etwa Skulpturen im Raum veranlassen demnach Besucher_innen verstärkt dazu, den Raum auch in seiner Mitte zu nutzen. Eine Bestätigung dieser Beeinflussung der Besucher_innenpfade findet sich auch beim Forschungsprojekt „eMotion – mapping museum experience". Hier wurden in der Versuchsausstellung drei räumliche Varianten durch a) die Anordnung einer größeren Skulptur von Hans Arp im Raum, b) das anschließende Weglassen der Skulptur und c) ein späteres Ersetzen der großen durch eine kleinere Skulptur desselben Künstlers ausgetestet. Bei den Varianten a) und c) wurde eine eindeutige Veränderung der Besucher_innenwege hin zur Skulptur, unabhängig von deren Größe, festgestellt. Die Versuchsreihe zeigte über das Tracking aber nicht nur eine veränderte Wegeführung, sondern zudem eine Aufmerksamkeitsverschiebung auf, wenn durch ein plastisches Objekt im Raum sich das gesamte Kraftfeld der Ausstellung verschob: Werke an der Wand, die zuvor im Fokus der Aufmerksamkeit standen, traten in den Hintergrund, wenn die plastischen Arbeiten im Raum positioniert wurden (Wintzerith / van den Berg / Tröndle 2011: 107).

#### d) „auf etwas zusteuern" / „der andere Weg"

Interessanterweise finden sich in den teilnehmenden Beobachtungen auch Konzepte wie „auf etwas zusteuern" und „der andere Weg", die so in den Darstellungen der Besucher_innen – möglicherweise aufgrund der erzählerischen Tendenz, Dinge linear darzustellen – kaum enthalten waren. „Auf etwas zusteuern" beschreibt dabei die Bewegungen der Besucher_innen, bei denen der Weg zu (visuellen) Anziehungspunkten wie besonders auffallenden Kunstwerken, Videos oder Aussichtspunkten direkt gewählt wird. Teils kommt es bei der Handlung, auf etwas zuzusteuern, auch zu Imitationseffekten unter Besucher_innen, wie das nachfolgende Zitat zeigt: „Nun kommen zuerst zwei Männer in die Halle und gehen geradewegs auf den Hof zu, auch die zwei Frauen dahinter [...] wählen diesen Weg" (P58: 8). Neben der Taktik, Orte anzusteuern, wo sich bereits andere Besucher_innen befinden, lässt sich gleichzeitig auch die gegenläufige Tendenz erkennen, dass Besucher_innen Orte meiden, an denen sich bereits andere Besucher_innen aufhalten.

Bei dem Konzept „der andere Weg" handelt es sich folglich um die Strategie der Besucher_innen, andere Wege zu gehen, um dorthin zu gelangen, wo sich weniger Personen aufhalten, beziehungsweise auch um die Tendenz, den Rückweg bewusst anders als den Hinweg zu gestalten. Im Sinne von de Certeaus Terminologie kann diese individuelle Art der Wegegestaltung als listenreiche Taktik angesehen werden, nämlich dann, wenn über den anderen Weg im fremden Territorium ein eigener Ort ausgemacht wird. Neben der Einflussnahme durch die ausgestellten Objekte zeigt sich ebenso die Interaktion mit anderen Besucher_innen als entscheidender Parameter. Die konträren Beobachtungen der imitierenden oder aber distanzierenden Wegwahl korrespondieren dabei mit der Feststellung von Stephen Bitgood und Donald Patterson, dass Menschenmassen in der Ausstellung sowohl als anziehend als auch als abstoßend erlebt werden (Waidacher 1996: 430).

### Den Raum einfach wahrnehmen

Beschäftigt man sich nicht nur mit Gehfiguren, sondern auch mit der spezifischen Art und Weise des Gehens in der Ausstellung, fällt auf, dass dies häufig mit „flanieren" umschrieben werden kann und sich in diesbezüglich passenden Selbstbeschreibungen niederschlägt: Da wird geschlendert, sich durchbewegt, spaziert, mal dahin, mal dorthin gegangen, manche Dinge „ein bisschen" angeschaut, an manchen Orten länger verweilt. Das heißt, die Besucher_innen lassen sich in gewisser Weise treiben und versuchen, die Stimmung der Ausstellung erstmals auf sich wirken zu lassen. „Looking a bit of everywhere and seeing some piece of art quite interesting and then go there and then looking a bit around and then find something else, it was the way it works" (P30: 21), heißt es etwa in einer charakteristischen Besucher_innenerzählung. Die primäre Ausstellungsrezeption der Besucher_innen liegt somit darin, den Raum zunächst einfach wahrzunehmen und das Gezeigte atmosphärisch aufzunehmen.

Auch der Soziologe Ulrich Paatsch (1998: 164ff.) bestätigt in seiner Evaluationsforschung eine solche schlendernde und weniger sich vertiefende Annäherung an die Ausstellung beim Großteil der Besucher_innen. Zur Theoretisierung dieses typischen Besucher_innenzugangs unterscheidet er mit Verweis auf den Psychologen Rolf Klein zwischen „perzeptueller" und „epistemischer Neugier". Während die „perzeptuelle Neugier" auf die schnelle Erfassung von Ausstellungsinformationen auch aufgrund von bereits vorhandenem Wissen abzielt, benötigt die tiefergehende „epistemische Neugier" zumeist eine spezifische Veranlassung wie etwa eine Irritation, um ausgelöst zu werden. Je nach Ausstellungsbesuch kann das Vorhaben, den Raum „einfach wahrnehmen" zu wollen, im Sinne einer „perzeptuellen Neugier" die vornehmliche Ebene der Auseinandersetzung mit der Ausstellung bilden oder teils den atmosphärischen Einstieg für eine spätere vertiefende Beschäftigung mit der Ausstellung und den Kunstwerken darstellen.

Aus der These des „Einfach-Wahrnehmens" jedoch in einer kulturpessimistischen Deutung schließen zu wollen, dass die Besucher_innen der Ausstellung nur eine oberflächliche Aufmerksamkeit entgegenbringen, halte ich für voreilig. Vielmehr sehe ich in der Herangehensweise der Besucher_innen, den Raum einfach wahrzunehmen, einen Versuch, die Gesamtheit der Ausstellung, visuell zu erfassen und über ihre Raumqualitäten zu „erspüren". Gehen und Sehen müssen zudem, wie auch Katharina Flügel (2009: 124) in Referenz auf psychologische Prozesse anmerkt, mit Handlungen wie „aus der Fülle der Eindrücke auszuwählen" und „ein sinngebendes Strukturmuster zu abstrahieren" als aktiver Vorgang gesehen werden – auch wenn dies nach außen vielleicht beiläufig oder gar passiv aussieht.

## Von der Bedeutung transitorischer Räume

Im Rahmen des Gehens innerhalb des Ausstellungshauses spielen jedoch nicht nur die konkreten Orte der Kunstpräsentation, sondern ebenso die Orte ohne Kunst eine entscheidende Rolle. Insbesondere trifft dies auf die transitorischen Räume wie etwa Treppenhäuser zu, die auffallend oft als positive Erfahrung beschrieben werden. Über sie erklären sich Besucher_innen die Struktur des Gebäudes, die Möglichkeiten, die dieses zur Besichtigung bietet, und in Folge auch den eigenen Weg durch die Ausstellung. An diesen Wahrnehmungsaspekten der Treppenhäuser zeigt sich so der allgemeine Benefit eines „funktionierenden" Leitsystems, das „den Besuchern die Sicherheit des Auffindens und des jederzeitigen Wissens um den jeweils eingenommenen Standort verleiht" (Baumstark 2003: 25). Neben der Möglichkeit der eigenen Verortung weisen meine Daten aber noch auf einen anderen positiven Effekt der Treppenhäuser hin, nämlich auf den des Freiraumes. An diesem Ort findet nicht nur keine Kunstpräsentation statt, sondern lockern sich für die Besucher_innen auch automatisch die Normen des Ausstellungsbesuchs, wenn hier beispielsweise lauter gesprochen oder sogar gespielt werden kann. Auf einen weiteren zentralen Aspekt dieses Freiraumes hin, nämlich den der Pause, weist eine Besucherin der 6. Berlin Biennale hin:

> „Ich mag [...] an dem Gebäude so dieses Etagenhafte [...], das gefällt mir so schon an sich [...]. Dass man immer noch diese, ich weiß nicht, vielleicht 32 Stufen dazwischen hat, wo man [...] kurz atmen kann, weil das ist eigentlich schon eine wichtige Sache." (P63: 83)

Hier lässt sich mit Lee und Ingold (2006: 69f.) und den Ergebnissen aus ihrer Feldforschung zur Spezifik des Gehens anschließen, dass Gehen nicht nur Zeit zum Denken, sondern in der Nichtfixierung auf ein bestimmtes Objekt auch eine freiere Art der Verarbeitung der Eindrücke erlaubt. Die Anthropologen sprechen damit die spezifische „double awareness" beim Gehen an, mit der zum einen über die Außengerichtetheit die Umwelt bewusst sensorisch erfahren wird und es zum anderen – wie gerade die Wahrnehmung in transitorischen Räumen sichtbar macht – zu einem stärkeren Bewusstsein für innere Vorgänge des Denkens und des Selbstbezugs kommt.

Transitorische Räume stellen dabei jedoch nicht nur Treppenhäuser, sondern auch andere Räume dar, die für die Reorientierung oder für das Rasten genützt werden können.[6] Unter meinen Fallbeispielen steht die KUB Arena, die Erdgeschosszone des Kunsthaus Bregenz, paradigmatisch für einen solchen Raum. Laut dem Einführungstext kann diese Zone in ihrer Widmung als Programmschiene „zwischen Architektur, Werk, Ausstellung, Diskurs und Vermittlung" vieles sein, gleichzeitig wird sie unabhängig von ihrer inhaltlichen Bespielung einfach auch für andere Funktionen wie das Ankommen im Haus, das Ablegen der Garderobe, das Bezahlen und die erste Orientierung genützt. Dieser räumliche Zustand des Dazwischen mag vielleicht für eine fokussierte Kunstrezeption hinderlich sein, wie ich im nächsten Abschnitt „Stehen bleiben" noch besprechen werde. Hinsichtlich der Möglichkeit, an einem Ort anzukommen und den Ausstellungsbesuch vor- oder nachzubesprechen, präsentieren sich solche undefinierten Orte für Besucher_innen zumeist als positiv für deren Ausstellungserfahrung.

Für die Gestaltung der Ausstellung ergibt sich somit die Herausforderung, den Besucher_innen Angriffspunkte für eine auch in räumlicher Hinsicht stimulierende Museumserfahrung zu bieten, welche zum einen die Möglichkeit für die eigene Verortung und zum anderen Momente der Rast zur Verarbeitung der Eindrücke eröffnet. Hier zeigt sich das Prinzip der Variation von Relevanz, wenn sich unterschiedliche Kunstpräsentationsmodi, Raumabfolgen oder auch Räume mit und ohne Kunst in der Ausstellung abwechseln und sich so auch positiv auf das Aufrechterhalten der kontinuierlich sinkenden Aufmerksamkeit auswirken. In Referenz auf Kevin Lynch und sein Buch „The image oft the city" (1960) (dt. „Das Bild der Stadt", 1968) ließe sich statt Variation auch Kontrast zum Prinzip erheben. In einer Pionierleistung kognitiver Stadtforschung stellt Lynch darin fest, dass die Vorstellbarkeit einer Stadt in großem Ausmaß

---

**6** | Bei der documenta 12 wurden hierzu sogenannte „Palmenhaine" in die Ausstellung integriert. In markierten Bereichen konnten Besucher_innen auf restaurierten chinesischen Holzstühlen der Quing-Dynastie, die Ai Weiwei im Rahmen seines Projekts „Fairy Tale" aus China importiert hatte, Ruhepausen einlegen und sich dort auch unterhalten. Die von den Kurator_innen gewählte Bezeichnung „Palmenhain" referiert dabei auf das Bild einer Unterrichtssituation in einer indischen Universitätsstadt, bei der Lehrende und Lernende sich unter einem großen Baum versammelten (Mörsch et al. 2009: 367).

von ihrer Lesbarkeit abhängt: Je kontrastreicher eine Stadt oder eben eine Ausstellung gestaltet ist, desto leichter fällt die Orientierung.

## 4.2 Stehen bleiben

Genauso wie das Gehen ist auch das Stehenbleiben typisch für die körperliche Erfahrung der Ausstellung. Erst aus ihrem Wechselspiel lässt sich derjenige Bewegungsmodus beschreiben, der sich für die Ausstellungserfahrung als charakteristisch zeigt. Im Folgenden wende ich mich nun ergänzend zu den Gehformen der Besucher_innen ihren Haltestellen zu und versuche, über sie typische Handlungsmuster im Ausstellungsraum zu verorten. Doch was motiviert Besucher_innen überhaupt, den Fluss des Gehens zu unterbrechen? An welchen Orten, in welchen Momenten tendieren sie dazu innezuhalten?

Die Bedingtheit von Raum und Handeln wird wieder virulent, wenn die räumliche Gestaltung des Hauses die Handlungsmöglichkeiten der Besucher_innen vorstrukturiert und damit mögliche Haltestellen sich an- oder auch verbieten. Mit Georg Simmels Überlegungen zur Segmentierung des Raumes für praktische Zwecke eröffnet sich ein erster Anknüpfungspunkt. So führt Simmel (1995/1903a: 138) in seiner Raumsoziologie an, dass „sich der Raum für unsere praktische Ausnutzung in Stücke zerlegt, die als Einheiten gelten und – als Ursache wie als Wirkung hiervon – von Grenzen eingerahmt sind". Über das „Ergehen" der Ausstellung erfahren Besucher_innen Grenzen und machen körperlich gewisse Zonierungen aus. So markiert die Eingangssituation die Schwelle zum Kunstraum, wenn hier bei der Kassa mit der Eintrittskarte erst die Legitimation für den Ausstellungsbesuch erworben wird. Simmel bemüht bei diesen Grenzziehungen und Zonierungen auch den Vergleich mit dem Rahmen, „der für die soziale Gruppe" eine „sehr ähnliche Bedeutung wie für ein Kunstwerk" hat, nämlich eine Zone nach innen und nach außen abzuschließen und zu markieren (ebd.). Besonders charakteristische Momente für das Stehenbleiben finden sich im Sinne dieser Zonen am Beginn der Ausstellung, daran anknüpfend in weiteren Bereichen der Schwellenerfahrung, in der Positionierung zur Kunst sowie in Referenz zu infrastrukturellen Angeboten wie beispielsweise Schildern und Sitzgelegenheiten.

## Am Beginn

Der Ausstellungsbesuch strukturiert sich zu Beginn über den Übergang vom Außenraum zum Innenraum. In der klassischen Museumsarchitektur ist es eine großzügige Portalzone in Verbindung mit einer Treppenanlage, welche die Besucher_innen in dieser Phase des Übergangs empfängt und sie zum Inneren der Kunst leitet.[7] Für die Besucher_innen stellt der Beginn der Ausstellung den Moment dar, an dem sie sich bewusst in sie hineinbegeben und sich erstmals an diesem neuen Ort orientieren müssen. Gerade hier kommen Besucher_innen zum erstem Mal zum Stehen oder auch zum Stocken: Wo ist der Eingang? Wo ist die Kassa? Wo fängt es an? Sofern es sich nicht um eine vertraute Situation oder klare räumliche Gegebenheiten handelt, wird deutlich, dass hier Momente der Unsicherheit für einen Ausstellungsbesuch typisch sind und buchstäblich die oft zitierte „Schwellenangst“ zum Tragen kommt. Wie aus den Beschreibungen der Besucher_innen und der teilnehmenden Beobachtung erkennbar ist, betrifft die Unsicherheit vor allem Probleme der räumlichen Orientierung und der inhaltlichen Zuordnung:

> „Ja ich wusste nicht so genau, wann überhaupt die Ausstellung oder so anfängt und ich dachte, die fängt schon da vorne an oder man weiß ja immer nicht so richtig, ob das Kunst ist oder […] nicht (schmunzelt). Und das war ein bisschen verwirrend, da reinzugehen.“ (P27: 10)

Wie das Zitat dieser jungen Berlin-Biennale-Besucherin zeigt, überraschen diese aufkommenden Momente der Unsicherheit aber nicht, sondern werden von der zeitgenössischen Kunst nahezu erwartet. Oft arbeiten Künstler_innen bewusst mit diesen Irritationsmomenten wie beispielsweise die Intervention Petrit Halilajs am Ausstellungsort KW Institute for Contemporary Art bei der 6. Berlin Biennale. Über die Verlegung des Eingangs vom Erdgeschoss in den Keller führte der Zugang nun über eine Art „Hintereingang“ in die „wirklichen“ Ausstellungsräu-

---

**7** | Die zentralen Elemente des Museumsbaus Portal, Treppe und Zentralraum lassen sich laut Beat Wyss (2002: 130f.) in ihrer Metaphorik mit „Allgemeinheit“, „Erhebung“ und „Weihe“ als „rhetorische Anweisungen an den Besucher übertragen“ und bestimmen so in baulicher Hinsicht das öffentliche Ritual des Ausstellungsbesuches.

me, was teils große Unsicherheiten bei den Besucher_innen hervorrief. Erst durch die Hilfestellung durch die Aufsichten und das Schild mit dem Hinweis auf Petrit Halilajs Anliegen, die Ausstellung auf diesem Weg zu betreten, wurden die Besucher_innen beruhigt und sprichwörtlich wieder auf den „richtigen" Weg gebracht. An diesem Beispiel wird klar, dass Besucher_innen sobald sie nicht nach ihrem museumsgeschulten Prozedere vorgehen können, aus ihrer gewohnten Routine gebracht sind. In Momenten der Irritation erhöht sich notwendigerweise die Aufmerksamkeit, wenn eingeübte Praktiken Gültigkeit verlieren und für die neue Situation Handlungsalternativen gefunden werden müssen. Erst durch kreatives Handeln können Akteure und Akteurinnen das Unberechenbare im Handlungsverlauf bewältigen und so die soziale Ordnung (wieder) herstellen (Schubert 2009). Aus museologischer Sicht kann es sogar ratsam sein, bewusst solche Situationen herbeizuführen, da sich gerade im Umgang mit neuen Situationen eine tiefer gehende „epistemische Neugier" entwickeln kann (Paatsch 1998: 166ff.).

Indem Petrit Halilaj die Besucher_innen über einen Hintereingang in die Ausstellung führt, kommt an dieser Stelle noch ein weiterer ortsspezifischer Bruch zum Tragen. Anstatt auf ihrer eigentlichen Bühne, dem Ausstellungsraum, finden sich Besucher_innen in Zugangstrakten und Vorräumen, sozusagen auf der Hinterbühne der Ausstellung, wieder. In diesem Fall demonstriert der Ort auch noch die artfremde Vornutzung des Gebäudes mit der Aufschrift an der Wand: „In unmittelbarer Nähe der Motoren nicht mit dem Schlauch spritzen". Das ortsbestimmte Verhalten, das, wie Goffman (2009/1969: 101) hervorstreicht, sich oft erst durch Zwischenfälle oder Krisen bemerkbar macht, beginnt somit an dieser Stelle zu wanken. Oder anders gesagt, das Wissen, ob die Ausstellung in dieser Zone bereits beginnt oder nicht, ist für die Besucher_innen insofern wichtig, als sich darüber ihr rituelles Verhalten konditioniert. Wie Beobachtungen zeigen wird das Eingangsfoyer anders als die Ausstellungsräume erfahren, weil es von der Betrachtung von Kunst und den damit zusammenhängenden Konventionen „befreit" ist. Forscher_innen von „eMotion – mapping museum experience" fanden in einem Hängungsexperiment etwa heraus, dass Malereien im Foyer unabhängig von ihrer Variation im Vergleich zu den Werken in der Ausstellung kaum beachtet wurden. Die Besucher_innen benötigen gewissermaßen die Bestimmtheit der musealen Umgebungen, um sozial konditionierte Wahrnehmungsmodi der Kunstrezeption abzurufen (Wintzerith/van den Berg/Tröndle 2011: 106f.). Man könnte in Referenz auf Tony Bennett (2010) auch sagen, dass erst in der eindeutigen Ausstellungssituation der bürgerliche Blick seinen Einsatz findet.

## An der Schwelle

Mit „an der Schwelle“ lässt sich nicht nur jener Übergang vom Außen- zum Innenraum, sondern in einer einheitlichen Spezifik all jene Positionierungen klassifizieren, bei denen sich die Besucher_innen auch innerhalb des Ausstellungshauses im Übergang befinden – wie beispielsweise im Eingangsbereich von Ausstellungsräumen, eingebauten Zwischenräumen oder Videokojen. Hier kommt beim Stehenbleiben häufig der schweifende Blick zum Einsatz, der zu einer Sondierung der Gegebenheiten dient. Eine Besucherin erklärt ihr habituelles Verhalten, indem sie erzählt, dass sie zu Beginn eines Raumes immer „über alle Arbeiten“ schweift und dann dort hingeht, „wo es einen irgendwie gleich hinzieht“ (P63: 32).

Eine Position im architektonischen Übergangsbereich legt neben der Orientierung möglicherweise auch ein noch unentschiedenes und abwartendes Verhalten der Besucher_innen nahe. An der Schwelle kommt es zu einer Entscheidungsfindung, ob das Gezeigte überhaupt zur näheren Betrachtung reizt. „Die Frau sieht in die Videokoje von John Smith, geht aber nicht hinein“ (P39: 16), heißt es etwa im Fall einer negativen Schwellenentscheidung. Auch die wiederholt beobachtete Körperhaltung des Lehnens an der Wand im Eingangsbereich von Videokojen versus des Sichniederlassens auf einer Bank spiegelt diese abwartende Position wider, obgleich mit dem Lehnen bereits eine längere Aufenthaltsdauer gewählt wird, um das Gezeigte zumindest ansatzweise zu rezipieren. Das Lehnen stellt sozusagen eine Zwischenposition zwischen dem eher unsicheren und kurzfristigen Stehplatz an der Schwelle und dem eher sicheren und dauerhaften Sitzplatz in der Videokoje dar. Damit symbolisieren sich Besucher_innenentscheidungen und unterschiedliche Vertiefungsgrade bei der Rezeption der Kunst auch über die Körperhaltung und die Wahl der Standorte.

Ein solches Stufenmodell bestätigt auch die Studie „Spending time on art“ (Smith/Smith 2001), welche die Verweilzeiten vor sechs ausgewählten Gemälden im Metropolitan Museum of Art in New York maß. In

Kombination mit Erkenntnissen aus früheren Studien schlussfolgern die Autor_innen, dass sich über die Verweildauer vor den Werken drei Arten des Kunstbetrachtens unterscheiden lassen: Bei der ersten Art handelt es sich um den „10 second look", bei dem Besucher_innen in einer ersten Examinationsphase entscheiden, ob die Arbeit eine längere Betrachtung verdient oder eben auch nicht. Die zweite Gruppe mit einer Betrachtungsdauer von etwa einer halben Minute spiegelt die zeitliche Standardauseinandersetzung mit einem Werk wider, das für die Besucher_innen von Interesse ist.[8] Auch wenn eine halbe Minute kurz wirken mag, scheinen die Besucher_innen bei dieser Dauer bereits das Gefühl zu haben, das Bild im Grunde erfasst zu haben. In der dritten Art geht das Betrachten der Kunstwerke über die reine Erfassung der Bildinformation hinaus, wenn bei etwa 10 Prozent der Beobachtungen Besucher_innen das ausgewählte Bild mit einer Verweildauer von über einer Minute oder auch länger würdigen.

## Zur Kunst stehen

Allgemein lässt sich somit für die Kunstbetrachtung konstatieren, dass das bewusste Stehenbleiben und Verweilen als deutliche Entscheidung der Besucher_innen gewertet werden kann, die damit Indizien für ihre Interessenslage geben.[9] Denn wie meine Beobachtungen zeigen, rezipieren Besucher_innen Kunst bei Weitem nicht nur im Stehen, sondern sehr wohl auch im Vorübergehen. Hier beziehe ich mich auf eine in der Ausstellung oftmals beobachtete Haltung beim Gehen, bei der sich der Unterkörper in Gehrichtung ausrichtet, während der Oberkörper sich leicht

**8** | Bei ihrer Untersuchung beziffern Jeffrey K. und Lisa F. Smith (2001: 231) die durchschnittliche zeitliche Auseinandersetzung mit einem Bild (inklusive Lesen des Labels) mit 27,2 Sekunden, wobei der Medianwert bei 17,0 Sekunden liegt.

**9** | Die Gleichung, dass je länger man ein Kunstwerk ansieht, desto interessierter man daran ist, ist tendenziell richtig, besitzt jedoch keine allgemeine Gültigkeit. Wie Smith und Smith (2001: 235) beispielsweise anmerken, kommen viele Besucher_innen auch mehrmals pro Jahr und „besuchen" einzelne Arbeiten somit auch in einer Art wiederholender Kunstbetrachtung. Weitere Faktoren wie die aktuell verfügbare Zeit oder auch das Vorhandensein von Sitzgelegenheiten determinieren zudem – abseits des Interessefaktors – die Aufenthaltsdauer.

dreht und sich mit dem Kopf der Blick auf die Kunst richtet. „Als sie um die Ecke geht, ist ihr Gesicht noch nach hinten zu den Fotos gewandt, während sie mit den Beinen schon weitergeht" (P33: 16), notiere ich in einem Protokoll. Das Gehen zeigt sich hier somit nicht in Trennung zur Kunstrezeption (als Weg vom Werk A zum Werk B), sondern in Verbindung mit dieser.

Wirklich stehen bleiben Besucher_innen laut meinen Beobachtungen dann, wenn sie etwa ein Kunstwerk näher betrachten und seine Fertigung studieren oder wenn es sich um ein Video handelt. Anziehend zum Hingehen und eventuell zum Verweilen sind zudem Dinge, die sich in der Nähe und sogleich im Blickfeld befinden: „Dadurch, dass gleich zu Beginn des Raumes schon die Objekte gestanden sind, haben die mich auch gleich angezogen" (P32: 28). Eine andere Anziehungskraft kann zudem ein besonderes Display entfalten: „Also, ich habe sofort eigentlich auf die Sockel [...] geschaut, weil das sofort ins Auge sticht, dass jeder unterschiedlich ist" (P87: 24). Die Größe und Spezifik des Objekts, seine Sichtbarkeit sowie sich bewegende Elemente erhöhen, wie auch andere Besucher_innenforschungen bestätigen, somit deutlich die Anziehungskraft („attracting power") wie ebenso die Verweildauer („holding power") (Waidacher 1996: 438f.).[10]

Haben die Besucher_innen sich schlussendlich entschieden, stehen zu bleiben, lässt sich feststellen, dass sie grundsätzlich versuchen, die „richtige" Betrachtungsposition im Raum zu finden, welche sich vor allem über die „richtige" Distanz zum Kunstwerk und zu anderen Besucher_innen bestimmt. Dies kann etwa eine gute Aussichtsposition sein, um von dort die Kunst im Überblick und andere Besucher_innen aus der Weite zu betrachten oder aber genauso eine Position in unmittelbarer Distanz zum Kunstwerks und zu (bekannten) Besucher_innen: „Ein Mann und eine Frau positionieren sich in der Mitte der Wand B, um die Objekte anzusehen. Sie lehnt sich dabei an die Wand, er hockelt sich vor der Wand hin" (P33: 16). Die „richtige" Position zur Kunst korrespondiert somit mit der Art und insbesondere Größe der ausgestellten Kunstwerke sowie auch mit dem Verhältnis zu anderen Besucher_innen.

---

**10** | Bei „attracting power" und „holding power" handelt es neben „learning power" um Maßeinheiten, die Harry Shettel 1968 einführte, um den Lernerfolg von Ausstellungen zu messen (Kirchberg 2010: 173).

## Spezialfall Video

Einen Spezialfall bei der Positionierung zur Kunst stellen Videos dar. Sie gelten bei den Besucher_innen übergreifend als besonders visuell anziehend, kurz gefasst: „Naja, wenn man reingeht, der Blickpunkt sind natürlich die bewegten Bilder [...]. Weil sich da was bewegt, weil sich da was tut" (P92: 18). Videos ziehen Besucher_innen jedoch nicht nur visuell an, sondern bringen sie – zumindest für eine bestimmte Zeit – zum Verweilen. Hier kommt die zeitliche Spezifik des Mediums zum Tragen, denn anders als etwa Malerei, Fotografie oder Installation gibt das Medium Video mit seiner Dauer (sofern es sich um ein Video mit genauem Beginn und Ende handelt) eine gewisse Rezeptionszeit als Referenz an. Zumeist wird die Dauer des Videos als Betrachtungszeit nicht eingehalten, dennoch bedingt sie eine gewisse Aufenthaltsdauer an einem Ort. Genau an diesem Punkt, das heißt in der Kombination von Anziehung und Anforderung gründet meiner Ansicht nach das ambivalente Verhältnis von Besucher_innen zu Videos in Ausstellungen. Häufig kommt dieses Medium bei den explizit erwähnten und gelobten Kunstwerken vor, gleichzeitig sorgen Videos aber für einen immer wiederkehrenden Kritikpunkt bei den Besucher_innen: Kritisiert werden Videos zum einen wegen ihrer zu wenig „kunsthaften" Formalisierung, denn wie ein Besucher meint: „Botschaften kann man auch auf ein Flugblatt drucken, [...] also ich hätte mehr ästhetische Kriterien" (P28: 50). Zum anderen ernten Videos die meiste Kritik vor allem aufgrund ihres zeitlichen Anspruches:

> „Und was mir eben nicht so gut gefallen hat, [ist], dass es mir zu videolastig ist. Mal abgesehen von der Gestaltung, kostet einen das auch wahnsinnig viel Zeit. Wenn man das ernsthaft machen will, dann muss man sich nämlich vor jedes Video setzen, sich das von vorne bis hinten angucken. Das finde ich so, wenn so zwei, drei in einer Ausstellung sind, gut, wenn es so [ist wie hier], weiß ja nicht wie viele das waren, zehn, fünfzehn, dann nervt es mich." (P29: 26)

Das heißt, bei Videos mit ihrer zumeist klar definierten Länge wird Besucher_innen am eindeutigsten bewusst, dass sie – sofern sie nur kurz draufschauen – die Arbeiten nur bruchstückhaft konsumiert haben. Andere Medien können zwar angesichts ihrer Fülle oder Größe ebenso das Gefühl vermitteln, das Werk nicht wirklich erfasst zu haben. Im Gegensatz zum Video gibt es jedoch keine Zahl oder sonstige Definition, die festlegt, wie eine vollständige Betrachtung aussieht. Momente der Überforderung und teils auch Frustration folgen aus dem Faktum des definierten, aber nicht eingehaltenen Zeitanspruchs. Insbesondere in der Akkumulation von mehreren Videos verstärkt sich dieser Effekt bei den Besucher_innen. So kann der von Stella Rollig gewählte Aufsatztitel „Video als Zumutung“ (2003) nur als treffsicher beschrieben werden, den sie in Antizipation dieser Besucher_innenreaktionen auf die von ihr kuratierte Ausstellung „<hers>. Video als weibliches Terrain“ im Rahmen des steirischen herbstes im Jahr 2000 wählte. „Videokunst ist anstrengend. Sie verlangt nicht nur Zeit, sie braucht auch Investition an Denken. Auch deshalb, weil sie nicht immer klar als Kunst erkennbar ist“, resümiert Rollig (ebd. 16) die Problematik aus ihrer Sicht. Indem das Video mitunter nicht den konventionellen Vorstellungen eines „ästhetischen“ Kunstwerks entspricht und Besucher_innen herausfordert, länger als den eigenen Wünschen und ihrer Aufmerksamkeitsspanne entsprechend zu verweilen, beschneidet das Video die Selbstbestimmtheit der Besucher_innen. „[D]ie bewegten Bilder beginnen“, schreibt Boris Groys (2001: 6), „dem Betrachter die Zeit ihrer Betrachtung zu diktieren – und berauben ihn seiner gewohnten Autonomie“.

Das Medium Video versinnbildlicht so die Ambivalenz der Ausstellung in ihrem Bewegungsmodus zwischen Gehen und Stehen. Denn Besucher_innen wollen, so meine weiterführende These, nicht nur die Dauer ihres Stehenbleibens selbst bestimmen, sondern im Rahmen ihres Ausstellungsbesuches prinzipiell im Fluss bleiben. In dieser Lesart stellen Aufbrüche, die nach meinen Beobachtungen verstärkt bei starken Schnitten oder Szenenwechseln (oder ebenso wenn sich lange nichts tut) folgen, einen Moment der „Erlösung“ von der Videorezeption dar. Der Aufbruch wird in Übereinstimmung mit der inhaltlichen Logik des Werks „gerechtfertigt“, die Rezeption kann wieder im Fluss fortgesetzt werden. Im Grunde lässt sich mit Boris Groys (2001: 7ff.) schlussfolgern, dass hierbei die Kontrolle über die Zeit wiedergewonnen wird, da sich eine Autonomie entweder über den gehenden Betrachter und das immobile Bild oder über die Immobilisierung des Betrachters im Kinostuhl in der Rezeption des bewegten Bildes erreichen lässt. So stellt das bewusste Sichniederlassen wiederum eine Alternative dar, einen anderen Rezeptionsmodus wie im Kino oder im Wohnzimmer herzustellen.[11] In dieser Hinsicht sind auch die Bemühungen Stella Rolligs (2003: 12ff.) zu sehen, über eine bewusste Ausstellungsgestaltung (von Christoph Loidl und Cornelius Pfeffer) aus aufblasbaren, halbtransparenten Wandelementen und mit dem Einsatz großer Kissen zum Liegen oder Sitzen eigene Zonen zu schaffen, um die Strapazen der Dauer und der geforderten Konzentration abzufedern.

## Das Gezeigte erfassen versuchen

Als ein grundsätzliches Kriterium eines Museumsbesuches gilt somit vonseiten der Besucher_innen die Rezipierbarkeit, welche eben nicht nur von den Inhalten der Arbeiten, sondern auch von deren Präsentation abhängig ist. Die Rezipierbarkeit kann zu Zufriedenheit oder bei Überforderung durch das vorhandene Material und dessen Präsentation auch zu Unzufriedenheit führen. Dass Besucher_innen jedoch hinsichtlich einer möglichst vollständigen Rezeption nicht nur Kritik anbringen, sondern alternativ ihre eigenen Strategien im Ausstellungsbesuch entwickeln, verdeutlicht das Zitat einer Besucherin im Salzburger Kunstverein. Sie wendet im Grunde das „Survey-Question-Read"-Prinzip[12] auf die Ausstellung an, um sich einen Überblick über den Inhalt des Ausgestellten zu verschaffen:

„Also, ich hab durch die Glastür geschaut, bin eingetreten und hab mir kurz einmal einen Überblick verschafft, weil ins Auge stechen sofort einmal die beiden Videos [...]. Und ich habe mir dann der Reihe nach die Kataloge und Bücher angeschaut, teilweise durchgelesen oder hauptsächlich die Bilder betrachtet und

**11** | Das im September 2011 neu eingerichtete Kino im mumok und das seit Mai 2012 bespielte Blickle Kino im 21er Haus in Wien verdeutlichen die Tendenz, die musealen Rezeptionsbedingungen für Videos über die Immobilisierung der Betrachter_innen auf bequemen Stühlen und mit guter Sicht zu verbessern.

**12** | Survey-Question-Read oder kurz SQR wird beispielsweise genutzt, um rasch einen Eindruck vom Inhalt eines Buchs zu bekommen. Während im ersten Schritt versucht wird, sich einen allgemeinen Überblick zu verschaffen (Survey), werden im zweiten Schritt Fragen an das Buch gestellt (Question) und im dritten Schritt Einzelteile quergelesen (Read).

zwischendurch immer wieder auf die Videos geschaut. Also das linke eigentlich bis zum Ende und beim rechten immer wieder einfach einen Blick darauf geworfen." (P87: 10)

Nach dem Versuch, sich einen Überblick zu verschaffen, wird ersichtlich, dass Besucher_innen in ihrer Betrachtung sequenziellen Abläufen folgen. Das heißt, oft führen sich Besucher_innen eine Arbeit nach der anderen zu Gemüte und verbalisieren dies beispielsweise so: „Dann wieder weiter zum Nächsten." (P22: 19) So fällt auf, dass die Aussagen der Besucher_innen sich ein wenig wie Arbeit anhören beziehungsweise – positiver formuliert – versuchen die Besucher_innen, das Gezeigte möglichst umfassend aufzunehmen und in Folge auch zu verstehen.

## Vor der Kunst oder In Distanz zu ihr sitzen

Mit Schildern und Saaltexten sind für Besucher_innen weitere Orte gegeben, an denen es sich (insbesondere wenn es größere Mengen an Text zu lesen gibt) zu verweilen lohnt. Gibt es jedoch textliches Material, das nicht fest im Ausstellungsraum lokalisiert ist, und ein Angebot an Sitzgelegenheiten, findet das Lesen verstärkt auch im Sitzen statt. Das Sichhinsetzen stellt im Ausstellungsraum neben dem Stehenbleiben und Lehnen eine weitere Form des Innehaltens und des Sichniederlassens an einem Ort dar, als Handlung ist es jedoch von der angebotenen Infrastruktur an Sitzgelegenheiten abhängig. Der Wunsch sich niederzulassen übersteigt teilweise das vorhandene Angebot, was sich etwa daran zeigt, dass sich Besucher_innen auch auf den Fußboden oder das Fensterbrett setzen. Dies kann sogar so weit führen, dass auch Kunstwerke wie beispielsweise Marcus Geigers Teppich mit der Aufschrift „Kommune" von Besucher_innen als Sitzgelegenheit genützt werden (P55: 12). Diese Bodenarbeit steht damit paradigmatisch für die Uneindeutigkeit von „Berühren oder nicht berühren", „Nutzen oder nicht nutzen" in der zeitgenössischen Kunst, die eine solche Handlung als adäquate oder eben inadäquate Aneignung qualifiziert.

Über die Nähe zur Kunst lassen sich nach meinen Beobachtungen zwei Modi des Sitzens unterscheiden. Zum einen sitzen Besucher_innen für gewöhnlich vor der Kunst und zum anderen in Distanz zu ihr. Dies geschieht etwa im Eingangsbereich, wo die Besucher_innen auf andere warten beziehungsweise ihren Ausstellungsbesuch vor- oder nachbesprechen. Vor die Kunst werden die Sitzgelegenheiten häufig bei Videos gestellt, um eine Rezeption für die Dauer des Kunstwerks zu ermöglichen. An anderer Stelle werden die Sitzgelegenheiten genutzt, um sich die Arbeiten von der Weite anzusehen beziehungsweise um das Informationsmaterial zu lesen und sich zu unterhalten. Im Fall des Kunsthaus Bregenz befinden sich in der Ausstellung von Roni Horn die Sitzgelegenheiten in jenen Stockwerken, in denen die Kunstwerke an der Wand hängen und nicht mit den Skulpturen im Raum als räumliche Objekte konkurrieren. Die Objekthaftigkeit der Sitzgelegenheiten ist es demnach auch, die ihrer Nutzung im Ausstellungsraum entgegenspricht. Insbesondere Sitzgelegenheiten, die nicht von Beginn an eingeplant sind, mögen einen (ästhetischen) Störfaktor darstellen, wenngleich diese, wie die Museumspraxis weiß, eine der einfachsten Möglichkeiten darstellen, die Aufenthaltsdauer der Besucher_innen zu erhöhen.

## „Gute“ Besucher_innen sein wollen

Aus den oben ausgeführten Darstellungen zu den Besucher_innen und ihren Haltestellen im Laufe ihres Ausstellungsbesuches wird sowohl eine räumliche als auch eine zeitliche Zonierung der Ausstellung deutlich. Besucher_innen verweilen nicht nur an ausgewählten Stellen, sondern auch zu ausgewählten Zeitpunkten und für eine gewisse Dauer, wenn sie in Schwellenmomenten innehalten, sich kurz an der Wand anlehnen, sich länger hinsetzen oder gleich wieder weitergehen. Dabei korrespondieren die Räumlichkeit und Zeitlichkeit der Ausstellung mehr oder weniger stimmig mit den individuellen Wahrnehmungsdispositionen der Besucher_innen, welche sie in diesem Moment der Ausstellung entgegenbringen können und wollen.

In der beobachteten Gegenüberstellung von Angebot und Nutzung der Ausstellung sowie in der verbalen Erläuterung dieser Relation durch die Besucher_innen selbst offenbart sich eine Besonderheit in der Nutzung der Ausstellung als (Bildungs-)Medium: Unabhängig von ihrem realen Verhalten wollen nahezu alle Besucher_innen, so meine These, „gute“ Besucher_innen sein und der Ausstellung in einer gebildeten Rezeptionsweise entgegentreten. Konkret baut diese Feststellung auf den Beobachtungen auf, dass Besucher_innen sich im Rahmen ihres Ausstellungsbesuches grundsätzlich „richtig“ verhalten und einem dementsprechenden kompetenten Besucher_innen-Idealbild entsprechen möchten. Solche Tendenzen zeigen sich, wenn Besucher_innen sich etwa am „normalen Weg“ orientieren, nach der „richtigen“ und stimmigen Betrachtungsposition suchen, das Gezeigte möglichst vollständig rezipieren und zudem auch verstehen wollen. Indikatoren für die These, dass Besucher_innen grundsätzlich „gute“ Besucher_innen sein wollen, entdeckte ich zu Beginn meiner Untersuchung vorerst in Negativform. Vor allem über das Nachdenken, warum sich Besucher_innen so über die große Anzahl von Videos in Ausstellungen ärgern, wurde mir klar, dass dies einfach dem Wunsch der Besucher_innen widerspricht, sich der Ausstellung kompetent und ernsthaft anzunähern, zu viele Videos aber einfach keine vollständige und verstehende Rezeption zulassen. Selbiges gilt für die vorhin beschriebene Beobachtung beim neu festgelegten Kellereingang von Petrit Halilaj. Sobald Besucher_innen sich nicht mehr am eindeutigen Pfad und im abgesteckten Territorium der Ausstellung befinden und ihr angelerntes ortsspezifisches Verhalten Risse bekommt, werden sie häufig nervös und verunsichert. Gerade die Unsicherheit im Umgang mit neuen Situationen und die Überforderung mit dem Dargebotenen ist es, die ihrem Bedürfnis zuwiderläuft, „gute“ Besucher_innen zu sein.

Dem Wunsch der Besucher_innen, das Gezeigte auf Vollständigkeit und Verstehen hin zu rezipieren, kommt in gestalterischer Hinsicht das Prinzip der Reduktion entgegen. In Bezug auf die Ausstellungsgröße stellt sich beispielsweise das Kunsthaus Bregenz unter meinen Fallbeispielen als Good-Practice-Modell dar, das mit seinen vier übereinandergestapelten Geschossen und einer Fläche von 1800 $m^2$ sich für die Besucher_innen zumeist als gut rezipierbar erweist. „Kleine Häuser sind schön“, meint dazu auch Peter Zumthor, auf die positive Resonanz zur Größe angesprochen und erzählt weiter, dass er dies aus der Erfahrung mit dem Kunsthaus Bregenz für sich gelernt hat (P98: 16). Doch nicht nur in Bezug auf die Raumgröße, auch hinsichtlich des Verhältnisses von ausgestellten Kunstwerken und Raum präsentiert sich das Prinzip der Reduktion in den Äußerungen der Besucher_innen durchgehend als Erfolgsmodell. Die Reduktion der Anzahl der Kunstwerke führt für die Besucher_innen zumeist nicht nur zu einer einfacheren Orientierung, sondern auch zu einer einfacheren Rezipierbarkeit, die sich in mehr (möglicher) Aufmerksamkeit für die einzelnen Objekte niederschlägt. So verwundert es auch nicht, dass in der Resonanz auf das Prinzip Reduktion eine Besucherin feststellt: „Mir gefiel schon, dass es nicht so überladen war, also dass es sich [das Ganze] auf wenige Exponate konzentriert hat [...] und dass ich so entspannt bleiben konnte" (P60: 32). Das in der Ausstellung Angebotene korrespondiert so in direkter Weise mit der Aufmerksamkeit für die Inhalte der Ausstellung. Gerade in einem individuell stimmigen Verhältnis verbirgt sich der mögliche Kunstgenuss, wenn Besucher_innen sich dem Gezeigten (im Gegensatz beispielsweise zu Ausstellungen mit einer großen Anzahl von Videos) zumindest in quantitativer Hinsicht gewachsen fühlen.[13]

## 4.3 Die Raumerfahrung thematisieren

Spricht man von der körperlichen Erfahrung der Ausstellung, wird deutlich, wie sehr diese körperliche Erfahrung vom Raum oder konkreter von der vorgefundenen gestalteten Räumlichkeit abhängig ist. Der Körper erfährt sich selbst und gleichzeitig den Raum über das Gehen, über das Stehenbleiben und über seine Positionierung in Relation zu den vorgefundenen Artefakten. „Aufmerksamkeit für den Weg ist immer zugleich Aufmerksamkeit für den Raum, der durch die Gestaltung in seiner orientierenden, informierenden und auch affektiven Wirkung akzentuiert werden kann", schreibt Gottfried Korff (2005: 102). So verwundert es auch nicht, dass der Raum immer wieder thematisiert wurde, als es in der Besucher_innenbefragung darum ging, den Ausstellungsbesuch aus Sicht der Besucher_innen über den Weg nachvollziehbar zu machen. Dabei fällt auf, dass der Raum in den Erzählungen nicht nur eine zentrale Rolle spielt, sondern zudem durchwegs positiv konnotiert ist. Besonders deutlich wird dies bei der Frage nach Lob und Kritik zur Ausstellung, bei der eine Systematisierung der Antworten ergab, dass es vor allem raumrelevante Aspekte wie Architektur oder Kunstwerk-Raum-Interaktion sind, die Besucher_innen positiv hervorheben. Der Raum als allgemeines Thema

**13** | Als Gegenbeispiel lässt sich etwa die documenta 13 anführen, welche mit einem ausufernden und über die ganze Stadt und ihre Grünzonen verteilten Kunstangebot die Möglichkeit, das Gezeigte vollständig zu rezipieren, ad absurdum führte. Vielleicht war aber gerade das Wissen um die Nichtrezipierbarkeit weniger ein Anlass zur Frustration denn ein Impuls zur individuellen räumlichen Entdeckung der Ausstellung.

und der Raum in der Erfahrung über die eigene Körperlichkeit sind demzufolge jene Aspekte, die ich im nächsten Abschnitt in den Mittelpunkt stellen möchte.

## Raum im Fokus der Wahrnehmung

In der Analyse der Besucher_innenbefragung wird zunächst deutlich, dass der nahezu universale Topos des Raumes auf unterschiedlichen semiotischen Ebenen verbalisiert wird: Raum wird als gebaute Umwelt und bewusst gestaltete Architektur wahrgenommen, dann als gegebene Spezifik des Ortes identifiziert und schließlich in Verschränkung mit dem Kunstwerk gelesen. Betrachtet man die räumlichen Setzungen der Ausstellungsmacher_innen wird deutlich, dass die Raumwahrnehmung der Besucher_innen mit den Intentionen der Ausstellungsmacher_innen zumeist eng verschränkt ist beziehungsweise ihre Wahrnehmung einem (teils auch medial) vermittelten Raumstimmungsbild folgt. Im Rahmen meiner Fallbeispiele, die hier paradigmatisch für drei spezifische Formen von Ausstellungsräumen stehen, fällt auf, dass das Kunsthaus Bregenz als viel diskutierter und auch medial präsenter Museumsneubau der späten 1990er-Jahre unter den Besucher_innen vor allem hinsichtlich seiner architektonischen Qualitäten diskutiert wird. Bei der 6. Berlin Biennale mit ihren Ausstellungsorten nach dem Modell der Zwischen- und Nachnutzung wird die Eigenlogik der übernommenen Bauten zum Gesprächsstoff, wohingegen der historische Bau des Salzburger Künstlerhauses mit seinem schlichten Ausstellungsraum im Sinne eines White Cube wiederum zu keiner verbalen Auseinandersetzung mit dem Raum veranlasst.

Wenn, wie nun im Fall des Kunsthaus Bregenz, die Architektur bei der Besucher_innenbefragung fokussiert thematisiert wird, markiert dies die Tatsache, dass neben der Kunst auch die Architektur mit der Aufmerksamkeit der Ausstellungsbesucher_innen bedacht wird. Die Architektur wird dabei häufig als besonderer Rahmen für die Kunstwerke gesehen, dessen materielle Konditionen wie etwa die Abfolge der Räume, die Lichtsituation oder die eingesetzte Materialität die Kunstpräsentation prägen. Beim Kunsthaus Bregenz stellen sich hier besonders die Sichtbetonwände als markante Charakteristik dar. Eine Besucherin erzählt: „[W]as ich speziell finde, ist, dass die Wände [aus] Sichtbeton [sind], weil sonst ist in solchen Kunsthäusern immer alles möglichst weiß, möglichst neutral, damit jedes Kunstwerk irgendwie zur Geltung kommt. Und das finde ich hier speziell, aber [...] auch sehr passend" (P35: 34). Eine andere Sichtweise von Besucher_innen liegt darin, die Architektur des Gebäudes nicht unbedingt in Zusammenhang mit der Kunst, sondern als attraktiven Zusatzbonus zur Ausstellung zu sehen: „Was mich beeindruckt hat außer der Ausstellung ist die Architektur des Hauses. Dass ich mir nicht vorstellen konnte, dass ein Haus [...] mit so viel Beton [...] so eine warme und ruhige Ausstrahlung hat" (P21: 16).

Im Gegensatz zum Fokus Architektur steht beim Fokus auf die Räumlichkeit nicht die Baukunst, sondern der spezifische Ort und seine räumlichen Qualitäten im Vordergrund; ein Faktum, das vornehmlich bei den Gebäuden der 6. Berlin Biennale zum Tragen kommt. Als positiv wird von den Besucher_innen vor allem die Wahl der Ausstellungsorte bewertet, die alle Kurator_innen der Berlin Biennale jedes Mal aufs Neue treffen müssen. Gerade das Haus am Oranienplatz mag viele aufgrund seiner Atmosphäre als ehemaliges Warenhaus und der guten Eignung zur Präsentation von Kunst begeistern. „Zum einen die Wahl des Hauses, das ist großartig, ja" (P28: 44), meint ein Besucher und eine andere Besucherin befindet: „[D]ie Räumlichkeiten [sind] supergut dafür, wunderbar ausgesucht. Ich fand, die Raumverteilung eigentlich auch" (P29: 26). Das meiste Lob bekommt aber nicht die Kuratorin für ihre Wahl, sondern die Räume selbst, wenn sie etwa als „fantastisch" (P28: 44), „estúpendo" (P65: 43) oder „quite beautiful" (P30: 40) bezeichnet werden. Eine leichte Kritik findet sich wiederum in der Bewertung der Räumlichkeiten als „eigentlich schön [...], fast zu schön" (P56: 22), welche die stattfindende Fokusverschiebung weg von den einzelnen Kunstwerken hin zu den gestalteten Räumlichkeiten und deren Gesamteindruck reflektiert.

## Wenn Kunstwerke und Raum sich verschränken und Blicke lenken

Da die vorhandenen Raumqualitäten und ihre gestalterische Betonung dazu führen, dass der Raum verstärkt wahrgenommen wird, überrascht es nicht weiter, dass Kunstwerke, die in einem deutlichen Zusammenhang mit dem Ausstellungsraum stehen, verstärkt im Gedächtnis der Besucher_innen hängen bleiben. Wenn es um das Zusammenspiel von Kunstwerk und Raum beziehungsweise von Ausstellung und Raum geht, wird dies zumeist als positiv bewertet, da die Kombination des Ausgestellten mit dem Gebäude einen Mehrwert ergibt: „Man merkt, dass es komponiert ist für hier, das finde ich schon beeindruckend" (P16: 58). In der Besucher_innenbefragung finden sich des Weiteren auch Aussagen, die das Kunstwerk in einem harmonischen Zusammenspiel mit dem Ausstellungsort gewissermaßen als höheres Ganzes sehen. Als Beispiel par excellence zeigt sich die Arbeit „Well and Truly" von Roni Horn, die im letzten Stockwerk des Kunsthaus Bregenz positioniert war. Bestehend aus zehn Glasskulpturen, die in ähnlichen Farbschattierungen wie die Glasdecke auch auf den unterschiedlichen Tageslichteinfall reagierten, löste diese Arbeit sehr oft die Reaktion „Wow, das passt ja wirklich genau!" (P4: 11) bei den Besucher_innen aus. Winfried Nußbaummüller vergleicht dieses Zusammenspiel der Arbeit mit dem Raum in dieser atmosphärischen dichten Weise sogar mit einer Hochzeit und gibt nur zu bedenken, dass „es die Grenzen des Werks verwischt" (P18: 247). Der hier geäußerte Autonomieanspruch des Werks findet sich jedoch bei den Besucher_innen nicht wieder, die stattdessen gerade die Verschränkung des Werks mit dem Raum als Attraktivitätsmerkmal sehen und die Arbeit nicht nur am häufigsten nennen, sondern auch am positivsten bewerten.

Durch die Verschränkung von Kunstwerken mit dem Ausstellungsort verändert sich nicht nur die räumliche Wahrnehmung der Kunstwerke, sondern auch die des Raumes. Durch den Ortsbezug des Werks wird der Blick auch bewusst auf den Ort selbst gerichtet. Ein Beispiel hierfür ist Adrian Lohmüllers Installation „Das Haus bleibt still" bei der 6. Berlin Biennale, die sich im Ausstellungshaus am Oranienplatz über den Liftschacht und vier Stockwerke ausbreitet. Durch die bewusste räumliche Anordnung von Wasserbehältern und Leitungen im gesamten Haus lenkt Lohmüller jedoch nicht nur Blicke auf Wände und Decken, sondern erhofft sich dadurch, dass „der Betrachter eine Idee vom Gebäude kriegt" (P54: 64). Wie sehr Adrian Lohmüllers Intention von den Besucher_innen räumlich anerkannt wird, zeigen Beobachtungen von Besucher_innen, welche die Installation im ganzen Haus nachverfolgen. Eine Besucherin begründet den starken Eindruck für sich, „weil [die Arbeit] wie gesagt die Räumlichkeiten verbindet und [...] dem Haus insgesamt in Anführungszeichen Sinn gibt" (P28: 42). Oder wie Juliane Rebentisch (2003: 254) dieses beidseitig dynamische Verhältnis mit Verweis auf Heidegger formuliert: Die Gegend wird „nicht nur [mit] Plastik ‚eingeräumt', sondern umgekehrt auch für die Plastik ästhetisch signifikant", wenn sie „zum

Teil des Werkes, zum ästhetischen Material" wird. Diese Verknüpfung von Kunstwerk und Raum kann jedoch bei besonderer Betonung durch die Institution im Sinne eines Verkaufsarguments auch Misstrauen erwecken. So stellt eine Besucherin etwa für sich fest: „Ich mein, die Frage ist, welche Ausstellung bezieht sich nicht auf den Raum. Also das muss ja eine ganz schlechte Ausstellung sein, wo sich der Künstler nicht mit den Räumen auseinandersetzt" (P38: 30).

## Körperlichkeit Kunstbetrachtung

Mit einer verstärkten Raumthematisierung geht in der Ausstellungserfahrung zumeist auch eine verstärkt körperliche Annäherung an die Kunstwerke einher. Architektur, die in ihrer Präsenz erfahren werden will, Räume, die sich in ihrer Eigenlogik bemerkbar machen, und Kunstwerke, die Raum und Rezeption verschränken, finden ihre Resonanz in einer zunehmend körperlich bewussten Kunsterfahrung. „Mein Leib ist da, wo er etwas zu tun hat", meinte schon Maurice Merleau-Ponty (1974: 291) in seiner Phänomenologie der Wahrnehmung. Da, wo dem Körper Raum und Anhaltspunkt gegeben wird, kann er handeln.

Körperlich sichtbare Handlungen der Kunstrezeption können etwa minimale Kopfbewegungen beim Betrachten von Bildern, eindeutige Annäherungen an Skulpturen wie zum Beispiel durch Hinunterbücken oder gar nur körperliche Wunschhandlungen sein, die sich im Kopf abspielen. So äußert eine Besucherin etwa in Reaktion auf die Arbeit „Die Wohnung ist unverletzlich" von Hans Schabus, dass sie bei diesen „gebrauchten Teppiche[n] auf dem Boden [...] eigentlich Lust hatte, [s]ich hinzulegen (lacht)" (P56: 18). Der Tastsinn wird wiederum insbesondere durch Oberflächenqualitäten hervorgerufen. Sie evozieren den Wunsch, die Kunstwerke anzufassen, auch wenn dies im Ausstellungsraum grundsätzlich nicht erlaubt ist: „Und dann natürlich faszinierend ist das Glas. Das lockt [...] zum Anfassen" (P21: 36). Das Berühren der Objekte entspricht damit dem impliziten Wunsch der Besucher_innen nach einer ganzheitlichen und multisensorischen Annäherung an das Objekt, welche jedoch aufgrund der Privilegierung des Blicks (und auch aus verständlichen konservatorischen Gründen) im Museumssetting zumeist nicht möglich ist.

Körperliche Erfahrungen werden aber natürlich nicht nur durch Kunstwerke, sondern auch durch die Architektur und die Gestaltung von

Räumen hervorgerufen. Ein extremes Beispiel ist der weiße Raum mit starker Neonbeleuchtung, den Kathrin Rhomberg als kuratorisches Statement in den Kunst-Werken gesetzt hatte. Dieser Raum bleibt bei den Besucher_innen verstärkt in Erinnerung, „because you experience it" (P61: 22). Der Raum zeigt sich hier in seiner Wirkung wahrnehmungssteigernd, wenn räumliche Qualitäten wie Licht, Farbe und Materialität ein bewusstes Spüren und Erleben der Besucher_innen nach sich ziehen und Besucher_innen verstärkt zur körperlichen Auseinandersetzung und Reflexion der eigenen Ausstellungserfahrung einlädt. Mit den verwendeten Mitteln des weißen Raumes werden – auch wenn es sich hierbei um eine kuratorische Intervention handelt – gleichsam die Spezifika der künstlerischen Installation sichtbar.

## Spezialfall Installation

Im Vergleich mit anderen künstlerischen Medien präsentiert sich die Installation in Bezug auf die körperliche Erfahrung der Besucher_innen als Spezialfall. Als erste Besonderheit der Besucher_innenbefragung fällt auf, dass installative Arbeiten trotz unterschiedlicher individueller Präferenzen zu den beliebtesten Kunstgattungen gehören. Installationen werden nicht nur am häufigsten erinnert, sondern sind auch am häufigsten mit positiven Erzählungen verbunden. Die Gründe für eine solche Präferenz liegen meines Erachtens in der Tendenz der Installation begründet, Betrachter_innen verstärkt einzubeziehen und körperlich anzusprechen. Die Einbeziehung der Betrachter_innen ist im Grunde für jede künstlerische Arbeit relevant – das entscheidende Charakteristikum der Installation besteht jedoch darin, dass sie dieses Faktum mit ihren eigenen künstlerischen Mitteln bewusst thematisiert. Bei der Installation tritt „die selbstreflexiv-performative Struktur des ästhetischen Objektbezugs durch ihre jeweilige räumliche Inszenierung in besonders deutlicher Weise" hervor, „weil der Betrachter Beziehungen zum ästhetischen Gegenstand hier auch durch seine körperliche Aktivität herstellt" (Rebentisch 2003: 59). Ersichtlich wird dies aus der reihenweisen Beobachtung von typischen Handlungen wie „über eine Skulptur beugen", „um ein Objekt herumgehen" oder, wie bei der vorhin genannten Installation von Adrian Lohmüller, sie „im ganzen Haus verfolgen". Wie auch bereits zuvor bei den Gehmodi dargelegt, kommen Besucher_innen nahezu nicht umhin, körperlich auf Installationen oder plastische Arbeiten zu reagieren, da diese durch ihre Anwesenheit das gesamte Raumgefüge verändern und die Besucher_innen ihre Wege danach ausrichten.

Die Installation stellt sich so als eine künstlerische Arbeit dar, deren Spezifik nicht ohne eine körperliche Betrachtung zu fassen ist. Oder wie Claire Bishop (2005: 6) schreibt: „Rather than imagining the viewer as a pair of disembodied eyes that survey the work from a distance, installation art presupposes an embodied viewer whose senses of touch, smell and sound are as heightened as their sense of vision." Laut Bishop vermag die Installation in ihrem körperlichen Verhältnis zu den Betrachter_innen dabei auch zwei Tendenzen der Kunstwahrnehmung zu verstärken: die der Aktivierung und die der Dezentrierung. Die Aktivierung steht im Zusammenhang mit der direkten Adressierung der Besucher_innen schon allein durch die Tatsache, dass Installationen wegen ihrer Größe betreten werden können. Die Betrachter_innen können die angebotenen sensorischen Reize unmittelbar erleben und sich als Teil der Installation wahrnehmen. An diesem Punkt steht die Partizipation der Besucher_innen auch in engem Zusammenhang mit ihrer eigenen Performativität. Hier erfahren sich die Besucher_innen, wie Bill Masuch (2006: 126) bemerkt, nicht mit einem interesselosen Wohlgefallen, sondern über ihre körperlichen Handlungen als selbst hervorbringend. Die andere Tendenz, nämlich die Dezentrierung, kann über die Brechung des panoptischen Blicks gelesen werden, wenn Betrachter_innen im Sinne einer poststrukturalistischen Theorie von dezentrierten Subjekten sich auch in Installationen als „intrinsically dislocated and divided" und nicht in der einen „richtigen" Position zum Werk befindlich erfahren (Bishop 2005: 13). Gut nachvollziehbar ist dies beispielsweise beim weißen Raum in den Kunst-Werken, bei dem Besucher_innen, allein um die Raumwahrnehmung für sich nachvollziehbar zu machen, auf- und abschreiten müssen.

Versucht man diesen verstärkten Raum- und Körperbezug von Besucher_innen theoretisch zu verorten, bieten sich meiner Ansicht nach zwei Argumentationslinien an. In einer kunstfeldspezifischen Sichtweise wird erstens deutlich, dass Besucher_innen in ihrer körperlichen Erfahrung der Ausstellung auf die gestiegenen Bemühungen im gestaltenden Umgang mit Raum Bezug nehmen. In den jüngsten Museumsbauten sieht Thierry Greub (2006: 14) etwa eine neue Aufmerksamkeit für die Besucher_innen, da dort der gesamte Mensch in der Architektur in Bewegung erfahren werden soll und versucht wird, „ihn in Form der Einbeziehung und Aktivierung am Baukörper partizipieren zu lassen". Dabei steht der neue Körperbezug der Museumsarchitektur in engem Zusammenhang mit der Entwicklung der zeitgenössischen Kunst seit den 1970er-Jahren und ihren installativen und grenzüberschreitenden Praktiken. Mit der Fokussierung des Zusammenspiels von Raum, Material und Betrachter_innen nähern sich Kunst und Architektur einander an und evozieren durch ihre jeweiligen Mittel eine gesteigerte sinnliche Wahrnehmung. In jüngster Zeit lassen sich zudem an der neu entstandenen Aufmerksamkeit für das Ausstellen als Kulturpraxis des Zeigens auch von kuratorischer Seite ein neues Bewusstsein hinsichtlich der Ausstellungsgestaltung als bedeutungsstiftendes Element und an der gestärkten Autor_innenschaft der Kurator_innen möglicherweise ein neuer Gestaltungswille ablesen.

In einer zweiten Argumentationslinie kann dieses Phänomen auch auf einer gesamtgesellschaftlichen Ebene angesiedelt werden, wenn in der „Erschöpfungsgesellschaft"[14] des 21. Jahrhunderts Sehnsucht nach dem Realen und dem körperlich selbst (er-)fassbaren Ereignis herrscht. „Je kurzlebiger, unübersichtlicher, virtueller die Wirklichkeit erscheint, desto stärker wird das Bedürfnis nach Festkörpern und Realräumen", konstatiert Hanno Rauterberg und verortet das neue Interesse der Bürger_innenbewegungen wie auch das Motto der Architekturbiennale 2010 von Kazuyo Sejima („People Meet in Architecture") im kollektiven Moment der Architektur.[15] Der Wert eines Bauwerks wie auch einer Ausstellung bis hin zu einem Kunstwerk teilt sich demnach über die Erfahrungen mit, die sich in ihm machen lassen. In diesen Konstellationen werden Betrachter_innen zu Entdecker_innen, die Kunst und Raum mit allen Sinnen zu spüren bekommen und daran Gefallen finden.

## 4.4 Vom Körperwissen

Das Körperliche und das Räumliche stehen in der Ausstellung in engem Verhältnis und sind gleichzeitig eine Quelle positiver Erfahrungen. Mehr noch als andere Praktiken ist die Erfahrung des Ausstellungsbesuchs,

---

**14** | Eine Zeitdiagnose findet sich beispielsweise in dem von Sighard Neckel und Greta Wagner herausgegebenen Sammelband „Leistung und Erschöpfung. Burnout in der Wettbewerbsgesellschaft" (2013).

**15** | Siehe zeit.de/2010/36/Architektur-Biennale (23. 11. 2014).

wie ich in den vorhergehenden Abschnitten gezeigt habe, an die Körperlichkeit der Akteure und Akteurinnen gebunden. Mit dem Wissen, das in Ausstellungen mitgebracht, dort erworben und dargestellt wird, kommt demnach ein spezifisches Kapital zum Tragen, welches ich mit dem Überbegriff „Körperwissen" fassen möchte. Doch wie lässt sich ein solches Wissen überhaupt theoretisch fassen, welche empirische Relevanz sich daraus für meine Untersuchung ableiten?

## Für eine Somatisierung des Wissensbegriffs

Der Soziologe Stefan Hirschauer (2008) hat hierzu im Rahmen eines Plädoyers für die Somatisierung des Wissensbegriffs versucht, das spezifische Verhältnis von Wissen und Körper zu entwirren. Konkret sieht Hirschauer drei Optionen der konzeptuellen Verknüpfung gegeben: Er differenziert zwischen dem Wissen vom Körper (Diskurs), dem Wissen im Körper (Kompetenz) und dem Wissen am Körper (Darstellung). Während das Wissen vom Körper als traditioneller Gegenstand etwa der Medizin, der Biologie oder auch des Alltagswissens gehandhabt wird, sind in der Diskussion der Ausstellung als körperliche Erfahrung vor allem die beiden letzteren Arten des Körperwissens von Relevanz.

Insbesondere die Variante vom Wissen im Körper als dem Wissen, das sozusagen im Körper „sitzt", sehe ich für die Betrachtung der Ausstellung als ungemein bedeutsam an. In dieser Variante, die Hirschauer auch mit „wissende Körper" umschreibt, ist interessant, dass entgegen einer klassischen Dualität von Geist und Körper die Begriffe von Wissen und Körper nahezu verschmelzen. Denn zum einen ergeben sich wissende Körper aus dem Umstand, dass der Körper „die Grundausstattung jedes Zugangs zur Welt" ist und damit jedes Wissen körperlich vermittelt ist (Hirschauer 2008: 977) – wie es auch Merleau-Ponty (1974) mit dem „leiblichen Zur-Welt-Sein" beschreibt. Zum anderen weisen gerade Praxistheorien darauf hin, dass der Körper der Träger von Praktiken ist und Alltagswissen (im Vergleich etwa zu sozialwissenschaftlichem Wissen) größtenteils kein kognitives oder sprachlich vermitteltes Wissen ist. Vielmehr wird dieses Wissen oft als selbstverständlich oder „stumm" erfahren, weil es als inkorporiertes Wissen keiner Erklärung bedarf. Dass es sich hierbei aber nicht, wie von einigen Praxistheorien implizit angenommen wird, um ein rein vorsprachliches und nicht auskunftsfähiges Wissen handelt, bemerken auch Fritz Böhle und Stephanie Porschen (2011). Mit dem Konzept der spürenden Wahrnehmung und dem Verweis auf empirische Untersuchungen von Arbeitsabläufen zeigen sie auf, dass man den „körperlich-leiblichen Dimensionen des menschlichen Handelns" „mit der Bezeichnung prä-reflexiv kaum gerecht" wird (ebd. 59). So kommt hier zwar für gewöhnlich eine traditionelle Reflexivität des Wissens nicht zum Einsatz, das bedeutet jedoch nicht, dass das Bewusstsein ausgeschaltet oder das Denken dem Spüren geopfert wird. Vielmehr wird nur „anders" gedacht. Das Wissen im Körper reduziert sich somit nicht auf ein diffuses inneres Erleben, sondern kann als wichtige Basis für die Wahrnehmung, Erfahrung und Handhabung der Umwelt angesehen werden.

In dieser Verbindung zur Umwelt ist bereits die dritte Verbindung von Wissen und Körper nach Hirschauer (2008: 978ff.) angelegt, wenn Körper als Medien auftreten und Wissen kommunizieren. Genauso wie das Buch oder das Internet werden beim Körper als Medium Sichtbarkeit erlangende Zeichen niedergelegt, wenngleich das diskursive Bias laut Hirschauer gerade darin besteht, „dass wir über den Buchdruck oder das Internet als Kommunikationsmedium viel genauer Bescheid wissen als über den Körper" (ebd. 978). In der Sichtbarkeit und Spürbarkeit des Körpers in sozialen Situationen spielen jedoch genau Elemente wie Kleidung, Körperhaltung und Mimik eine entscheidende Rolle.[16] Erving Goffman als Pionier auf dem Gebiet der sozialen Interaktion ist es zu verdanken, dass ebendiese Elemente eine fokussierte Aufarbeitung gefunden haben. Für ihn gilt das Verhalten als eine Darstellung, die auf Kommunikation ausgerichtet und damit auf die Wahrnehmbarkeit durch andere eingestellt ist. „Ein Mensch kann aufhören zu sprechen", so Goffman (1971: 43), „er kann aber nicht aufhören mit seinem Körper zu kommunizieren". Der Körper ist mit dem Menschen immer anwesend und kann somit als performatives Element nicht ignoriert werden; ein Faktum, auf das ich im

---

**16** | Wie Kornelia Hahn (2002: 297) in diesem Sinne schlüssig anmerkt, kommuniziert der Körper nicht nur als „Text". Er kann vielmehr als „Textur" verstanden werden, „in der Materialien und kulturelle Bedeutungen in spezifischer Weise zu einem Bedeutungsgewebe verknüpft sind, das eine Oberfläche besitzt, die z.B. gefühlt oder mit dem Auge abgelesen werden kann. Der Körper ist also untrennbar Medium und Code; Wahrnehmung eines Körpers und die Interpretation ‚seiner' Zeichensysteme [...] gehen in eins."

nächsten Kapitel bei der Untersuchung des kopräsenten Interaktionsverhaltens im Ausstellungsraum noch genauer zu sprechen komme.

## Körperliche Aneignungsprozesse

Im individuellen Akt der körperlichen Aneignung sind es insbesondere das Gehen sowie das Stehenbleiben und Innehalten beim Betrachten der Kunst, welche auf das Körperwissen im Kontext der Ausstellung hinweisen. Über das Gehen ergibt sich eine andere Wahrnehmung, ein anderes Verhältnis zur Umwelt und zu sich selbst. Diese Spezifik des Gehens wurde schon früh in der Stadtforschung in Analogie zur Figur des Fußgängers erkannt. So zitiert Benno Werlen (2000: 291) eine Untersuchung des Umweltpsychologen Terence R. Lee, der in den 1970er-Jahren herausfand, dass Kinder, die zu Fuß in die Schule gehen, eine ganz andere Art der Raumwahrnehmung haben als etwa Kinder, die mit dem Bus fahren. Die Raumwahrnehmung von Fußgänger_innen charakterisiert sich dabei über eine weitaus größere Kontextualität und Geschlossenheit – im Fall der Untersuchung von Lee verknüpften die Kinder den Schulweg kognitiv sowohl mit ihrem Wohnort als auch mit dem Standort der Schule.

Jo Lee und Tim Ingold (2006) versuchten wiederum, der Spezifik des Gehens in Analogie zu Methoden der Feldforschung in einer empirischen Studie mit „walkers" der Region Aberdeen und Nordost-Schottlands näherzukommen. Laut den beiden Autoren bestimmt sich das Gehen in der Wahrnehmung dabei über den spezifischen „pace of walk" (ebd. 69), der nicht nur die Möglichkeit bietet, herumzuschauen und die Gegend bewusst wahrzunehmen, sondern auch ermöglicht, sich dabei selbst zu erfahren. Der Ausstellungsrundgang, nicht umsonst des Öfteren mit einem Stadt- oder gar Schaufensterbummel verglichen, lässt sich demnach über die Spezifik eines Spaziergangs im musealen Setting begreifen. Der zweite Aspekt des Gehens, den Lee und Ingold mit „routing" umschreiben, verweist auf das Faktum, dass über das Gehen eine Route und damit auch ein Ort realisiert wird. Genauso geschieht dies in der Ausstellung, wenn innerhalb des festgelegten Skripts die Besucher_innen ihre eigenen Wege finden und damit den Ort der Ausstellung für sich realisieren. In dieser Autonomie der sich bewegenden Betrachter_innen sieht Charlotte Klonk (2010: 308) auch die große historische Leistung des Museums, das „seinen Besuchern einen Aktionsspielraum, der im

Durchschreiten des Museums und in der eigenständigen Verknüpfung der Ausstellungsstücke gegeben ist" zugesteht und „ihnen die unterschiedlichsten Wahrnehmungen und Folgerungen ermöglicht". Gehen kann hier somit – wie von de Certeau (1988: 189ff.) angeregt – als Akt der Äußerung angesehen werden, sich im Fremden einen eigenen Ort zu schaffen.

Dass die eigenen Routen und Raumwahrnehmungen von Besucher_innen jedoch nicht immer als listenreiche Taktiken anzusehen sind, sondern diese sehr wohl auch den Intentionen der Ausstellungsmacher_innen folgen, verdeutlicht eine meiner zentralen Thesen, nämlich die von den „guten" Besucher_innen. Denn bei „guten" Besucher_innen, die eine Ausstellung möglichst in der „richtigen" Reihenfolge und möglichst vollständig rezipieren wollen, ist weniger das eigenwillige denn das fügsame Element wirksam. Körperliche Aneignung der Ausstellung findet demnach im Spektrum zwischen Norm und Individualität statt. Mit dem Begriff Norm verweise ich auf das Interesse und vielleicht auch auf das Vertrauen, das Besucher_innen den Ausstellungsmacher_innen entgegenbringen, wenn sie nach deren Intentionen in der Ausstellung fragen und ihre inhaltlichen und räumlichen Setzungen im Sinne einer Konformität mit dem Vorgegebenen akzeptieren. Allerdings gleicht auch in einer folgsamen Betrachtung der Ausstellung kein Besuch dem anderen, sodass der Eigensinn der Besucher_innen in dieser Sichtweise immer zum Tragen kommt. Die durch die Besucher_innen körperlich realisierte Ausstellung erfährt so immer neue Varianten der Hervorbringung, sodass in einem konstruktivistischen und performativen Sinne sehr wohl von einer Realisierung der Ausstellung durch die Besucher_innen zu sprechen ist. In jedem Fall, egal ob affirmativ oder subversiv, handelt es sich bei der Praxis des Ausstellungsbesuchs immer um Interpretations- und Aushandlungsprozesse im sich ergebenden Spielraum zwischen vorgegebener räumlicher Struktur und realisierter körperlicher Handlung.

Bei der konkreten Art und Weise der räumlichen Aneignung der Ausstellung lassen sich zwei Herangehensweisen der Besucher_innen unterscheiden. So wollen Besucher_innen zum einen den Raum in seiner Gesamtheit einfach wahrnehmen und sich zum anderen innerhalb der Ausstellung selbst körperlich zu verorten. Diese beiden im Ausstellungsraum sichtbaren räumlichen Kernelemente entsprechen dabei auch Martina Löws (2001: 224f.) zweiteiligem Raumkonzept des Anordnens, wie sie es in ihrer Raumsoziologie mit der „Syntheseleistung" und dem

„Spacing" fasst. Das Konzept der „Synthese" beschreibt in Übertragung auf die Ausstellung die Handlung, wie Besucher_innen aus einzelnen räumlichen Elementen einen gesamtheitlichen Raum konstituieren. Dies geschieht insbesondere dann, wenn Besucher_innen den Raum einfach wahrnehmen wollen und sich ihm in einer allgemeinen körperlich-sensorischen Wahrnehmung insbesondere im flanierenden Gehmodus annähern. Im Rahmen des „Spacing" werden wiederum die in einer konkreten Handlungssituation verfügbaren Elemente im Raum verortet. Das „Spacing" kommt sozusagen insbesondere beim Stehenbleiben ins Spiel, wenn sich Besucher_innen in Relation zur Kunst und zu den weiteren räumlichen Gegebenheiten der Ausstellung stellen und dabei im verortenden Verhältnis von Körper und Raum ihre individuelle Position suchen. So realisiert sich der Raum für die Besucher_innen auch spezifisch durch den abwechselnd gehenden und innehaltenden räumlichen Aneignungsmodus der Ausstellung. Eine ähnliche duale Tendenz sieht auch Claire Bishop (2005: 11ff.) bei der Installation, welche zum einen wie beim sensorischen Wahrnehmen des Raumes Besucher_innen im Gesamtgefüge disloziert und ins Raumgebilde eintauchen lässt. Zum anderen entspricht die aktivierende Tendenz von Installationen der bewussten Verortung von Besucher_innen, wenn diese sich körperlich wie geistig in Relation zur Kunst stellen.

## Raum- und Ausstellungserfahrung im Gleichklang

In diesen unterschiedlichen Begegnungen von Besucher_innen-Körpern mit den Raum-Körpern der Ausstellung liegt meines Erachtens die Besonderheit der Ausstellung gegeben. Denn dass die körperliche Erfahrung der Ausstellung und die darüber verknüpfte Raumwahrnehmung ein wesentlicher Benefit der Ausstellung ist, wird in meiner Untersuchung mehr als deutlich, wenn Raum nicht nur zum Gesprächsstoff, sondern insgesamt zum Vehikel für als „schön" empfundene Ausstellungserfahrungen wird. Eine solche Übereinstimmung von positivem Raumerleben und positiver Ausstellungserfahrung ist jedoch nicht nur in meiner Studie, sondern auch in anderen Untersuchungen belegt. Bernd Günter (2003), der die Museumsarchitektur aus Sicht von Besucher_innen untersuchte, fand beispielsweise in einer Befragung heraus, dass im Rahmen eines Ausstellungsbesuchs ein angenehmes Raumgefühl für 94 Prozent der Befragten wichtig ist.[17] In der Studie „eMotion – mapping museum experience“ wurde wiederum mit einer Eingangs- und Ausgangsbefragung festgestellt, dass eine positive Raumwahrnehmung (Bewertung der Anordnung sowohl der Werke als auch allgemein der Räumlichkeit) mit einer positiven Bewertung der Ausstellung einherging (Wintzerith / van den Berg / Tröndle 2011: 104f.). Der Raum stellt somit unbestritten eine zentrale und ausschlaggebende Ressource für eine positive Ausstellungserfahrung der Besucher_innen dar.

In Konsequenz dieser Beobachtungen stellt sich die Frage, ob Museen und Ausstellungshäuser solche räumlichen Erfahrungen für Besucher_innen heute bereithalten können. Entgegen einer Sichtweise, die das Suhlen im Räumlichen möglicherweise als Abrücken von den Inhalten und als ein Erfreuen am Schein des Oberflächlichen werten könnte, sehe ich die räumliche Gestaltung ebenso als Bedeutungsträger, die ihre Kraft insbesondere in der Formalisierung und in der Vermittlung profunder Inhalte entfalten kann. Gerade die räumliche Gestalt der Ausstellung stellt gegenüber anderen Formen der Wissensvermittlung eine ungemein wichtige Ressource dar. Oder, wie Thierry Greub (2006: 11) gar meint, liegt die Zukunft des Museums darin, „ob es sich als ein komplexer Raum für neue, bleibende Erfahrungen und nicht nur für opulente Kurzschlüsse bewahren kann“. Der Ausstellungsraum ist bei einer entsprechenden Gestaltung geradezu dazu prädestiniert, dass sich aus einer spezifischen Art der Erfahrung und des Lernens ein besonderes Körperwissen entfalten kann. Denn nicht zu vergessen ist, dass Erfahrung nicht nur sinnlich, sondern auch sinnstiftend sein kann, worauf George E. Hein (2011: 348f.) mit John Deweys Kommentar „experience is educative“ in seiner klugen Neubetrachtung von Lernprozessen in Museen und Ausstellungen hinweist.

**17** | Weitere extrem hohe Werte beziehen sich für die Besucher_innen auf die Wichtigkeit einer guten Übersichtlichkeit und Strukturierung (94,1 %), einer übersichtlichen Wegführung (93,3 %) und einer attraktiven innenarchitektonischen Gestaltung (84,2 %).

# 5 Zusammenkommen. Über die Ausstellung als soziales Ereignis

Wenn unterschiedliche Individuen in einer intentional gestalteten Räumlichkeit aus dem spezifischen Anlass des Ausstellungsbesuchs aufeinandertreffen, ist es naheliegend, die Ausstellung unter diesem Blickwinkel als soziales Ereignis zu betrachten. Geleitet durch meine Forschungsfrage „Was passiert hier tatsächlich?“ stelle ich in diesem Kapitel die Frage nach dem elementaren Interaktionsgeschehen in der Ausstellung. Als soziales Ereignis definiert sich die Ausstellung über die mit dem Ausstellungsbesuch verbundenen sozialen Praktiken und schließt dabei an Erving Goffmans (1971: 29) Begriff der sozialen Veranstaltung an:

> „Wir verstehen darunter eine größere soziale Angelegenheit, eine Unternehmung oder ein Ereignis, zeitlich und räumlich begrenzt und jeweils durch eine eigens dafür bestimmte Ausstattung gefördert: ein sozialer Anlaß liefert den strukturellen sozialen Kontext, in dem sich viele Situationen und Zusammenkünfte bilden, auflösen und umformen, während sich ein Verhaltensmuster als angemessen und (häufig) offiziell oder als beabsichtigt herausbildet und anerkannt wird.“

Das soziale Ereignis der Ausstellung ist somit über zeitliche und räumliche Koordinaten (wie Öffnungszeiten, Besuchsdauer, Größe der Ausstellung etc.) gefasst und definiert sich in seiner sozialen Struktur über seinen primären sozialen Anlass (in Abhängigkeit von den Motivationen von Besucher_innen, eine Ausstellung zu besuchen). Darüber bilden sich bestimmte Situationen und Zusammenkünfte zwischen Ausstellungsnormen und individueller Aneignung als wahrscheinlich heraus oder werden entsprechend sanktioniert beziehungsweise angepasst. Wie Goffman auch „mit der eigens dafür bestimmten Ausstattung“ fasst, kommt dabei dem Ausstellungsraum und seinen Requisiten eine entscheidende Rolle zur Vordefinition der Situation zu. Denn wie ich in Kapitel 4 „Der Raum spricht" dargestellt habe, entwirft die Ausstellung über ihre Formalisierung nicht nur ein Bild von sich selbst, sondern ebenso von ihren Besucher_innen.

Während Goffman (1989) in diesem Sinne den Begriff des verhaltensbestimmenden Rahmens theoretisch ausarbeitet, hat Pierre Bourdieu gemeinsam mit Alain Darbel (2006) bereits in den 1960er-Jahren in seiner Studie über europäische Kunstmuseen und ihre Besucher_innen diesen Rahmen soziologisch untersucht und abgesteckt. Folgt man heute den Schlussfolgerungen von Bourdieu und Darbel, ist man versucht, die Ausstellung als einen sehr stark normierten Ort anzusehen, an dem der Kunstgenuss zwar grundsätzlich allen offensteht, in Wahrheit jedoch – im Sinne eines habitusbestimmten Klassenkonzepts – nur eine kleine Gruppe alle impliziten Voraussetzungen für den Verbleib und Genuss an diesem Ort zu erfüllen vermag. Gerade demografische Erhebungen, die das Kunstausstellungspublikum als das nach wie vor elitärste ausweisen,[1] mögen Bourdieu und Darbels Studie bis heute bestätigen. Wie ich in meiner Untersuchung zur Ausstellung als Handlungsraum und nun auch spezifischer in der Betrachtung der Ausstellung als soziales Ereignis zeige, gibt es einerseits im Ausstellungsraum viele normierende (bildungsbürgerliche) Konventionen wie beispielsweise den Wunsch nach einer möglichst ungestörten, stillen Kunstbetrachtung oder auch das Streben, „gute" Besucher_innen zu sein. Andererseits zeigen Besucher_innen, beispielsweise dann, wenn sie im Ausstellungsraum kommunizieren, Herangehensweisen, die weniger einer idealisierten Norm als vielmehr ihren individuellen Bedürfnissen entsprechen.[2] Da Museen und Ausstel-

**1** | In der Evaluierung der österreichischen Bundesmuseen (2004) zeigt sich etwa, dass im Kunsthistorischen Museum 57 % der Besucher_innen einen Studienabschluss besitzen oder studieren, dies im Technischen Museum aber nur bei 31 % der Fall ist. Umgekehrt verhält es sich mit dem Anteil der Hauptschüler_innen, der im Technischen Museum 18 % und im Kunsthistorischen Museum nur 3 % ausmacht.

**2** | Für eine fokussierte Darstellung der Dialektik des Ausstellungsbesuches zwischen bildungsbürgerlichem Idealbild und dem empirisch untersuchtem Realbild siehe meinen Artikel „Der Widerstand der Faulheit oder Warum der Connaisseur ein Mythos ist" (2013).

lungen sowie die Art und Weise des Ausstellungsbesuchs in den letzten 50 Jahren große Transformationen erlebt haben, denke ich, dass heute eine weniger eindeutige Interpretation angebracht ist. Demnach betrachte ich Bourdieus und Darbels Studie zwar als wichtigen kunstsoziologischen Meilenstein, glaube aber gleichzeitig, dass ihre Ergebnisse mit der aktuellen Ausstellungsrealität nicht nur kontrastiert, sondern auch im Sinne einer distinktionsbehafteten Interpretation dekonstruiert werden sollten. Gerade die Betrachtung der sozialen Interaktionen im Ausstellungsraum kann meiner Ansicht nach über eine klassenspezifische Sichtweise hinausgehende Aufschlüsse über die soziale Spezifik von Kunstinstitutionen geben.

Doch ist die Ausstellung nicht nur deshalb ein soziales Ereignis, weil sich hier Personen im goffmanschen Sinne aufhalten, einander begegnen und miteinander agieren. Ich begreife sie über diesen engen menschlichen Bezugskreis hinausgehend auch als soziales Ereignis, weil Besucher_innen in diesem Setting bewusst mit Objekten interagieren. Das Soziale bestimmt sich somit über die sozialen Praktiken in der Interaktion von Personen mit anderen Personen wie auch in der Interaktion von Personen mit Artefakten. Damit referenziere ich auf ein Verständnis des Sozialen, wie es in neuen Versionen der Praxistheorie mit der Hinwendung zu Körpern und Artefakten zur Anwendung kommt, wo Artefakte im Sinne von sozialen „Mitspieler_innen" wichtige Bezugspunkte der Praxis sind. Das heißt, entgegen einer limitierten Bedeutung des Objekts „sind für die Praxistheorie interobjektive Praktiken sowie Techniken des Selbst ebenso sehr soziale Praktiken, wie es die kommunikativ-zeichenverwendenden Praktiken sind – sie alle sind für die Reproduktion des Sozialen gleichermaßen verantwortlich" (Reckwitz 2003: 298).

Wenn ich mich nun der Ausstellung als sozialem Ereignis nähere, greife ich, basierend auf dem Wissen über das vorstrukturierte räumliche Setting, insbesondere auf meine Erhebungen aus der teilnehmenden Beobachtung und der Besucher_innenbefragung zurück. Während ich über die teilnehmende Beobachtung Informationen zu sichtbaren sozialen Handlungen im Ausstellungsraum erhalte, ermöglicht die Befragung einen partiellen Einblick auch in unsichtbare innere Prozesse, indem Situationen aus Sicht der Besucher_innen rekonstruiert und reflektiert werden. So ergiebig sich meine Untersuchungsdaten bislang zeigten, ist es mir wichtig festzuhalten, dass sie an diesem Punkt gewisse Grenzen aufweisen. Auf drei Aspekte sei deshalb vorweg hingewiesen: Zum einen ist das Raster der teilnehmenden Beobachtung, wie ich es in der Rolle einer Besucherin anwandte, zu grob und zu „einseitig", um etwa entscheidende Situationsdetails wie Blickbeziehungen unter den Besucher_innen oder minimale Gesten aufzunehmen. Zum anderen fokussiert die teilnehmende Beobachtung als Methode per se auf die Handlung und nicht auf den Diskurs, sodass ich die Häufigkeit von Gesprächen zwar beobachten, doch zumeist nicht ihren Inhalt mitverfolgen konnte. Als größte Einschränkung, der jedoch mit einem soziologischen Untersuchungsdesign nicht beizukommen ist, zeigt sich, dass innere Prozesse im Rahmen der Erhebung nicht zugänglich sind, sofern sie nicht verbalisiert werden. Als Ergänzung werde ich in diesem Kapitel folglich verstärkt auf andere Studien aus der (psychologischen) Kunstrezeptionsforschung zurückgreifen.

Im Aufbau dieses Kapitels untersuche ich in analytischer Trennung – die so in der natürlichen Situation der Ausstellung nur bedingt gegeben ist – in einem ersten Schritt die interobjektive Auseinandersetzung mit dem Kunstwerk und beleuchte in einem zweiten Schritt die Interaktion unter den kopräsenten Akteur_innen. Dass es sich bei beiden Interaktionsformen (mit Objekten und Subjekten) um sinnstiftende Praktiken handelt, versuche ich im darauffolgenden Abschnitt herauszuarbeiten, um abschließend über die Diskussion dieser sozialen Prozesse nach dem Potenzial der Ausstellung, Gemeinschaften entstehen zu lassen, zu fragen.

## 5.1 Mit dem Objekt in den Dialog treten

Behandelt man Objekte als Teil der sozialen Interaktion, bedeutet dies nicht zwangsläufig, den Objekten quasimenschliche Eigenschaften zuzusprechen, wie dies etwa die Akteur-Netzwerk-Theorie von Bruno Latour und Michel Callon tut. Wie schon an früherer Stelle erwähnt, betrachte ich Objekte – Stefan Hirschauer (2004) folgend – vielmehr als Partizipanden des Tuns, als elementare Bestandteile sozialer Prozesse. Im Sinne eines „doing culture" sind mit Partizipanden somit all jene Entitäten gemeint, „die auf eine für sie spezifische Weise in den Vollzug von Praktiken involviert sind" (ebd. 75). So lässt sich weiter schlussfolgern, dass Objekte per se nicht sprechen, sondern in gewisser Weise erst durch die mit ihnen in Zusammenhang stehenden Praktiken zum Sprechen gebracht werden.[3]

Bezogen auf die Ausstellung bedeutet dies, dass das soziale Moment in der Auseinandersetzung und im (metaphorischen) Dialog mit den Objekten liegt. Denn Objekte als sinngenerierende Mitteilungen richten sich insbesondere in der Ausstellung an eine Öffentlichkeit, wenn sie über ihre Präsenz kommunizieren und eine Bedeutungsproduktion bei den Betrachter_innen aktivieren. Im Dialog mit dem Objekt treffen sich die unterschiedlichsten Deutungsabsichten, wenn über das Objekt und seine Präsentation bewusste und unbewusste Mitteilungen der Ausstellungsmacher_innen transportiert werden und im Gegenzug Besucher_innen ihre Interpretationen an das Kunstwerk herantragen (Muttenthaler / Wonisch 2003: 36f.). In der praxistheoretischen Lesart nach Bourdieu wird an dieser Stelle zwischen dem Kunstwerk als objektivierter Sozialität und dem Besucher / der Besucherin und seiner / ihrer inkorporierten Sozialität in Form des Habitus der Spielraum der Bedeutungsproduktion eröffnet. Wesentlich ist dabei die Annahme, dass der vorstrukturierte Sinn „sich so lange im Zustand von Latenz befindet, bis er durch die Konfrontation mit objektivierten Formen der Sozialität aktiviert wird" (Hillebrandt 2009: 384). So entwickeln die Besucher_innen sozusagen erst in der Interaktion mit den Kunstwerken innerhalb ihrer habitusbestimmten Dispositionen ihre sinnstiftenden Praktiken.

Ähnlich legt auch Juliane Rebentisch (2003) in ihrem Buch „Ästhetik der Installation" die Konzeption des von ihr wiederbelebten Terminus der ästhetischen Erfahrung an. Sie versteht ästhetische Erfahrung dabei nicht im Sinne von Kant „als Lust des Subjekts an sich selbst (beziehungsweise seinem Vermögen), sondern als einen Prozeß, der sich wesentlich *zwischen* Subjekt und Objekt abspielt" (ebd. 11f.). In der wechselseitigen Bedingtheit von Subjekt und Objekt entsteht ästhetische Erfahrung erst in Bezug auf einen Gegenstand und wird auch der Gegenstand erst durch die Betrachtung (und nicht zu vergessen durch die museale Rahmung) mit dem Attribut des Ästhetischen versehen. Rebentisch plädiert in diesem Prozess für eine Autonomie der ästhetischen Erfahrung, da sie diese

**3** | Mieke Bal (2006: 18f.) weist in ihrer Kulturanalyse hin, dass die (wissenschaftliche) Auseinandersetzung mit dem Objekt von einem „close reading" geprägt sein soll, das entgegen pauschaler Urteile und einem bloßen „Theoretisieren", dem Objekt auch die Möglichkeit zugestehen soll, „Widerworte zu geben".

über ihre selbstreflexiv-performative Qualität begründet sieht. In der ästhetischen Erfahrung nehmen Betrachter_innen den materiellen Gegenstand nicht nur wahr, sondern versuchen, ihn gleichzeitig in seiner Bedeutung zu lesen – ohne jedoch eine abschließende Antwort zu erhalten, wie es für die Offenheit von Kunstwerken charakteristisch ist.

Um diesen Interaktionsprozess des Subjekts mit dem Objekt genauer fassen zu können, beziehe ich mich im Folgenden auf drei Aspekte, die sich in meiner Untersuchung als relevant und gleichzeitig in engem Zusammenhang zueinander stehend herausgestellt haben: erstens das spezifische Blickverhalten der Besucher_innen in Auseinandersetzung mit dem Objekt, zweitens der Wunsch nach ästhetischer Erfahrung und drittens das inhaltliche Entschlüsseln des Kunstwerks im Zuge der Bedeutungsproduktion.

## Mit dem Blick auseinandersetzen

Mit dem Blick wird in der Kunstbetrachtung die Aufmerksamkeit auf ein bestimmtes Wahrnehmungsfeld gerichtet, über den Blick demonstrieren Besucher_innen eine Auswahl. „Was sehe ich überhaupt? Was möchte ich mir ansehen?“, mag der schweifende Blick der Besucher_innen zu Beginn einer Ausstellung oder am Eingang eines Ausstellungsraumes sagen. Doch der Blick ist weder unschuldig noch ungelenkt. „We never look at just one thing; we are always looking at the relation between things and ourselves“, heißt es schon im Buch „Ways of Seeing“, das zur gleichnamigen legendären BBC-TV-Serie von John Berger (1977: 9) erschien. Der Blick ist ein höchst subjektives Konstrukt, dass das zum Sehen Bereitgestellte mit der eigenen Person verbindet. Der Blick in der Ausstellung besteht jedoch nicht nur im Verhältnis zwischen Objekt und Subjekt, sondern ist im Weiteren durch die relationale Anordnung der Objekte im Raum bestimmt. In der räumlichen Gestaltung der Ausstellung lassen sich gewisse Blickachsen, Blickrichtungen und Blickbeziehungen bei den Besucher_innen nicht nur beobachten, sondern auch vorhersagen. Der Blick der Besucher_innen wird durch die architektonischen Gegebenheiten, die Hängung und Positionierung, aber auch durch die formale Gestaltung der Kunstwerke beeinflusst. So fällt mir zum Beispiel bei einem Besuch der Ausstellung „Roni Horn“ auf, „dass das erste Foto des ersten Doppelporträts im OG 2 auf der Wand B schon beim Raufgehen [der

Stiege] zu sehen ist und sich gewissermaßen ein Blickkontakt zum kleinen Mädchen auf dem Bild herstellt" (P31: 15). Hier wird der Blick nicht nur durch die Positionierung im Raum gelenkt, sondern auch über das Kunstwerk erwidert, da gerade Gesichter sich für Blicke als besonders anziehend erweisen.

Die Betrachtung eines ausgewählten Kunstobjekts lässt sich in meiner Untersuchung über die beobachtbare Handlung der körperlichen Positionierung zur Kunst und über die Art des Anschauens übersetzen und nachvollziehen. Während ich die Positionierung zur Kunst bereits im vorigen Kapitel mit Stehen, Lehnen und Sitzen vorweggenommen habe, stellt der dezidierte Blick auf das Kunstwerk in meiner Untersuchung einen blinden Fleck dar. Mit meinen teilnehmenden Beobachtungen im Ausstellungsraum konnte ich zwar Kopfbewegungen notieren, nicht aber die Blicke der Besucher_innen genau beobachten, wenn ich sie aus einem „natürlichen" Abstand (und insbesondere auch bei an der Wand gehängten Arbeiten nur von hinten) bei ihrer Auseinandersetzung mit der Kunst betrachtete. Der Frage nach den Blicken bei der Betrachtung von Kunstwerken widmet sich fokussiert das Labor für empirische Bildwissenschaft, das 2009 am Institut für Kunstgeschichte der Universität Wien neu eingerichtet wurde.[4]

Augensprünge – so führen Raphael Rosenberg, Juliane Betz und Christoph Klein (2010) im gleichnamigen Artikel aus – zeigen sich dabei als wichtige Erkenntnis der Blickforschung. Denn im Gegensatz zur metaphorischen Vorstellung einer fließenden Augenbewegung muss das Auge, um sehen zu können, einzelne Punkte mindestens 80 Millisekunden lang fixieren. Über durchschnittlich drei Augensprünge in einer Sekunde und die Verbindung der Fixationen wird sodann im Gehirn ein Bild produziert. Während ein Scanner ein Bild Pixel für Pixel und Zeile für Zeile abtastet, vollziehen sich die Blicksprünge des menschlichen Auges (Sakkaden) in Abhängigkeit vom betrachteten Objekt und den Betrachter_innen. Bei empirischen Forschungen mit Faksimiles historischer Gemälde und der Aufzeichnung mittels Eye-Tracking wurde deutlich, dass die meisten Versuchspersonen bestimmte Sakkaden sehr häufig und

4 | Das Projekt basiert auf einer langjährigen Zusammenarbeit des Kunsthistorikers Raphael Rosenberg mit dem Psychologen Christoph Klein und wurde zuvor im Rahmen einer Förderung der DFG mit Juliane Betz, Martina Engelbrecht, Oliver Kase und Alexander Linke an der Universität Heidelberg durchgeführt.

zudem in sehr ähnlicher Weise ausführen. Über diese Blickbewegungen des Auges wird zumeist die Struktur des Gemäldes nachvollzogen. So liegt die Vermutung nahe, dass mit den Blicken „ein physiologisches Korrelat für die Erkenntnis und ästhetische Erfahrung visueller Strukturen" (ebd. 128) vorliegt. Körperliche Aktivitäten stehen in direktem Zusammenhang mit den Kunstwerken und können demnach auch empirisch begründet als Nachvollzug und gleichzeitig als Hervorbringung betrachtet werden. Gleiches ließe sich auch, wie im vorigen Kapitel exemplifiziert, über das Gehen im Verhältnis zu Installationen oder allgemeiner gesagt zu räumlichen Konstellationen schlussfolgern. Bei einer Beobachtung von Adrian Lohmüllers Installation „Das Haus bleibt still" am Oranienplatz vermerke ich beispielsweise sowohl sequenzielle Augen- als auch Gehbewegungen, als ein Mann die einzelnen Bestandteile wie etwa Gasflamme, Salzstein und Bettdecke nach und nach betrachtet und auch mit seinem Körper die Installation Stück für Stück (nach-)verfolgt (P52: 12).

Ein anderer Blick, nämlich der durch die Kamera, ist in Ausstellungsräumen ebenso oft anzutreffen. So zeigt sich in den Protokollen der teilnehmenden Beobachtung, dass Fotografieren eine äußerst häufige Handlung im Ausstellungsraum darstellt, wohingegen andere Formen der Dokumentation, wie Notizen oder Videos, nur vereinzelt im Datenmaterial vorkommen. Bei der Eröffnung der Ausstellung von Roni Horn im Kunsthaus Bregenz vermerke ich etwa: „Auffallend ist, wie viel fotografiert wird. Auch Privatpersonen tragen zum Teil große Spiegelreflexkameras mit sich herum." (P7: 16) Neben Fotos mit der Kamera werden heute verstärkt auch Fotos mit dem Handy gemacht: „Unten in der Ausstellungshalle geht eine etwa 50-jährige Frau zur Konstruktion, berührt sie und macht dann Detailfotos mit ihrem iPhone" (P39: 22). Interessant ist die Feststellung, dass besonders oft jene Werke fotografiert werden, die auch bei der Besucher_innenbefragung als die am stärksten in Erinnerung gebliebenen genannt werden. Dazu gehören etwa die Glasobjekte von Roni Horn, die Hausinstallation von Petrit Halilaj oder der weiße Raum in den Kunst-Werken. Zumeist handelt es sich um Skulpturen beziehungsweise Installationen, die stärker im Gedächtnis bleiben, weil sie körperlich erlebt werden können. Der Handlung des Fotografierens kann des Weiteren ein erinnerungsförderliches Moment zugeschrieben werden, wenn zum einen dasjenige fotografiert wird, das auf- beziehungsweise gefällt. Zum anderen gehen Besucher_innen mit dem Fotografieren (und der damit verbundenen Widmung von Zeit und Aufmerksamkeit) auch eine vertiefende Auseinandersetzung mit dem Objekt ein.

Die Annäherung über das Kamera-Auge stellt somit eine weitere Möglichkeit dar, mit dem Kunstwerk in Interaktion zu treten. Gleichzeitig werden jedoch die Kunstwerke oft nicht allein, sondern in der Rezeptionssituation fotografiert. Dies legt die Schlussfolgerung nahe, dass Besucher_innen nicht nur eine Dokumentation der Kunstwerke, sondern ebenso eine Dokumentation ihres persönlichen Ausstellungsbesuches mit nach Hause nehmen wollen: „Zuerst fotografiert der Mann seine Freundin mit der Kamera von hoch oben auf sie unten gerichtet, danach sie ihn" (P39: 14). Hier handelt es sich also um eine Strategie, über das Foto nicht nur die Kunst, sondern ebenso die (körperliche) Erfahrung der Ausstellung einzufangen. Weitergehend lässt sich daraus schließen, dass das Foto damit auch den Wunsch der Besucher_innen widerspiegelt, die Erfahrung aus dem Hier und Jetzt transportabel und für später beziehungsweise auch andere Personen nachvollziehbar zu machen.[5]

## Der Wunsch nach ästhetischer Erfahrung

Während der Blick auf das Kunstwerk eine sichtbare Auseinandersetzung der Besucher_innen mit dem Objekt darstellt, sind innere Prozesse der Kunstrezeption über die Beobachtung nicht zugänglich. Doch was geht in den Besucher_innen vor, wenn sie Kunst betrachten? Im Gegensatz zu kunstpsychologischen und kognitionswissenschaftlichen Ansätzen, die hierzu teils Messungen der Gehirnströme oder des Hautleitwiderstands durchführen, nähere ich mich in meiner Untersuchung diesen verborgenen Prozessen über Gespräche mit den Besucher_innen. In ihren Erzählungen offenbaren Besucher_innen rekonstruierte Einblicke in die Prozesse dieser Interaktion aus ihrer persönlichen Sichtweise. Auffallend ist, dass Besucher_innen in der konkreten Auseinandersetzung

**5** | John Urry (2002: 3) bemerkt sehr ähnlich für den „tourist gaze", dass der Blick nahezu typischerweise mit anderen sozialen Handlungsmustern wie etwa Fotografieren gekoppelt ist. Mit dem Fotografieren wird jedoch nicht nur die Sensitivität für visuelle Elemente erhöht, sondern auch der Blick verewigt, wenn dieser in seiner sozialen Materialisierung der Fotografie für immer eingefangen und unendlich reproduzierbar erscheint.

mit dem Objekt verstärkt den Wunsch nach einer ästhetischen Erfahrung äußern und dahingehend der Anspruch einer künstlerischen Gestaltung an die Kunstwerke herangetragen wird. Kommt es zur Bewertung der ausgestellten Kunstwerke liegt somit ein prominenter Beschwerdegrund in den nicht erfüllten ästhetischen Erwartungen und Ansprüchen der Besucher_innen. Eine Besucherin der Berlin Biennale wünscht sich beispielsweise, „dass ein bisschen künstlerisch gearbeitet wird [...]. [W]enn ich Filme sehe, [bei denen] ich denke, das ist eine Ausstellung aus der Tagesschau, ist das eigentlich für mich nicht so wahnsinnig [attraktiv]" (P29: 12). In der ästhetischen Unterscheidung zu Bildern des Alltags liegt somit ein (möglichst einzulösender) Wert von Kunst für Besucher_innen gegeben.

Beim Lob der Kunstwerke offenbart sich der Wunsch nach einer ästhetischen Erfahrung wiederum mit den typischen Attributen „schön", „stark" und „kurios". Gerade die Bezeichnung „schön" findet sich häufig bei den Statements der Besucher_innen, indem die Aussagen auf die Materialqualität, das stimmige Zusammenspiel der Kunstwerke mit dem Raum oder einen nicht näher bestimmten Gesamteindruck verweisen. Interessant ist, dass die Zitate zum Konzept „schön" sehr oft aus der Ausstellung von Roni Horn im Kunsthaus Bregenz stammen, die Kunstwerke dort also dem entsprechen, was viele Besucher_innen als „schön" bewerten. Die Annahme, dass das Attribut „schön" in der modernen und zeitgenössischen Kunst als Bewertungskriterium keine große Rolle mehr spielt (Leder et al. 2004), kann in diesem Fall also widerlegt werden.

Beim Attribut „stark", das unter anderem in Zusammenhang mit der Prägnanz und Präsenz von Arbeiten geäußert wird, fällt dahingegen auf, dass es weniger aus einer subjektiven, emotionalen Perspektive gewählt wird. Vielmehr scheint die Stärke dem Kunstwerk gewissermaßen „objektiver" eingeschrieben zu sein. Weitergehend ließe sich in diesem Sinne auch vermuten, dass gerade das Attribut „stark" in der Bewertung vorwiegend von Personen geäußert wird, welche sich intensiver mit Kunst auseinandersetzen und somit das Werk auch in Relation zu anderen als „stark" bezeichnen (können). Denn Expertise – wie Helmut Leder et al. (2011) in einer Studie über die Faktoren des Kunstgenusses herausgefunden haben – erhöht grundsätzlich die positive Bewertung von Kunstwerken. Dies bedeutet nicht, dass in diesem Experiment Expert_innen alle Kunstwerke besser bewerteten als Nichtexpert_innen, sondern dass Expert_innen mit einer größeren Differenzierung und Flexibilität in ihrem

Zugang die Kunstwerke grundsätzlich verständlicher und auch emotionaler beurteilten.[6]

Mit dem Konzept „kurios" verweisen die Erzählungen der Besucher_innen auf bestimmte Irritationsmomente, wenn beispielsweise gewöhnliche Dinge wie ein Hühnerstall in ein Kunstwerk integriert werden, ungewöhnliche Kombinationen wie beispielsweise von einem Salzstein und einem Bett zu sehen sind oder die „kindliche" Formgebung mit dem ernsten Inhalt auf paradoxe Weise konterkariert wird. Hier lässt sich mit einer anderen kunstpsychologischen Forschung von Martina Jakesch und Helmut Leder (2009) argumentieren, dass Kunstwerke gerade dann interessant erscheinen, wenn sie sich als ambivalent darstellen und wie beim Konzept „kurios" gleichzeitig passende und nicht passende Assoziationen hervorrufen. Hinsichtlich der Wertschätzung ist beim Attribut „ambivalent" jedoch eine starke Abhängigkeit vom Kontext gegeben. Während beispielsweise bei alltäglichen Entscheidungen Ambivalenz zumeist als hinderlich betrachtet wird, wirkt sie sich im Fall der Kunst in einem gemäßigten Vorkommen durchaus wertsteigernd aus.

Mit der Beschreibung der Arbeiten als „schön", „stark" oder „kurios" – auch wenn diese ganz unterschiedliche Rezeptionsmomente bereitstellen – offenbart sich für mich in der positiven Bewertung der allgemeine Wunsch nach einer sinnlichen Erfahrung jenseits des Alltags und der alltäglichen Durchschnittlichkeit. Ob diese sinnliche Erfahrung nun über Eindrücke von Schönheit, Stärke oder Ambivalenz ausgelöst wird, ist meiner Ansicht nach zweitrangig. Denn die Besucher_innen wollen, so meine These, einfach von der Kunst erfasst werden. Dies spiegelt auch die emotionale Komponente der Kunstrezeption wider, die, wie in einem kunstpsychologischen Experiment bestätigt wird, zu den stärksten Einflussfaktoren von Kunstgenuss zu gehören scheint (Leder et al. 2011). Die

**6** | Bezüglich der in der empirischen Kunstpsychologie häufig verwendeten Unterscheidung von Expert_innen und Nichtexpert_innen ist von meiner Seite aus anzumerken, dass ich – trotz der Überzeugung, dass mehr kunstspezifisches Wissen und mehr Übung in der Auseinandersetzung mit Kunst sehr wohl einen Unterschied machen – diese Differenzierung für eher bedenklich und der empirischen Praxis nur bedingt entsprechend halte. Denn neben der Frage, wer in diesem Zusammenhang als Experte / Expertin bezeichnet werden kann, geht eine solche Klassifizierung zumeist mit einer (impliziten) Hierarchisierung der unterschiedlichen Kunsterfahrungen einher.

Kunsterfahrung differenziert sich damit einmal mehr verstärkt von klassischen Lernmomenten, da Emotionen einen entscheidenden Benefit in der Auseinandersetzung mit dem Objekt markieren.

## Das Kunstwerk lesen oder das Rätsel lösen

Neben dem Wunsch nach einer sinnlichen ästhetischen Erfahrung zeigt sich in meiner Untersuchung auf einer zweiten Ebene der davon nicht zu trennende Wunsch der Besucher_innen nach einer inhaltlichen Auseinandersetzung mit Kunst. Das Kunstwerk präsentiert sich in dieser Sichtweise jedoch weniger als sinnlicher Anziehungspunkt denn „als Dechiffrier-Aufforderung" eines „Wissens- oder Erkenntnisdings", das es in seiner Gestalt als fremdes Gegenüber noch zu entschlüsseln gilt (Korff 2005: 101). Interessanterweise kommt der direkten visuellen Information des Kunstwerks als Auskunftsquelle für die Besucher_innen beim Akt des Entschlüsselns eine geringere Rolle zu. Vielmehr wird der Wunsch nach einer inhaltlichen Auseinandersetzung vornehmlich an Angebote wie Text und auch personale Vermittlungsprogramme herangetragen. So lässt sich durchgehend beobachten, dass Text häufig in Anspruch genommen wird, sofern er in der Ausstellung vorhanden ist. Text fungiert als Zusatzinformation zu den ausgestellten Werken, kontextualisiert das Gesehene beziehungsweise gibt neben dem eigenen Eindruck auch einfach neuen Input für die Betrachtung: „Sie lesen im Ausstellungsheft, schauen sich um, unterhalten sich und betrachten die Objekte von allen Seiten" (P33: 16), heißt es bei der Beobachtung einer typischen Rezeptionssituation. Neben der Funktion der kommentierenden Erklärung kann Text jedoch auch eine mögliche Barriere sein, wenn er nicht oder nur schwer verständlich ist. Dies zeigte sich beispielsweise bei den Textzeilen der „White Dickinson"-Stäbe von Roni Horn, die in historischem Englisch für die Besucher_innen nicht leicht zu verstehen waren.[7] Wenn Kunst-

**7** | In Reaktion auf die Schwierigkeiten der Besucher_innen, das historische Englisch der „White Dickinson"-Stäbe zu entziffern, ließen sich die Aufsichten die Texte von einem Englischprofessor übersetzen, um Besucher_innen bei Fragen zur Seite stehen zu können. Im offiziellen Ausstellungsheft, welches erst nach der Eröffnung produziert wurde, wurden alle Texte der Stäbe inklusive einer deutschen Übersetzung abgedruckt.

werke also selbst Sprache beinhalten, kommt bei Texten, die nicht in der Muttersprache der Besucher_innen wiedergegeben werden, der vermittlungstechnisch erschwerende Fremdsprachenaspekt hinzu. Der Text fungiert in diesem Fall somit nicht als möglicher Zugang zum Werk, sondern stellt die Besucher_innen vor ein Rätsel.

Während sich die Textproblematik bei der Verwendung von Sprache in den Kunstwerken selbst nur vereinzelt zeigt, ist der allgemeine Wunsch nach zusätzlicher Kontextinformation in meiner Untersuchung bei den Besucher_innen durchgehend vorhanden. Eine Besucherin der 6. Berlin Biennale moniert beispielsweise:

> „[W]enn man nicht den Katalog kauft, hat man überhaupt keine Information über die ausgestellten Werke. Man sieht die Namen des Künstlers, […] welche Materialien verwendet wurden, ob es Video oder andere Materialien [sind], die Dauer, wenn es ein Video ist, dann gibt es noch das Realisationsjahr, aber man hat keine Information, wo das herkommt, in welchem Rahmen das produziert wurde, was das erzählt in welchem Kontext. So ein ganz kleiner Text, finde ich, […] der fehlte." (P56: 22)

Interessant an der Beschwerde über fehlende Kontextinformation ist, dass sie unabhängig von der Spezifik der untersuchten Ausstellungen durchgehend geäußert wird. Konterkariert man diese Äußerungen mit dem vorhandenen Textangebot, zeigt sich, dass die Beschwerde einerseits teils tatsächlich auf fehlender Kontextinformation beruht und andererseits Informationen zwar vorhanden sind, diese von den Besucher_innen aber nicht als ausreichend empfunden werden oder manchmal auch nicht bemerkt werden. Das Problem liegt also nicht nur im zu geringen Textangebot, sondern auch im Grad der Verfügbarkeit von Text, der nicht nur vom Preis (gratis versus käuflich erwerbbar), sondern auch von seiner Sichtbarkeit abhängt. Die Kritik an der nicht ausreichend vorhandenen Kontextinformation lässt sich konkludierend als nahezu universeller Beschwerdetopos der Besucher_innen verstehen. Sie führt insbesondere dann zu Unzufriedenheit, wenn damit die als notwendig erachteten Hinweise zur Entschlüsselung der Kunstwerke für die Besucher_innen fehlen und der gewünschte Zugang zu den Kunstwerken nicht (genügend) eröffnet wird.

Grundsätzlich sehe ich in der Beschwerde über fehlende Kontextinformation wieder den Wunsch der Besucher_innen gegeben, „gute" Besucher_innen zu sein, welche die Inhalte der Ausstellung „verstehen" beziehungsweise ihnen kompetent entgegentreten wollen. Hier stellt sich jedoch gleichzeitig die Frage nach der möglichen Quelle dieses Gefühls von Kompetenz. Neben durchwegs mehr gewünschtem Text in der Ausstellung wird dieser Wunsch nach Kontextinformation teilweise auch direkt an die personale Vermittlung gerichtet, um schneller einen Einstieg in die Inhalte der Ausstellung zu bekommen. Besucher_innen betrachten Text und Kunstvermittlung folglich als elementare Hilfestellung in ihrer Annäherung an die Kunst. Bestätigt wird dies auch durch die bereits zitierte Studie von Leder et al. (2011: 8), welche Expertise und demnach auch Formen der Kunstvermittlung als wirkungsvoll zur Steigerung von Kunstgenuss ausweist.[8] Im positiven Sinne leisten diese Vermittlungselemente sozusagen emanzipatorische Hilfe, wenn Besucher_innen sich sodann in der Lage sehen, der Kunst kompetent entgegenzutreten. Allerdings offenbart sich hier meines Erachtens das Dilemma der Deutung, wenn Besucher_innen mit weniger Vorwissen ihre eigenen Interpretationen ohne Hilfsmittel möglicherweise als minderwertig betrachten oder erst über Hinweise im Text beziehungsweise durch personale Vermittlung als legitimiert ansehen. „Wem gehört die Bedeutung?", ließe sich diese Problematik in einer Frage zusammenfassen. Während Bourdieu (2006) meint, dass Kunst nur derjenige entschlüsseln kann, der die Mittel dazu hat und sich dabei an einem klassenspezifischen Distinktionsmodell orientiert, ist fraglich, ob dies heute und insbesondere in der zeitgenössischen Kunst und einer kritischen Kunstvermittlungspraxis noch so gesehen werden kann.

Die Frage nach der Bedeutungsmacht zeigt sich als weitreichende gesellschaftspolitische Frage, über die verhandelt wird, welches Vorwissen in der Ausstellung gefragt und welcher Zugang zur Kunst mit symbolischem Kapital ausgestattet ist. Entgegen der herkömmlichen und auch gut gemeinten Vermittlungsdenkweise, die Leute dort abzuholen, wo sie sich gerade befinden, wie dies mit dem Taxispielertrick[9] umschrieben

---

**8** | Konkret heißt es dort: „The findings suggest that art education is not merely a luxury that enables social distinction or canon-related refinement; an increase in art interest and expertise is associated with more positive and generally stronger experiences of art."

**9** | Kritisch bemerkt Nora Sternfeld (2005: 22) mit der Taximetapher, dass „die Fahrt für tatsächliche Emanzipation sowohl vom falschen Ort ausgeht – nämlich von der Vorstellung eines natürlich begabten Individuums unter völliger Ausblen-

wird, gehen kritische Kunst und Kunstvermittlung weiter. Aufbauend auf einem konstruktivistischen Verständnis von Lernprozessen nehmen sie bestenfalls jedes vorhandene Wissen ernst und sehen gleichzeitig auch die potenzielle Produktivität von Sprach- und Verstehenslücken gegeben (Mörsch 2009: 20f.). In diesem Sinne ist die Bedeutung eines Kunstwerks auch keine fixierte Einheit, die in einer Art Dienstleistung von Kunstvermittler_innen nähergebracht wird, sondern eine Frage der Auseinandersetzung. Denn wie auch Rebentisch (2003: 278–289) für die ästhetische Erfahrung festhält, sind Betrachter_innen keine neutralen Subjekte. Stattdessen liegt gerade in der unterschiedlichen Wahrnehmung, Erfahrung und Deutung der Kunst – entgegen einem interesselosen Wohlgefallen – das gesellschaftspolitische Potenzial begründet

## Sich zur Ausstellung in Beziehung setzen

„The way we see things is affected by what we know or what we believe", ist bereits im Buch „Ways of Seeing" (1977: 9) in Kritik an unhinterfragten hierarchischen westlichen Sehgewohnheiten bei der Interpretation von Kunstwerken nachzulesen. Auch die Ergebnisse meiner Untersuchung schließen an diesen Grundsatz an. Hinsichtlich der individuellen Auseinandersetzung mit den Kunstwerken wird im Gegensatz zu einer (einzigen) legitimen Deutung klar, dass der Umstand, ob Dinge in der Ausstellung für Besucher_innen bedeutungsvoll werden, davon abhängt, inwiefern sie diese mit sich selbst – mit ihren Interessen, ihren alltäglichen Handlungen und ihrem unmittelbaren Lebensumfeld – in Beziehung setzen können. Konkret kann es sich dabei um alltägliche Kommunikationsformen handeln, wenn eine Besucher_innen meint, „das war sehr nahegehend irgendwie und sehr realitätsnah [...], weil es auch irgendwie die ganze Zeit über [um] Handy, SMS-Texte oder Chattexte [...] ging" (P56: 18). Oder auch um ähnliche Kunstpraktiken, wenn eine Künstlerin für sich feststellt, „dass man schon bestimmte Arbeiten [hat], mit denen [man sich] [...] mehr identifiziert, oder dass es auch Dinge

---

dung seiner gesellschaftlichen Position – als auch zum falschen Ort führt – nämlich zum Funktionieren in der Gesellschaft. Nur geschieht die Fahrt listigerweise eben mit dem Taxi, die Strecke muss nicht mehr beschwerlich zu Fuß zurückgelegt werden."

sind, die man selbst gerne machen möchte" (P63: 57). Eine andere Möglichkeit sich zur Ausstellung in Beziehung zu setzen, besteht in der Übertragung von Thematiken auf das eigene Lebensumfeld, wie im Fall eines Besuchers bei der 6. Berlin Biennale, der in Reaktion auf die provisorische Holzhauskonstruktion von Petrit Halilaj zuerst über Katastrophen und die Notwendigkeit von Improvisation in fernen Ländern sinniert und dies im zweiten Schritt auf seine Heimat und seine eigenen Zukunftssorgen überträgt.

Eine besonders sinnbildliche Integration in die eigene Lebenswelt findet statt, wenn die Besucher_innen die Kunstwerke nach eigenen Assoziationen benennen. Mit dem Akt des Benennens geht – neben dem pragmatischen Aspekt auf etwas beschreibend zu verweisen (dessen Titel man sich zumeist nicht gemerkt hat) – ein offensichtliches sich selbst in Beziehung zu den Kunstwerken setzen einher. Gerade durch spezifische Bezeichnungen von Kunstwerken werden diese in die Nähe des eigenen Gedankenhorizonts gerückt. So beschreibt ein Grafikdesigner im Kunsthaus Bregenz die Arbeit „White Dickinson" von Roni Horn mit den einzeiligen Gedichtzitaten etwa als „Typo-Stelen" und sein Sohn äußert sich zu den runden Glasskulpturen „Well and Truly" mit: „Mir haben diese komischen Marschmallow-Dings-Bums gefallen" (P22: 34).

Wie aus diesen Beobachtungen deutlich wird, können Besucher_innen gewissermaßen nur vor dem Hintergrund eigener Erfahrungen dem Gesehenen Sinn zuschreiben und damit ihre eigene subjektive Wirklichkeit konstruieren. Diese Erkenntnis scheint sich, wie Volker Kirchberg (2010: 176f.) konstatiert, in der aktuellen Besucher_innenforschung nach ihrer konstruktivistischen Wende durchgesetzt zu haben. Hier werden Parallelen zur ethnomethodologischen und phänomenologischen Soziologie deutlich, da auch diese den sinnstiftenden Umgang mit dem Vorgefundenen zu ihrem Erkenntnisinteresse machen. In einem konstruktivistischen Museum, wie es insbesondere George E. Hein propagiert,[10] ist demnach auch das Vorwissen elementar, weil jede Erfahrung „durch einen Filter [geht], der aus vorhandenen Bedürfnissen, Interessen, Erinnerungen und Vorstellungen besteht [...]. Neue Informationen können

**10** | George E. Hein (1998: 153) meint diesbezüglich: „For visitors to have a positive experience, their interactions with the contents of the museum must allow them to connect what they see, do and feel with what they already know, understand, and acknowledge. The new must be able to be incorporated into the old."

nur über vorhandenes Wissen ‚interpretationsfähig' gemacht werden" (ebd. 177). Wenn also die Kunstwerke mit persönlichen Sichtweisen konfrontiert werden und auf diese Weise unterschiedliche Welten aufeinandertreffen, finden jene sinnstiftenden Praktiken statt, die den Dialog des Subjekts mit dem Objekt ausmachen.

## 5.2 Mit anderen interagieren

Während im letzten Abschnitt die Interaktion mit den Kunstwerken im Sinne eines interobjektiven Verhältnisses verhandelt wurde, soll in diesem Abschnitt die Interaktion der kopräsenten sozialen Akteure und Akteurinnen im Ausstellungsraum im Zentrum der Überlegungen stehen. Hier zeigt sich als Besonderheit am Format der Ausstellung, dass ihre Macher_innen im Alltag der Ausstellung für gewöhnlich persönlich nicht präsent sind und vor Ort somit nicht über ihre Person, sondern über das räumliche Setting mit Objekt, Bild, Text und Ton kommunizieren. Im Ausstellungsraum selbst sind Aufsichten und Besucher_innen in unterschiedlichen Gruppenkonstellationen anzutreffen, weshalb ich sie als die bestimmenden kopräsenten Akteure und Akteurinnen im Ausstellungsraum betrachte. Im Folgenden versuche ich ein Bild dieses Interaktionsverhaltens im Ausstellungsraum nachzuzeichnen, indem ich erstens die Akteure und Akteurinnen und ihre Gruppenkonstellationen beleuchte und zweitens das spezifische nonverbale und verbale Interaktionsverhalten untersuche. Von besonderem Interesse sind die zwei konträren Tendenzen von Besucher_innen, sich einerseits zu distanzieren und andererseits temporär zu vergemeinschaften.

### Die Aufsicht als Konstante

Im Rahmen eines Ausstellungbesuchs stellen Aufsichten eine Konstante dar. Insbesondere wenn keine anderen Besucher_innen vor Ort sind, werden sie verstärkt wahrgenommen. Als körperlich anwesende und gleichzeitig zuordenbare Mitarbeiter_innen repräsentieren sie – wenn auch auf einer niedrigen hierarchischen Ebene – die Institution.[11] In ihr sichtbares Tätigkeitsspektrum fallen laut meinen Beobachtungen und Gesprächen vor allem drei Aufgaben: bewachen, informieren und für einen reibungslosen Ablauf sorgen. Die Aufgabe des Bewachens, die sich auch in der Bezeichnung „Aufsicht" oder „Guard" als primärer Arbeitsauftrag widerspiegelt, wird von den Aufsichten durch ihre sichtbare Anwesenheit, durch augenscheinliches Beobachten und teils durch Ermahnen der Besucher_innen wahrgenommen. Positiver konnotiert ist demgegenüber die zweite Kernkompetenz der Aufsichten: das Informieren. So fungieren die Aufsichten in ihrer Rolle von anwesenden Mitarbeiter_innen als zentrale Anlaufstelle für Fragen jeglicher Art. Diese betreffen vor allem die Orientierung im Gebäude, beispielsweise mit der Frage, „wo denn das Café sei" (P81: 8), und die Kunstwerke: „Angesprochen von den Männern beginnt die Aufsicht über die Fertigung der Objekte zu sprechen" (P31: 22). Auffallend ist, dass die Aufsichten teils auch aktiv auf die Besucher_innen zugehen, indem sie sich für Fragen anbieten oder den Besucher_innen Textinformation überreichen. Das dritte sichtbare Aufgabengebiet der Aufsichten im Ausstellungsraum lässt sich wiederum mit „für einen reibungslosen Ablauf sorgen" umschreiben. Die Aufsichten kümmern sich um die Garderobe, das Einscannen der Tickets und bei Bedarf auch um die Kunstwerke, wenn eine Aufsicht etwa die Hühner der Installation von Petrit Halilaj mit Wasser versorgt.

Indem sich Aufsichten vor Ort aufhalten, in alle Prozesse der Wartung und Sicherheit der Ausstellung eingebunden sind und den Kontakt zu den Besucher_innen pflegen, ist es folglich nur verständlich, dass Philipp Wright (1989: 147f.) dafür plädiert, die Aufsicht als wichtige Informationsquelle zu nützen. Er bezeichnet die Aufsichten sogar als größte ungenützte Ressource des Museums („a museum's single, most significant, wasted asset"). Insbesondere Kurator_innen könnten von den Aufsichten lernen, da diese zumeist sehr genau wissen, wie Besucher_innen auf bestimmte Hängungen reagieren, was fokussiert betrachtet, was übersehen und was vorwiegend gefragt wird. Vereinzelt finden sich jedoch exemplarische Bestrebungen, die Aufsicht aus ihrer institutionellen Unsichtbarkeit zu holen wie dies etwas im bereits erwähnten Satellitenprojekt „With-Re-

**11** | In dieser wichtigen Funktion der Aufsichten erscheint es umso problematischer, dass sie nicht nur oft schlecht bezahlt werden, sondern dass dieser Dienst teilweise auch an externe Sicherheitsfirmen ohne Bezug zur Kunst ausgelagert wird.

Guards“ der 6. Berlin Biennale passierte. Weitere Fokussierungen der Aufsicht finden sich im DVD-Beitrag „Museumsaufsichten. Stehen zur Kunst“ von Lysette Laffin zum Buch „Museum x. Zur Neuvermessung eines mehrdimensionalen Raumes“ (2011) oder in der aufschlussreichen, wenngleich erst zwei Interviews umfassenden, Blogreihe „Ich arbeite hier“ mit Porträts von Guides der Deichtorhallen.[12]

Sofern Aufsichten jedoch nicht gerade offensichtlichen Arbeitsaufgaben nachgehen oder vor den Vorhang geholt werden, sind ebenso jene sichtbaren Taktiken interessant, welche die Aufsichten innerhalb ihrer Möglichkeiten zum „Zeitvertreib“ anwenden. Diese Aktivitäten sind vor allem herumgehen, sich über die Ausstellung informieren, mit Besucher_innen / Kolleg_innen sprechen oder aber sich am Platz zurückziehen, um zu lesen beziehungsweise auch einfach vor sich hin zu schauen. Damit verdeutlichen diese Handlungen zwei Tendenzen der Aufsichten mit ihrer physischen Präsenz im Ausstellungsraum umzugehen. Zum einen nützen sie diese, um bewusst Anwesenheit als Teil ihres Arbeitsauftrages zu demonstrieren. Zum anderen manifestieren Handlungen wie in einer „geschützten“ Ecke in einer Art körperlichem Stand-by-Modus Platz zu nehmen, zu lesen oder einfach den Blick zu senken, auch Taktiken, sich trotz physischer Anwesenheit zu absentieren[13] – und auf diese Weise möglicherweise auch den Besucher_innen ihre Ungestörtheit bei der Betrachtung der Kunst zu gewähren.

## Gemeinsam die Ausstellung besuchen

Den Aufsichten als wichtigen institutionellen Akteur_innen im Ausstellungsraum stehen die Besucher_innen gegenüber. Hinsichtlich der Betrachtung der Ausstellung als soziales Ereignis ist interessant, dass der Großteil der Besucher_innen – und dies unabhängig von Eröffnungen

**12** | Siehe deichtorhallen.de/blog/category/ich-arbeite-hier/ (23. 11. 2014).

**13** | Wie Stefan Hirschauer (1999: 242) in seiner Fahrstuhl-Interaktionsstudie aufzeigt, ist Anwesenheit nicht nur die wechselseitige Wahrnehmung physischer Präsenz, sondern „eine komplexe Variable aus Haltung und Dekor (Aufmerksamkeitssteuerung), perzeptiver Spannung (eigene Aufmerksamkeit), wechselseitiger Kenntnisname (nonverbal oder verbal) und Teilnahme (Orientierung, Ansprechbarkeit, Aktivitätsniveau usw.)“.

und Vermittlungsaktivitäten – auch bei regulären Individualbesuchen nicht allein sondern in der Gruppe kommt.[14] Die Gruppenkonstellation stellt sich als ein stark prägendes Element des Ausstellungsbesuches dar, insbesondere wenn man berücksichtigt, dass auch die dezidierte Kunstrezeption nicht unbedingt allein erfolgt. Vielmehr zeigt sich in meinen Protokollen der teilnehmenden Beobachtung, dass die Besucher_innen die meiste Zeit des Ausstellungsbesuches zusammenbleiben und sich nur punktuell trennen. Dies trifft umso mehr zu, je kleiner die Gruppe ist und hängt auch damit zusammen, dass Besucher_innen während des Ausstellungsbesuchs häufig miteinander kommunizieren.

An diesem Punkt klaffen idealisierte Rezeptionsvorstellung und gelebte Realität auseinander. Denn gilt zwar die solitäre Kunstbetrachtung als hoch angesehen und erstrebenswert, wird sie eher selten so praktiziert. Veranschaulicht wird diese Ambivalenz in der Studie „Geliebte Kunst" (Waibel 2010), bei der die Gültigkeit von Bourdieus und Darbels klassischer kunstsoziologischer Untersuchung „Die Liebe zur Kunst" 45 Jahre danach mittels stichprobenartiger Vergleichsdaten in Wiener Kunstmuseen überprüft wurde.[15] Obwohl in dieser Studie die überwiegende Mehrheit der Besucher_innen mit hohem Bildungsniveau den Wunsch angab, Museen allein besuchen zu wollen, stimmte dieses Vorhaben mit dem tatsächlich realisierten Museumsbesuch nicht überein. Vielmehr besuchten drei Viertel der Besucher_innen das Museum in einer Gruppe. Eine solche Zahl entspricht damit interessanterweise zum einen genau jenem durchschnittlichen prozentualen Gruppenbesuchswert von 75 bis 95 Prozent. Zum anderen steht diese Gruppenaktivität auch für jene Besuchsform, die Bourdieu und Darbel (2006: 85) in den 1960er-Jahren bei den

**14** | Philipp Wright (1989: 132) zitiert hierzu eine Studie von Lee Draper, laut der 75 bis 95 % aller Besucher_innen von Familie und Freund_innen begleitet werden. Dieselbe Angabe findet sich bei Friedrich Waidacher (1996: 223) und auch George Hein (1998: 172) sieht die Anzahl der Einzelbesucher_innen in einer Höhe von 5 bis 20 %.

**15** | Mit ihren Ergebnissen legt die Vergleichsstudie „Geliebte Kunst" (2010) eine generelle Bestätigung der Ergebnisse von Bourdieus und Darbels Untersuchung „Die Liebe zur Kunst" nahe. Trotz veränderter Anstrengungen vonseiten der Institutionen in den letzten Jahrzehnten zu Formen der Kunstvermittlung etc. bestimmt sich das Profil der Besucher_innen weiterhin im Sinne ihres hohen Bildungsstatus und der Bedeutung einer familiären Sozialisierung hin zur Kunst.

unteren Klassen beobachteten und in Zusammenhang mit dem Wunsch sahen, mit der Gruppe das mögliche Gefühl des Unbehagens zu vertreiben. Eine solche These lässt sich meiner Meinung nach heute jedoch weder statistisch noch theoretisch vertreten. Immerhin – und diesen Standpunkt möchte ich hier verfolgen, wenn ich die Ausstellung als soziales Ereignis argumentiere – gibt es doch neben dem bildungstechnisch hoch angesiedelten und für einige sicher erfüllendem Ideal, Ausstellungen allein zu besuchen, ebenso eine gruppendynamische Art des Ausstellungsbesuchs. Diese kennzeichnet sich meines Erachtens weniger durch eine niederschwellige Form der Annäherung als vielmehr durch eine andere, kommunikativere Art der Auseinandersetzung.

Hinsichtlich der im Ausstellungsraum anzutreffenden Gruppenkonstellationen,[16] ließe sich mit Erving Goffman (1982: 72f.) auch von Mehrpersonenindividuen sprechen. Diese erweisen sich in ihrem Verhalten (Positionierung in der Nähe zueinander, verstärkte Interaktionen, eindeutige Beziehungszeichen wie Händehalten etc.) als so zusammengehörig, dass sie wie eine Einheit behandelt werden können. Entgegen dem schlechten Ruf von Gruppenbesuchen haben Jeffrey K. Smith und Lisa F. Smith in ihrer Studie „Spending Time on Art" (2001: 234) herausgefunden, dass die Betrachtungszeit eines Kunstwerks in einem starken Zusammenhang mit der Gruppengröße steht. Gerade das Phänomen des Mehrpersonenindividuums übt bei der Betrachtung von Kunstwerken – im Gegensatz zu Faktoren wie Geschlecht und Alter ohne signifikanten Effekt – einen positiven Einfluss auf die Dauer der Kunstbetrachtung aus: Während Einzelpersonen durchschnittlich 20,6 Sekunden ein Werk betrachteten, wurde die Dauer bei Paaren mit durchschnittlich 47,4 Sekunden und bei Gruppen von drei Personen sogar mit 62,4 Sekunden gemessen. Die grundsätzliche Annahme, dass sich einzelne Besucher_innen gegenüber Besucher_innen in der Gruppe intensiver mit den Kunstwerken auseinandersetzen, wird mit dieser Studie somit widerlegt.

**16** | Laut meinen Beobachtungen dominiert im Ausstellungsraum eindeutig die Paarformation gefolgt von Kleingruppen mit drei bis fünf Personen. Größere Gruppen finden sich nahezu nur bei Kunstvermittlungsaktivitäten.

## Von unvermeidlichen Interaktionen

Wenn nun die Aufsichten und die Besucher_innen im Ausstellungsraum aufeinandertreffen, ist in gewisser Weise Interaktion vorprogrammiert. An diesem Punkt lässt sich Kommunikation gar nicht vermeiden, da ein Mensch zwar zu sprechen aufhören kann, sein Körper als performatives Medium aber auch dann weiter kommuniziert (Goffman 1971: 43). Nicht jede Interaktion ist jedoch in gleichem Maße auf andere ausgerichtet, weshalb Goffman (ebd. 35) im kommunikativen Verhalten unmittelbar anwesender Personen zwischen nicht zentrierter und zentrierter Interaktion unterscheidet. Während sich die nicht zentrierte Interaktion auf das Verschaffen von Informationen (z.B. durch einen kurzen Blick) über eine andere Person konzentriert, interagieren in zentrierten Interaktionen die kopräsenten Akteure und Akteurinnen bewusst miteinander. Beide Formen der Interaktion sollen im Folgenden im Fokus stehen, wenn ich insbesondere auf das Blickverhalten und die verbale Kommunikation unter den Akteur_innen im Ausstellungsraum eingehe.

Als eine Besonderheit der Interaktion im Ausstellungsraum stellt sich die gegenseitige Beobachtung dar, die gewissermaßen alle Anwesenden zu teilnehmenden Beobachter_innen macht. Das heißt, nicht nur die Aufsichten beobachten die Besucher_innen, sondern auch die Besucher_innen beobachten die Aufsichten oder andere Besucher_innen bei deren Ausstellungsbesuch. Unter Besucher_innen dient die Beobachtung zunächst zur Abstimmung ihrer Handlungen im Ausstellungsraum; die Navigation durch den Ausstellungsraum und das Territorium der dezidierten Kunstrezeption werden dabei definiert und abgesteckt. Des Weiteren dienen Blicke auf andere, so meine Beobachtung, zudem auch dazu, das eigene Verhalten an die Regeln des Umfelds anzupassen, das heißt abzuklären beziehungsweise sich zu vergewissern, welches Verhalten an diesem Ort als adäquat und erwünscht erscheint. Gerade in Momenten der Unsicherheit, beispielsweise hinsichtlich des Leitsystems, dient die Beobachtung anderer Besucher_innen dazu, sich (wieder) Orientierung zu verschaffen. Dem Auge als Sinnesorgan kommt hier, wie Simmel (1908: 647ff.) bereits in seinem „Exkurs über die Soziologie der Sinne" feststellt, eine herausragende Rolle zu, indem es über Blicke eine präzise Information über andere soziale Akteure und Akteurinnen gibt und gleichzeitig eine Abstimmung der einzelnen Handlungen möglich ist. Unabhängig von Worten kann so beispielsweise der Raumbedarf unter den Besucher_innen ausgehandelt werden. Blicke nehmen in dieser Hinsicht eine sozial-kommunikative Funktion ein, beispielsweise dann, wenn sich zeigt, dass Besucher_innen zumeist Rücksicht aufeinander nehmen und auf die Seite rücken oder weiterziehen, um anderen die Sicht auf die Kunst freizugeben. Denn auch Blicke brauchen trotz ihrer Immaterialität Platz und es wird ihnen auch Platz gemacht.

## Höflich Distanz wahren

Das rücksichtsvolle Agieren verweist auf ein weiteres Interaktionscharakteristikum der Ausstellung, das ich mit „höflich Distanz wahren" umschreiben möchte. Denn wie meine Beobachtungen zeigen, geben Besucher_innen, – insbesondere wenn sie sich nicht kennen – einander nicht nur Blicke auf Kunstwerke oder Schilder frei, sondern versuchen auch, sich dezent aus dem Weg zu gehen. Bei unterschiedlichen Rezeptionstempi wird beispielsweise versucht nicht zu eng aufeinander zu rücken und gegebenenfalls zu überholen, ums sich nicht in die Quere zu kommen. Damit weist der Ausstellungsraum Verhaltensweisen auf, die in normativer Sichtweise von einer höflich distanzierten und gesitteten Umgangsform geprägt sind. In der Strategie, sich zwar höflich zu behandeln, sich aber nicht zu nahe zu kommen, verknüpft sich der Wunsch, den anderen grundsätzlich wahrzunehmen, mit dem Vorhaben, gleichzeitig die wechselseitige Unbekanntheit aufrechtzuerhalten. Goffman (1971: 84–89) spricht hier von „civil inattention" oder, wie es in der deutschen Übersetzung heißt, von höflicher Gleichgültigkeit und exemplifiziert:

> „Solches Verhalten setzt hinreichende visuelle Beachtung des anderen voraus, die beweist, dass man seine Anwesenheit würdigt [...], während man im nächsten Moment die Aufmerksamkeit bereits wieder zurücknimmt, um zu dokumentieren, er stelle keinesfalls ein Ziel besonderer Neugier oder spezieller Absichten dar." (Ebd. 85)

Mit der höflichen Gleichgültigkeit zusammenhängend, scheint im Ausstellungsraum – wie Stefan Hirschauer (1999: 230f.) für soziale Interaktionen im Fahrstuhl aufgezeigt hat – teils ebenso die Regel der Distanzmaximierung zu herrschen. Dies wird beispielsweise ersichtlich, wenn

Besucher_innen – sofern sie sich nicht kennen – auf den Sitzgelegenheiten versuchen, möglichst viel (oder zumindest ausreichend) Abstand zueinander zu wahren. In einem Protokoll eines Ausstellungsbesuches vermerke ich etwa: „Ich verlasse nach kurzer Zeit den Raum und gehe zur Videoarbeit von Sela / Ami. Zwei Personen sitzen auf der Bank jeweils am anderen Ende“ (P52: 22). Bei diesen proxemischen Ordnungen wird ersichtlich, dass Besucher_innen grundsätzlich im Sitzen, Lehnen oder Stehen im Sinne der Distanzmaximierung zu einer Position an den Rändern tendieren. Gleichzeitig spielt meines Erachtens hier auch das (un-) bewusste Wissen um Beobachtung hinein, wenn Besucher_innen mit der Wahl einer peripheren Position nicht nur weniger Beobachtung ausgesetzt sind, sondern sie sich damit auch einen besseren Beobachtungsposten sichern.

## In der Rezeption vereint

Wie sehr sich Besucher_innen in der Ausstellung gegenseitig bewusst wahrnehmen, lässt sich auch in grundsätzlicher Abhängigkeit von der räumlichen Gestaltung des Museums und der Ausstellung lesen. Das Leitsystem etwa beeinflusst nicht nur in starkem Maße die Durchführung des Individualbesuchs, wie ich im vorigen Kapitel gezeigt habe. Des Weiteren zeigt es auch Auswirkungen auf die Interaktion der Besucher_innen miteinander, indem seine Struktur Momente des Wiederaufeinandertreffens organisiert. Bill Hillier und Kali Tzortzi (2011: 290ff., 300) weisen hier etwa auf die Besonderheit des „churning effect“ hin, der in einer Space-Syntax-Studie im Grundriss der neoklassischen Tate Britain nachgewiesen werden konnte. Im Vergleich mit einem sequenziellen Leitsystem (bei dem im Extremfall ein Raum auf den anderen Raum folgt und die Ausstellung über eine Kette von Raumabfolgen erschlossen wird) können Besucher_innen in der Tate Britain ausgehend von einer zentralen Achse einzelne Ausstellungsräume nach eigener Wahl besuchen. Im Sinne des „churning“, das heißt eines „Aufrührens“, tendiert die Struktur des Gebäudes, die Besucher_innen in einem ersten Schritt zu separieren, um sie später mit einer gewissen Wahrscheinlichkeit wieder aufeinandertreffen zu lassen. In der Interaktion der Besucher_innen verbinden sich auf diese Weise Momente der Isolierung mit zufällig erfahrenen Momenten der Kopräsenz, welche die Tendenz von Besucher_innen verstärken,

Räume sozial ansprechender wahrzunehmen. Dieser Effekt zeigt sich in meiner Feldforschung insbesondere in jenen räumlichen Konstellationen, bei denen der Rückweg durch die Ausstellungsräume selbst führt und es so nicht nur zum Wiederaufeinandertreffen mit der Kunst, sondern auch mit anderen Besucher_innen kommt.

Bei den unterschiedlichen Medien tendieren wiederum Installationen dazu, die Aufmerksamkeit der Besucher_innen füreinander und ihre Interaktion miteinander zu forcieren. Die räumliche Konstellation bei Installationen evoziert Blicke auf andere Besucher_innen und lässt Besucher_innen folglich auch zu (zumindest visuellen) Bestandteilen der Arbeiten werden.[17] Bei der 6. Berlin Biennale thematisiert beispielsweise die 2-Kanal-Videoinstallation von Mark Boulos „All That Is Solid Melts into Air" explizit Blicke, indem Besucher_innen nach dem Durchschreiten eines dunklen Ganges vorerst ihren Blick auf andere Besucher_innen richten, die gegenüber auf einer Bank oder im Eingangsbereich Platz genommen haben. Danach wird ihr Blick auf die zwei Videos an den gegenüberliegenden Seitenwänden gelenkt: Das eine zeigt Börsenhändler aus Chicago, die Termingeschäfte tätigen; das andere Bewohner_innen des Niger-Deltas, deren Lebensraum durch die zunehmende Erdölausbeutung und Verschmutzung der Fischgründe geprägt ist. Die Videos konkurrieren dabei um die Aufmerksamkeit der Besucher_innen, die der besonderen Rezeptionssituation nachzukommen versuchen, indem sie zwischen den beiden Leinwänden mit dem Blick hin- und herswitchen und dabei andere Besucher_innen immer wieder in ihr Blickfeld bekommen. Neben der intensivierten Beobachtung führt die gemeinsame Rezeptionssituation, die sich durch eine intensive sinnliche Erfahrung noch verstärken mag, möglicherweise auch zum Gefühl eines verbindenden Rituals.

Betrachtet man die beiden Strategien im Ausstellungsraum – einerseits die Begegnung in einer höflichen Distanz und andererseits das Vereintsein in einer spezifischen Rezeptionssituation –, stellt sich die Frage, ob die Ausstellung per se nun eher als kontakthemmend oder doch als

---

**17** | Claire Bishop (2005: 11) spricht von einem gesteigerten Bewusstsein für andere Besucher_innen, wenn sie im Rahmen der Tendenz von Installationen, Besucher_innen zu aktivieren, erläutert: „This introduces an emphasis on sensory immediacy, on physical participation [...], and on a heightened awareness of other visitors who become part of the piece."

kontaktfördernd zu charakterisieren sei. Je nach ausgestellter Kunst, je nach Ausstellungskonzept, je nach Institutionsverständnis, je nach Besucher_innenprofil kann eine Ausstellung mehr in die eine oder in die andere Richtung zu lesen sein. Für die Tendenz, eine höfliche Distanz zu wahren, sprechen etwa die Strategien von Besucher_innen, den anderen Weg oder eine bestimmte Position zu wählen, um möglichst ungestört oder gar allein bei der Kunstrezeption zu sein. Für die Tendenz, sich temporär zu vergemeinschaften, sprechen etwa gruppendynamische Effekte bei der Kunstrezeption (dasselbe anschauen, dieselbe Körperhaltung einnehmen, dieselbe Führung besuchen etc.) beziehungsweise ganz allgemein die gemeinsame Erfahrung einer Ausstellung, welche sich des Weiteren auch als Gesprächsstoff eignet.

## Und immer wieder Wortwechsel

Hinsichtlich des Kommunizierens im Ausstellungsraum eröffnen demnach zwei konträre Gesinnungswelten das Spektrum zwischen vereinzeln und vergemeinschaften: Das „Recht" auf die individuelle und stille Kunstbetrachtung, verkörpert im Idealbild der Kontemplation – ergänzt durch die im öffentlichen Raum grundsätzlich vorherrschende Regel, nicht ohne Weiteres zu einem Gespräch aufgefordert zu werden – steht im Ausstellungsraum im Konflikt mit einem grundsätzlichen Kommunikationsbedürfnis der Besucher_innen. Letztere Tendenz scheint sich heute im Ausstellungsraum durchzusetzen, wenn sich entgegen meiner Vorannahme zeigt, dass bei Ausstellungsbesuchen (auch fernab des Kunstvermittlungsprogramms) keineswegs wenig gesprochen wird. Vielmehr weisen die Beobachtungen unzählige Gespräche zwischen den Besucher_innen und auch teils mit den Aufsichten auf. Dabei wird nicht nur geflüstert, sondern besonders in den Zwischenbereichen wie etwa Treppenhäusern auch in normaler Lautstärke miteinander gesprochen. Systematisiert lassen sich zwei Formen der Kommunikation in meiner Untersuchung erkennen: die des instantanten Kommentars und die der informellen Vermittlung.

Der erste Fall zeigt sich beispielsweise bei einer Situation im Kunsthaus Bregenz: „Dort sehe ich, wie das Schweizer Paar auf der Bank sitzt, im Ausstellungsheft blättert und sich unterhält. Rechts neben dem Eingang stehen ein junger Mann und eine Frau vor einem Fotopaar und unterhalten sich, genauso ein anderes Paar am Anfang der Wand B. Das erste Paar geht dann ein paar Schritte in den Raum und unterhält sich nun mit dem Gesicht zueinander" (P33: 16). Das Motiv des Austauschs nimmt hier die Gestalt eines instantanen Kommentars an, bei dem das Sprechen über das soeben Rezipierte im Vordergrund steht. In dieser Form der Kommunikation erfüllt Kunst die Funktion eines Stichwortgebers oder auch eines Impulses, der zur weiteren gemeinsamen Entschlüsselung der möglichen Bedeutungsebenen des Werks beiträgt.[18] Der zweite Fall einer Vermittlungssituation tritt im Sinne eines klassischen Wissenstransfers dann ein, wenn anstatt des Austauschs über Eindrücke augenscheinlich die Weitergabe von Information im Vordergrund steht. „Ein junger Mann erzählt seiner Freundin etwas zu Hans Schabus' ‚Klub Europa'-Arbeit" (P40: 18), heißt es etwa in einem Protokoll oder an anderer Stelle: „Danach beobachte ich ein älteres Paar, das sich die Werke auf der Wand D sehr genau ansieht und lange dort verweilt, er erzählt der Frau dazu etwas, sie ist eher zurückhaltend" (P33: 8). Wiederholt konnte ich auch beobachten, dass die Aufsichten die Rolle der Vermittler_innen einnehmen, wenn sie auf Fragen der Besucher_innen eingehen und dabei auch ihr „Insiderwissen" zur Ausstellung preisgeben. Das Kommunizieren in der Ausstellung – in welcher Form auch immer – stellt somit ein verbindendes Element zwischen den anwesenden Personen dar und unterstützt die individuellen Bemühungen, dem Gesehenen Sinn zuzuschreiben. Auch hier kann analog einer konstruktivistischen Sichtweise argumentiert werden, dass erst durch Kommunikation Wirklichkeit erzeugt und soziales Lernen über jegliche Form von verbaler Kommunikation gefördert wird (Kirchberg 2010: 178).

Dass Sprechen auch Nachvollziehen heißt, demonstrieren Untersuchungen des bereits vorhin erwähnten empirischen Blicklabors (Engelbrecht et al. 2010: 37, Rosenberg 2011: 85f.). Hier wurden in einem Experimentalsetting zwei nach Expertise, Geschlecht und Alter symmetrische

**18** | Diese Form der Kunst-Kommunikation verbindet Tony Bennett (2010: 56) historisch mit dem Modell des Kuriositätenkabinetts, wo das Konzept des Museums als Ort des Scholars und der Stille dem Lärm weichen musste. Ungeachtet dieser heute so demokratisch klingenden Veränderung, weist Bennett hin, dass auch dieser Raum ein Umfeld schuf, dass ausgrenzte und gleichzeitig einband, indem vornehmlich männliche Mitglieder einer Elite hier ein ritualisiertes Gespräch kultivieren konnten.

Proband_innengruppen in der Bildbeobachtung mit Eye-Tracking aufgezeichnet. Die sprechende Kunstrezeption (durch die Beschreibung des Bildes in den letzten fünf Minuten der Betrachtung durch den Stimulus von offenen Fragen des Versuchsleiters) stand einer stummen Rezeptionsweise in der Kontrollgruppe gegenüber. Die Auswertung der Blickdaten offenbarte deutliche Unterschiede zwischen den beiden Gruppen, das Sprechen über die Gemälde induzierte einen veränderten Modus der Bildbetrachtung. So wird beim Sprechen über das Werk die Struktur des Bildes viel häufiger (bis zu 70 %) nachvollzogen, während das Auge deutlich längere Blicksprünge (bis zu 45 %) bei einer kürzeren Fixationsdauer (etwa 20 %) vornimmt. Die Forscher_innen nehmen basierend auf diesen Daten somit an, dass es im Sprechen und gleichzeitigen Betrachten zu einer mentalen Strukturierung des Gesehenen auf Grundlage der Erinnerung kommt. Dies passiert, indem erstens die Struktur des Bildes verstärkt nachvollzogen, zweitens das Gesagte in groben Augensprüngen überprüft und drittens sich mit kurzen Fixationszeiten des verbalisierten Eindrucks vergewissert wird. Durch das kombinierte Sehen und Sprechen kommt es in der gedanklichen Restrukturierung zu einer anderen, man könnte auch sagen einprägsameren Auseinandersetzung mit dem Bild.

Wenn in diesem Experiment bereits über das eher monologische Sprechen über Kunst positive Effekte auf die Kunsterfahrung nachgewiesen werden können, ist für die reale Ausstellungssituation insbesondere das Gegenüber im Gespräch entscheidend. George E. Hein (1998: 172ff.) sieht den positiven Effekt der sozialen Interaktion durch Sprache gerade in der kontrastierenden Funktion von Kommunikation gegeben, wenn Besucher_innen damit über ihre eigenen Erfahrungen und Deutungen hinausgehende andere Sichtweisen der Ausstellung erhalten und ihr eigenes Wissen oder sogar ihre Fähigkeit zu lernen erweitern können. Wie Hein für das konstruktivistische Museum weiter feststellt, akzeptiert dieses nicht nur die Möglichkeit des sozial vermittelten Lernens, sondern fördert es, indem es die Ausstellung, ihre Räume und deren Programme im Sinne der Produktivität von sozialen Aktivitäten gestaltet.

## 5.3 In der Interaktion Sinn produzieren

Wie ich in den beiden vorangegangenen Abschnitten zu zeigen versucht habe, liegt in der sozialen Interaktion mit Objekten und Subjekten ein Schlüssel zur Sinnproduktion der Besucher_innen. Zum einen wird damit deutlich, dass es sich bei der Sinnproduktion um einen individuellen Akt handelt, bei dem Besucher_innen gewissermaßen in den Dialog mit den Kunstwerken treten. Zum anderen findet die Sinnproduktion im Ausstellungsraum – entgegen meiner Vorannahmen und auch entgegen des „hehren" Ideals der Kontemplation – in großem Ausmaß auch im Prozess des Austauschs mit anderen Besucher_innen (oder auch den Aufsichten) statt. Die Ausstellung kann demnach als Ort der Zusammenkunft begriffen werden, in dem sich Objekte und Menschen begegnen und unterschiedliche Menschen aufeinandertreffen.

Genau in dieser spezifischen interobjektiven und intersubjektiven Interaktionssituation wird im Ausstellungsraum von den Subjekten Sinn produziert. Dies vollzieht sich in einem Prozess, der sich in analytischer Weise mit Überlegungen des symbolischen Interaktionismus nachvollziehen lässt. Denn laut Herbert Blumer (1981: 84) findet der Prozess der Bedeutungsproduktion in zwei Schritten statt, die mit dem Begriff des „Anzeigens" (indicate / indication) als ein Sich-auf-etwas-aufmerksam-Machen operieren: In einem ersten Schritt „zeigt der Handelnde sich selbst die Gegenstände an, auf die er sein Handeln ausrichtet" und interagiert dabei in einem „internalisierten sozialen Prozeß" mit sich selbst. In einem zweiten Schritt stellt der Handelnde sich die „Frage des Handhabens von Bedeutungen", bei der in Abhängigkeit von der konkreten Situation Bedeutungen ausgewählt, geprüft, zurückgestellt, neu geordnet und umgeformt werden. Blumer betont dabei, dass Bedeutungsproduktion somit kein Automatismus ist, sondern ein „formender Prozeß, in dessen Verlauf Bedeutungen als Mittel für die Steuerung und den Aufbau von Handlungen gebraucht und abgeändert werden" (ebd.). Bedeutungen werden so in der jeweiligen Situation mit sich selbst, aber auch mit anderen ausgehandelt.

Betrachtet man die Interaktion des Subjekts mit dem Objekt, ist es an dieser Stelle wichtig, zu wiederholen, dass ich diese nicht als Verständigung zwischen gleichberechtigten Elementen betrachte. Vielmehr sehe ich die Objekte als partizipatorische Elemente der Praxis beziehungsweise als konkrete Kommunikationsangebote – wie es Heiner Treinen (1996) in seinen Überlegungen zur Ausstellung in einer kommunikationstheoretischen Perspektive ausführt. Im Gegensatz zu Alltagsobjekten werden Objekte in der Ausstellung nämlich vornehmlich über ihre symbolischen und zeichenhaften Qualitäten erfasst und als „Vergegenständlichung ideeller und intellektueller Bedeutungsfelder" (ebd. 62) wahrgenommen. Genau diese Nichteindeutigkeit, die sich aus den symbolischen Qualitäten des Objekts ergibt und für das Kunstwerk wahrscheinlich noch mehr Gültigkeit beansprucht, ist es meiner Ansicht nach, die Besucher_innen nach der Entschlüsselung des Rätsels, nach der Entzifferung des Kunstwerks suchen lässt.

Genau diesen Wunsch sieht Treinen aufgrund der kommunikationstheoretischen Spezifik der Ausstellung jedoch als nicht einfach zu erfüllen beziehungsweise sogar als komplexe Herausforderung, die hohe Anforderungen an die Kompetenzen der Besucher_innen stellt: Diese müssen erstens eine expressive oder anders gesagt eine hervorbringende Haltung zu den Objekten entwickeln, anstatt deren praktischen und subjektiven Nutzen zu ergründen; zweitens ihr analytisches Denken anwenden, um die von den Ausstellungsmacher_innen gemeinten Bedeutungen im Objekt erfassen zu können; drittens die über das isolierte Objekt der Ausstellung natürlicherweise fehlenden Kontextinformationen in einer mentalen Komplementierung ergänzen und viertens die Bedeutungsintentionen und Zielvorstellungen von Ausstellungsmacher_innen auf der Präsentationsebene identifizieren, selbst wenn diese möglicherweise gar nicht ihrer Sichtweise entsprechen. Aus diesen hohen Anforderungen schlussfolgert Treinen, dass „Aufgaben mit diesem hohen Komplexitätsgrad" unlösbar sind, „sofern nicht kommunikative Situationen vorliegen oder produziert werden, in denen ein Austausch von Lösungsvorschlägen, von Hypothesen, Standpunkten und Vergewisserungen stattfinden kann" (ebd. 63).

Dementsprechend ist es auch nicht verwunderlich, dass in meiner Untersuchung Besucher_innen bei ihren Versuchen, die Kunstwerke und die Ausstellung zu entschlüsseln, nahezu durchgängig den Bedarf nach sich vermittelnden Kommunikationssituationen offenbaren und bei Kritik Kontextinformation (sei es in Form von Text oder personaler Vermittlung) so vehement einfordern. Gerade die visuelle Kommunikation, wie sie in der Ausstellung dominiert, scheint aufgrund ihrer tendenziellen Offenheit oft weitere Indizien nötig zu machen, um für Besucher_innen verständlich und sinnstiftend zu werden. An diesem Punkt wird meiner Ansicht nach auch die verbale Kommunikation im Ausstellungsraum signifikant, da insbesondere in der Kopräsenz geteiltes Wissen präsenter und fokussierter erscheint. Die Face-to-Face-Situation vermag dabei als „Urtypus jeglicher sozialen Interaktion" und als primärer „Bereich des Erlebens und Erfahrens, des Handelns und des Deutens" jenes Vertrauen „für die koordinierte Sinngebung und Sinndeutung" erwecken (Raab / Soeffner 2005: 169f.), welches die Ausstellung als Zeichenspiel schlussendlich fassbar macht.

Durch die körperliche Kopräsenz der sozialen Akteure und Akteurinnen im Ausstellungsraum ergibt sich nicht nur die Möglichkeit einer eindeutigeren Kommunikation,[19] sondern stellt sich über das Miteinandergehen und -sprechen auch eine spezifische Soziabilität ein. Jo Lee und Tim Ingold (2006: 79) verweisen auf den Aspekt, dass es sich beim Gehen um eine besonders gesellige Form der Fortbewegung handelt, deren Potenzial im „shared understanding through movement, through walking together" liegt. Während Simmel dem Auge und dem Blickkontakt eine primäre Rolle unter den Sinnen zugesteht, sehen Lee und Ingold das Soziale des Gehens nicht im gegenseitigen Anblicken, sondern im für alle identischen Sichtfeld gegeben. Denn indem gemeinsam Gehende das, was sie zu sehen bekommen, und auch den Rhythmus ihrer Schritte teilen, sind sie möglicherweise nicht nur in der Bewegung, sondern auch in den Gedanken vereint. Ich würde sogar wagen zu behaupten, dass diesem Aspekt des gemeinsamen Sichtfeldes in der Ausstellung eine noch größere Bedeutung zukommt. Da sich die ästhetische Erfahrung ja gerade erst über die Zuwendung zu einem bestimmten Objekt definiert, wird in dieser Fokussierung das gemeinsam Gesehene und Erfahrene nicht nur präzisiert, sondern auch intensiviert. Eine Intensivierung der Geselligkeit ließe sich auch mit Simmels (1995 / 1903a: 167–171) Überlegungen zu wandernden Gruppen argumentieren. Simmel streicht hier die „Energie des Gegenwärtigen" (ebd. 170) hervor, die wandernde Gruppen zumindest für den Moment ihre Indifferenzen vergessen lässt und im Konzept der

**19** | Wie Jürgen Raab und Hans-Georg Soeffner (2005: 170) zusammenfassen, „vermittelt die Face-to-Face Situation wie keine andere den Eindruck der unmittelbaren Evidenz des Gegenübers, seines Fühlens, Wollens und Denkens, seiner Handlungen, Haltungen und Eigenschaften. Sie eröffnet damit in besonderer Weise den wechselseitigen Zugang zueinander und bildet die Grundlage des Verstehens des Wissens und des Handelns".

Reisegemeinschaft kumuliert, bei der „die Gelöstheit von dem gewohnten Milieu, die Gemeinsamkeit der momentanen Eindrücke und Begegnisse" sowie das Bewusstsein des Wiederauseinandergehens zusammenwirken (ebd. 171). Insbesondere die außeralltägliche Sphäre der Kunst sowie die kollektive Verbindung über den Rezeptionsmoment stellen meines Erachtens zentrale Aspekte der spezifischen Soziabilität der Ausstellung her.

Als ein weiterer entscheidender Aspekt der sozialen Rezeptionssituation fungiert der gemeinsame Austausch. In dieser kommunikativen Konstellation präsentieren sich die Kunstwerke in Form von Stichwortgebern oder als zu dechiffrierende Objekte, sodass sich die Geselligkeit des gemeinsamen Gehens und Sehens noch über das Gespräch verstärkt. Mit der räumlichen Nähe, um wieder mit Simmel (1995 / 1903a: 159f.) zu sprechen, erfolgt gewissermaßen eine allgemeine Aufwertung der einzelnen Sinne. Dem Gesprächssinn kommt jedoch eine spezifische Bedeutung zu, da durch das Gespräch ein individuelles Verhältnis geschaffen wird und sich weit mehr als etwa das Aussehen des Nächsten im Gedächtnis einprägt. Das Gespräch im Ausstellungsraum dient dabei insbesondere dazu, unterschiedliche Sichtweisen über Objekte und Eindrücke auszutauschen und sich der komplexen Kommunikationssituation zu stellen. In der Interaktion mit dem Objekt offenbart sich, dass jede Interpretation auf bestehendem Wissen basiert und erst in der Verschränkung von Vorwissen, neuem Input durch die Ausstellung oder auch bestimmten Sichtweisen von anderen sozialen Akteur_innen die Sinnproduktion stattfindet. Dem symbolischen Interaktionismus folgend, kann Bedeutung als soziales Produkt gelesen werden, das „aus der sozialen Interaktion, die man mit seinen Mitmenschen eingeht, abgeleitet ist oder aus ihr entsteht" (Blumer 1981: 81).

Insbesondere die Cultural Studies haben sich mit der Bedeutung von Medienprodukten und deren sozialem Entstehungszusammenhang auseinandergesetzt mit dem Anliegen der Komplexität und der ambivalenten Rolle von Medien nachzukommen. Das heißt, die Cultural Studies erkennen die Verstärkung von ideologischen Strukturen und Machtverhältnissen durch mediale Repräsentation zwar an, gleichzeitig betrachten sie Medien aber als Ressource für die Konstruktion von sozialer Identität, für die Konstitution von ästhetischen Gemeinschaften und für widerständige Lesarten. Folglich ist die heutige Medienkultur auch „keine aufoktroyierte Massenkultur", sondern – und dies lässt sich meiner Meinung nach 1:1 auf die Ausstellung übertragen – „sie lebt von der sozialen Auseinandersetzung, von der Partizipation der Konsumenten und deren Produktivität in der Schaffung von Bedeutungen, Vergnügen und Identitäten" (Winter 2003: 431f.). John Fiskes Polysemiekonzept folgend, liegt die „Bedeutung eines Textes" „nicht in seiner Struktur verankert, sondern entfaltet sich im Zusammentreffen, in der Interaktion von Text und Leser, die beide in gesellschaftlich-kulturellen Kontexten positioniert sind" (ebd. 438). Fiske vertritt dabei die These, dass die Popularität von Medientexten in ihrer Polysemie begründet ist: Je offener ein Text ist und je mehr unterschiedliche Bedeutungen an ihn herangetragen werden können, desto produktiver stellt sich die Bedeutungsproduktion für die Rezipient_innen dar.

Im Sinne einer kommunikationswissenschaftlichen Rezeptions- und Aneignungsdebatte zeigt die Sinnproduktion umso nachhaltiger, je länger die Inhalte der Ausstellung für gedankliche Anregungen und für Gesprächsstoff sorgen. Friedrich Krotz (2001: 88–93) spricht hinsichtlich dieser zeitlich versetzten Kommunikationsmodi von einer Rezeptionskaskade, die vom Einnehmen unterschiedlicher Perspektiven zum Gesehenen in einem Dialog mit sich selbst, über die Kommunikation mit anderen während der Rezeption bis hin zu einer nachwirkenden Übernahme des Gesehenen in den Alltag reichen kann. In der Rezeptionskaskade offenbart sich folglich ein „komplexes Geflecht von Einbettungen der rezipierten Inhalte in die individuellen, biographisch organisierten und in sozialen Bezügen realisierten Erfahrungen, die sich alle aufeinander beziehen" (ebd. 91). In einer psychologischen Museumsstudie konnte wiederum analog zu dieser Rezeptionskaskade nachgewiesen werden, dass abgespeicherte Erinnerungen an ein Kunstwerk nach einem Zeitraum von fünf Monaten im Vergleich zu kurz nach dem Besuch verstärkt mit individuellen emotionalen Inhalten und passenden autobiografischen Elemente verbunden wurden (Medved / Cupchic / Oatley 2004). Mit der verstrichenen Zeit setzten die Besucher_innen also die erinnerte Kunst mehr mit sich selbst in Beziehung, sodass hier von einer prozessualen Aneignung gesprochen werden kann. Dass jedoch Kunstwerke überhaupt lange nach dem Ausstellungsbesuch noch Relevanz besitzen (und gerade dann individuelle Aneignungsmodi auslösen), bedarf nicht nur eines grundsätzlich möglichen Konnexes zwischen der Lebenswelt der Besucher_innen und der Kunst, sondern bestenfalls auch eines kommunikativen

Umfelds, in dem das in der Ausstellung Gesehene und Erfahrene auch thematisiert, diskutiert und interpretiert werden kann.[20]

Wie die Beobachtungen der Handlungen und Interaktionen der Besucher_innen im Ausstellungsraum gezeigt haben, kommt, entgegen dem konventionellen Bild der kontemplativen Kunstbetrachtung, der kommunikativen Auseinandersetzung mit der Ausstellung während des Besuchs und danach eine entscheidende Rolle zu. Der Austausch mit anderen verstärkt die individuellen Bemühungen der Sinnproduktion und kann darüber hinausgehend über die gemeinsame Erfahrung der Ausstellung zur Vergemeinschaftung beitragen.

## 5.4 Von fragilen Gemeinschaften

Diese möglichen temporären Gemeinschaften möchte ich im Hinblick auf das gesellschaftspolitische Potenzial der Ausstellung in diesem Abschnitt noch genauer untersuchen. Damit stelle ich gewissermaßen den Aspekt der Soziabilität der Ausstellung im Sinne der Gemeinschaftsbildung zur Diskussion. Denn auch wenn sich die Ausstellung durch eine Reihe sozialer Begegnungen zwischen Menschen und Dingen kennzeichnet, kann Gemeinschaft in diesem Setting noch lange nicht als gegeben angesehen werden. Doch was bedeutet Gemeinschaft überhaupt heute und wie könnte sich eine solche über die Ausstellung formieren?

Mit der Bezeichnung „fragile Gemeinschaften" deute ich bereits vorweg darauf hin, dass das Attribut „fragil" möglicherweise nicht nur auf den Zustand dieser temporären Gemeinschaften verweist, sondern auch das grundsätzliche Zustandekommen dieser Gemeinschaften nicht als sicher gelten kann. Denn wie Zygmunt Baumann (2009: 9) über das „süße" Wort Gemeinschaft schreibt, bezeichnet dies „eine Welt, die sich bedauerlicherweise erheblich von der unseren unterscheidet – in der wir

---

**20** | Wie Heiner Treinen (1996) meint, erfordern Ausstellungsbesuche nicht nur vorausgehende, sondern auch nachfolgende Kommunikation, „um eine spezifische Bedeutungszuweisung für den Betrachter und sein Milieu zu gewinnen" (ebd. 63f.). Fehlt bei Besucher_innen jedoch dieser kommunikative Bezugsrahmen, weil sich der entsprechende Familien-, Freundes- oder Bekanntenkreis nicht damit identifiziert, haben Ausstellungsbesuche weitaus geringere Chancen, sinnstiftend zu werden.

aber liebend gerne leben würden". Von einer fragilen Soziabilität zu sprechen bedeutet des Weiteren den Überlegungen Ronald Hitzlers (2010: 23) zu folgen, der im Anschluss an Goffman feststellt, dass die Gesellschaftlichkeit des Individuums, „d.h. seine Beziehung zu und sein Umgang mit – konkreten und anonymen – anderen Interaktionsteilnehmern und deren Verkehrsregeln [...] zeitlebens ein Bewältigungsproblem" ist. Flexible Interaktionsordnungen und Lebensentwürfe führen dazu, dass der Mensch immer wieder soziale Ordnung und Bindungen herstellen muss und er folglich der Welt weniger instinktiv, sondern eher interpretativ gegenübertritt. An diesem Punkt spielen heute, wie Michaela Pfadenhauer (2010: 355f.) ausführt, posttraditionale Gemeinschaften zunehmend eine Rolle, die sich – im Gegenzug zu traditionellen Formen der Vergemeinschaftung wie etwa der Familie – als neue Form der Sozialbindung ausweisen. Allgemein sind posttraditionale Gemeinschaften im Vergleich zu traditionellen Gemeinschaftsformen dadurch gekennzeichnet, dass sie freiwillig sind, oft nur temporär eingegangen werden und sich demnach zumeist nur geringe Verpflichtungen ergeben. Teilhabe ist kein Zwang, vielmehr wird in posttraditionalen Gemeinschaften immer wieder zur Teilhabe verführt. So stellen posttraditionale Gemeinschaften im Grunde den Versuch dar, positive Seiten wie Sicherheit und Aufgehobensein in der Gruppe zu nützen, ohne die mit Gemeinschaft grundsätzlich verbundenen individuellen Limitierungen und kollektiven Verpflichtungen allzu ernst zu nehmen.

## Von der Gemeinsamkeit zur Gemeinschaft

Um über die Gemeinsamkeit hinausgehend überhaupt von Gemeinschaft sprechen zu können, stellen Ronald Hitzler, Anne Honer und Michaela Pfadenhauer (2008: 10) fünf Merkmale für Gemeinschaften auf: „a) die Abgrenzung gegenüber einem wie auch immer gearteten ‚Nicht-Wir', b) ein wodurch auch immer entstandenes Zu(sammen)gehörigkeitsgefühl, c) ein wie auch immer geartetes, von den Mitgliedern der Gemeinschaft geteiltes Interesse bzw. Anliegen, d) eine wie auch immer geartete, von den Mitgliedern der Gemeinschaft anerkannte Wertsetzung und schließlich e) irgendwelche, wie auch immer geartete, den Mitgliedern zugängliche Interaktions(zeit)räume". Was bedeutet dies für die Ausstellung?

Auf den ersten Blick mögen ein distinktionsbehafter Habitus von kompetenten Ausstellungsbesucher_innen versus Nicht-Besucher_innen, ein gemeinsames Interesse an den Ausstellungsinhalten, die Wertschätzung von Kunst und Kultur innerhalb eines bestimmten Milieus sowie der geteilte Interaktionszeitraum während des Ausstellungsbesuchs eindeutig für das Vorkommen von Gemeinschaften sprechen. Die äußerst uneinheitliche Grundgesamtheit von Ausstellungsbesucher_innen (auch im Zuge eines verstärkten Kulturtourismus), die zunehmende Fragmentierung der Gesellschaft mit ausdifferenzierten Interessen und Wertsetzungen (der eine „gesetzte" Institution wie das Museum möglicherweise nicht nachkommen kann) sowie dass Faktum, dass teils Ausstellungsbesuche (etwa in Form von Schulausflügen) nicht unbedingt freiwillig erfolgen, mögen dieser ersten Grobeinschätzung jedoch widersprechen. Die Ausstellung präsentiert sich meines Erachtens nach nicht per se als gemeinschaftsfördernde Konstellation. Je nach Intention und Nutzung dominieren eher vereinzelnde oder eher gemeinschaftliche Elemente, sodass das Medium Ausstellung sich als flexibel und bezüglich seiner gemeinschaftlichen Tendenzen als fragil erweist.

Allein die Sehnsucht des modernen, individualisierten Menschen nach Vergemeinschaftung und das Interesse am Zusammensein mit Gleichgesinnten, wie Pfadenhauer (2010: 356) sie zusätzlich für posttraditionelle Gemeinschaften herausstreicht, sprechen wiederum eindeutig für eine Gemeinschaftsbildung. In der Ausstellung werden „sowohl ein Höchstmaß an individueller Freiheit als auch ein attraktives Zusammensein mit gleichgesinnten Anderen" (ebd.) angeboten – also jene zwei Dinge, die heute besonders ansprechende Gemeinschaftsformen vereinen. Auch Rainer Winter (2010: 97) bestätigt diese Sehnsucht nach temporärer Vergemeinschaftung, wenn er mit Bezug auf Michel Maffesoli und seine „Rückkehr der Stämme" feststellt: „Gerade in einer Gesellschaft, in der die großen Erzählungen des Fortschritts und die politischen Utopien verlorengegangen sind, gewinnt diese banale und flüchtige Sozialität des Alltagslebens verstärkt an Bedeutung." Gemeinschaftsbildung ist folglich in einer konsumistisch orientierten Gesellschaft weniger im Wunsch nach der Verwirklichung von Utopien als vielmehr in der unmittelbaren Befriedigung emotionaler Bedürfnisse begründet.

Diese Beschreibung entspricht damit auch jenen ästhetischen Gemeinschaften, wie sie Baumann (2009: 73–90) im Kontrast zu ethischen Gemeinschaften entwirft und im Zusammenhang mit regelmäßig wiederkehrenden Einzelereignissen sieht. Dementsprechend charakterisiert er ästhetische Gemeinschaften treffend, aber auch etwas pessimistisch, als reine Anlassgemeinschaften: Unabhängig von ihrem inhaltlichen Brennpunkt sind ihr gemeinsames Merkmal gerade ihre oberflächlichen und kurzlebigen Bindungen, die genau aus diesem Grund keinerlei Einschränkungen, kaum Ängste, kein Netz ethischer Verantwortlichkeiten und Verpflichtungen nach sich ziehen. Ob eine Gemeinschaft trotz dieser Resistenz gegen die Permanenz weiterhin fortbesteht, hängt auch von Gruppenritualen ab, denn schließlich „müssen die Bindungen ästhetischer Gemeinschaften ‚erlebt' werden, und zwar unmittelbar vor Ort" (ebd. 89). Damit stellt sich die Frage, ob die Ausstellung ein solches sinnliches Ritual bereitstellt, das Besucher_innen dazu verführt, Teil einer temporären Gemeinschaft zu werden.

## Im (individuellen) Ritual kollektiv vereint

Doch um welches Ritual handelt es sich bei der Ausstellung? Dorothea von Hantelmann (2012) etwa sieht die Entstehung der modernen Ausstellung vor 200 Jahren und das mit ihr verbundene Ritual im neuem Verhältnis zum materiellen Objekt begründet. Im Gegensatz zu vormodernen Formen der Ausstellung wie etwa in fürstlichen Sammlungen, wo das Objekt noch als Dekor diente, wird in der modernen Ausstellung das Objekt zum Gegenüber des Subjekts. Das Museum und die Ausstellung stellen jenen Rahmen bereit, in dem die ästhetische Erfahrung auf einer zweckfreien Stufe als Ritual eingeübt und über das Objekt Subjektivität produziert und kultiviert werden kann. Da in der Ausstellung nicht ein unbestimmtes Kollektiv, sondern der/die Einzelne angesprochen werden, bestimmen sich das Museum und die Ausstellung „als das erste öffentliche Ritual, das ein Individuum als Individuum adressiert" (ebd. 12). Doch wie von Hantelmann feststellt, ist diese Errungenschaft der Ausstellung gleichzeitig heute auch ihr Problem, da das Format angesichts umfangreicher Themenstellungen und eines heterogenen Publikums Mühe hat, wirkliche Bindungen herzustellen. Das stringente Subjekt-Objekt-Verhältnis scheint an Bedeutung zu verlieren. Dies zeigt sich beispielsweise daran, dass Arbeiten von Künstler_innen weniger einem singulären kultischen Objekt entsprechen und auch die Besucher_innen sich analog einer späten Konsumgesellschaft in Ausstellungen weniger auf einzelne Dinge, sondern vielmehr auf Erfahrungen beziehen – wie ich dies etwa bei der Tendenz, den Raum einfach wahrnehmen zu wollen, beschrieben habe. Kurz gefasst könnte man auch sagen, die Ausstellung zollt der Struktur der posttraditionalen oder auch ästhetischen Gemeinschaften ihren Tribut, wenn sie sich zwar verstärkt als für jedermann zugänglich ausweist, aber nur schwer entsprechende Bindungen kreieren kann.[21]

Damit stellt sich die Frage, wie es die Ausstellung heute dennoch schaffen kann, Bindungen herzustellen. Eine mögliche Antwort auf das Vermögen der Ausstellung Bindungsmomente herzustellen, könnte in der in den Ausstellungsbesuch integrierten Kommunikation liegen. Historisch führt diese Sichtweise der Ausstellung als Ort der Kommunikation jedoch nicht zum Ursprung der Ausstellung in der Aufklärung, sondern zu vormodernen Ausstellungsformen wie etwa die Wunderkammer oder auch die Galerie. Während die Wunderkammer mit dem Ausstellen von Außergewöhnlichem und Kuriosem das gemeinsame Betrachten und Entschlüsseln beförderte (Bennett 2010: 55f.), war die Galerie schon aus räumlicher Hinsicht in der Verbindung der Palastanlagen und mit dem Entwurf von „bewegten Betrachter_innen" als Ort der Kommunikation angelegt (Sheehan 2002: 54). Dementsprechend verwundert es auch nicht, wie Eva Kernbauer (2012: 53) in der kunsttheoretischen Betrachtung des Publikums im 17. und 18. Jahrhundert herausstreicht, dass sich eine solche Kunstöffentlichkeit insbesondere von den damals äußerst populären Formen literarischer Öffentlichkeit abgrenzte, die sich über ihre Ortlosigkeit und theoretisch unbegrenzte Reichweite kennzeichneten. Bei der Öffentlichkeit der Ausstellung wurde stattdessen auf die soziale Gemeinschaft in einer sichtbaren Präsenz hingewiesen. Die Kunstrezeption bestimmte sich über ein kommunikatives Gemeinschaftsritual, sodass in Analogie zum Theaterpublikum auch entsprechende Rezeptionstheorien zur Anwendung kamen.

**21** | Dazu schreibt Baumann (2009: 82) aufschlussreich: „Solange sie lebendig ist [...], ist die ästhetische Gemeinschaft ein schillerndes Paradox: einerseits muß sie für jedermann zugänglich sein, weil eine Prüfung der individuellen Berechtigung die Freiheit ihrer Mitglieder beeinträchtigen bzw. negieren würde. Zugleich muß sie jedoch den daraus resultierenden Mangel an Bindungskraft verheimlichen, um die Beruhigungsfunktion nicht zu verlieren, auf die es ihren Anhängern vor allem ankommt."

Nicolas Bourriaud, dessen „Relational Aesthetics" vor allem in den späten 1990er-Jahren und den beginnenden 2000er-Jahren viel diskutiert wurden, sieht ebenso im Modus der Rezeption bildender Kunst ein kommunikatives Privileg gegeben. Denn im Unterschied zu Fernsehen, Literatur, Theater oder Kino führe die bildende Kunst in der Ausstellung kleine Gruppen vor Kunstwerken zusammen, erlaube damit Diskussion und ermögliche Gemeinschaft. In Unterscheidung zum Gespräch des 17. Jahrhunderts, dessen Zweck in der Übersetzung des bildlichen in den sprachlichen Genuss lag, bewertet Bourriaud das heutige Gespräch im Ausstellungsraum als eigenständigen Mehrwert (Kernbauer 2012: 66f.). Gleiches ließe sich auch wieder in Bezug auf posttraditionale Gemeinschaften sagen, bei denen neben der Affinität zu einem bestimmten Thema gerade die Kommunikation darüber als verbindendes Kriterium gilt. Im kompetenten Sprechen und Dialogisieren drückt sich nicht nur ein gewisser Wissensvorsprung aus, sondern wird zudem durch die Verständigung über Werthaltungen und Einstellungen die Bindung unter Gleichgesinnten gestärkt (Pfadenhauer 2010: 359f.). In diesem Sinne spricht sich auch Hubert Knoblauch (2008) für die Charakterisierung dieser Gruppen als Kommunikations- und eben nicht als Wissensgemeinschaften aus, da für die Etablierung der Gemeinschaft die Kommunikation ausschlaggebender ist als das vorhandene Wissen. Interessant in Bezug auf das erhöhte Kommunikationsaufkommen in Ausstellungen ist somit auch Knoblauchs These, dass „die Abnahme des gemeinsamen Wissens durch eine Zunahme der Kommunikation ausgeglichen" wird, so dass sich Gesellschaften aufgrund fehlender impliziter Gewissheiten fortlaufend ihrer sozialen Bezüge vergewissern müssen und demnach das Attribut „geschwätzig" verdienen (ebd. 84).

### Unterschiedlichen Öffentlichkeiten begegnen

So bedeutend das Sprechen über Kunst ist, so darf dennoch nicht vergessen werden, dass selbst in der Interaktion mit dem Objekt über die Intentionen der Ausstellungsmacher_innen und über die Lesarten der Besucher_innen bereits mehrere Sichtweisen aufeinandertreffen. Eva Kernbauer (2012: 67) verweist in diesem Zug auf Jacques Rancière und dessen Plädoyer, bereits das Schauen als Handlung anzuerkennen. Wenngleich eine solche emanzipatorische Forderung in einem soziologischen Handlungsbegriff bereits angelegt ist,[22] ist diese Aufwertung des Schauens im Ausstellungsraum folgenreich. Damit ist nicht nämlich nur das Sprechen, sondern auch das Schauen bereits eine „Welten erschließende" interpretative Handlung, über welche die Besucher_innen partizipierend an der Ausstellung teilnehmen können. Auch Juliane Rebentisch (2003: 278–288) lokalisiert im interpretativen Betrachten – entgegen dem interesselosen Wohlgefallen – den gesellschaftspolitischen Moment der ästhetischen Erfahrung, da Kunstwerke je nach Perspektive der Betrachter_innen ganz unterschiedliche Wahrnehmungen hervorrufen. „In einer solchen Erfahrung", schreibt sie (ebd. 284), „empfängt man nicht einfach politische Botschaften, sondern wird vielmehr mit den eigenen, sozialen und kulturellen Hintergrundannahmen konfrontiert". Das heißt, das Subjekt wird bei der Herstellung von Bedeutungen auf seine eigene Produktivität verwiesen. Dies geschieht insbesondere dann, wenn das Kunstwerk in seiner Struktur unterschiedliche Lesarten nicht nur zulässt, sondern diese auch befördert.

Sieht man somit in der Rezeption ein gesellschaftliches Moment der Ausstellung begründet, ist es des Weiteren interessant, einem Gedanken von Irit Rogoff (2005) aus ihrem Essay „Looking Away – Participations in Visual Culture" zu folgen. Rogoff verortet nämlich nicht nur im „looking at", sondern auch im „looking away" eine produktive Auseinandersetzung der Besucher_innen mit dem Ausgestellten. Nicht nur das Hinsehen, auch das bewusste Wegsehen, Auslassen, kurz die Betrachtung der Ausstellung ganz nach dem eigenen Gutdünken (wie dies Besucher_innen laut meinen Untersuchungsergebnissen auch großteils machen) sollen und können als gesellschaftlich relevant gelesen werden. In der Akzeptanz beziehungsweise mehr noch in der Wertschätzung dieser Sicht- und Verhaltensweisen im Sinne von individuellen Narrativen sieht Rogoff eine Möglichkeit, an kritische Institutions- und Ausstellungsanalysen von Künstler_innen und Wissenschaftler_innen anzuschließen und diese um die tatsächliche Sichtweise der Besucher_innen zu erweitern. In diesem Sinne spricht gerade das Anerkennen der individuellen Hintergründe, der subjektiven Interessen und der folglich pluralen Interpretationen

**22** | In der klassischen Definition des Handelns von Max Weber (1984 / 1921: 19) heißt es etwa: „‚Handeln' soll dabei ein menschliches Verhalten (einerlei ob äußeres oder innerliches Tun, Unterlassen oder Dulden) heißen, wenn und insofern, als der oder die Handelnden mit ihm einen subjektiven Sinn verbinden."

dafür, Gemeinschaften nicht nur über ihre Homogenität zu definieren, sondern gerade die Heterogenität von Gruppen als etwas anzusehen, das für eine erweiterte Gemeinschaftsbildung spricht.[23]

Fernab der dezidierten Kunstrezeption gibt es zudem weitere Momente und Anlässe, temporäre Gemeinschaften zu bilden. So zeigen beispielsweise sozial engagierte und experimentelle Kunst- und Kulturprojekte wie auch der klassische Ausstellungsraum im Sinne einer alternativen Nutzung ein heterogenes Publikum nicht nur ansprechen, sondern auch an der Entstehung von Inhalten teilhaben lassen kann. Einem solchen Anliegen folgt etwa die von Marion von Osten namentlich begründete Gattung der „Projektausstellung"[24], bei der sich eine Gruppe von Leuten im Rahmen einer langfristigen Recherche kollaborativ mit ausgewählten Themen und ihrer Formalisierung in der Ausstellung auseinandersetzt und über das Hinterfragen von Repräsentationsmechanismen den Diskurs stärkt (Nilsson 2007). Adela Železnik (2010), Kuratorin der Moderna galerija in Ljubljana, versteht eine solche übergreifende Diskurskultur und Wissensproduktion als eine potenzielle Antwort auf die Herausforderung von Kunstinstitutionen, auch im 21. Jahrhundert gesellschaftlich relevant zu bleiben. Damit einher geht eine Erweiterung der Rolle von Besucher_innen. Diese werden nicht mehr nur durch repräsentative Aktivitäten, zu denen auch klassische Ausstellungen gehören, als Rezipient_innen angesprochen, sondern stattdessen in Kollaborationen als soziale Akteure und Akteurinnen adressiert. Gleichzeitig ist es als Erweiterung der Rolle der Kunstinstitutionen zu betrachten, wenn sich nicht nur innerhalb ihres Rahmens Gemeinschaften, zum Beispiel von Ausstellungsbesucher_innen, formen, sondern die Institution selbst – vermittelt über das gemeinsame Interesse an einer Sache und durch Kollaborationen außerhalb ihres eigenes Kreises – Teil einer temporären

**23** | Dies gilt, wie Baumann (2009: 151-174) meiner Ansicht nach richtig feststellt, vorbehaltlich so lange, als ein solcher „Multikulturalismus" nicht zu einem Projekt der „political correctness" degradiert und anstatt zu einer Diskussion unterschiedlicher Ansichten und Meinungen zu einer legitimen Indifferenz führt. Denn wenn „gegenseitige Toleranz mit Indifferenz einhergeht, können Kulturgemeinschaften zwar nebeneinander leben, aber sie werden selten miteinander sprechen" (ebd. 165).

**24** | Siehe beispielsweise „Be creative! Der kreative Imperativ" im Museum für Gestaltung Zürich (2002-2003), k3000.ch/becreative/ (23. 11. 2014)

Gemeinschaft wird. Gerade über solche Bemühungen, die Institution und auch das Medium Ausstellung neu zu denken, könnte folglich auch Zygmunt Baumanns (2009: 90) skeptische Einschätzung dieser posttraditionalen Gemeinschaften als opportunistische Anlassgemeinschaften gebrochen werden. Im Entstehen von nicht nur ästhetischen, sondern auch ethischen Gemeinschaften besteht die Möglichkeit, mit einem aufrichtigen Interesse an- und einer wertschätzenden Anerkennung füreinander im Kollektiv gestärkt gemeinsame Interessen zu verfolgen.

# 6 Schluss

Die Ausstellung zeitgenössischer Kunst als Ort sozialer und kultureller Praktiken stellt sich als Untersuchungsgegenstand als heterogener Mikrokosmos unterschiedlicher sozialer Akteure / Akteurinnen und Ereignisse dar. Je nach inhaltlicher Schwerpunktsetzung, je nach Betrachtungsweise der Ausstellung als räumliches Konstrukt, als körperliche Erfahrung oder als soziales Ereignis sind es andere Beschreibungen und Schlussfolgerungen, die sich aus meiner Untersuchung ergeben. Doch was lässt sich konkludierend über die Ausstellung als Handlungsraum sagen? Was passiert in diesem Rahmen tatsächlich? Und wie bedingen sich Raum und Handeln im Kontext der Ausstellung? Neun Thesen und kurz gefasste Erläuterungen, in denen ich meine wichtigsten Erkenntnisse zur Ausstellung als Handlungsraum bündle, sollen darüber Aufschluss geben.

## 1. „Gute" Besucher_innen sein wollen

Wenn Besucher_innen „gute" Besucher_innen sein wollen, bedeutet dies, dass sie die Ausstellung in der „richtigen" Art und Weise sowie möglichst auf Vollständigkeit und Verstehen hin rezipieren wollen. Im Sinne des bildungsbürgerlichen Ideals des Connaisseurs tritt ein entsprechend gebildeter Mensch in entsprechend zivilisierter Manier den Kunstwerken gegenüber. Vielfach demonstrieren Besucher_innen auch heute noch ein solches Verhalten, wenn sie sich etwa mit gemäßigtem Schritt fortbewegen, mit gedämpfter Stimme sprechen und grundsätzlich „gehörig" dem angedachten Parcours der Ausstellung folgen. Auch die festgestellte Frustration im Zusammenhang mit einer zu großen Anzahl zu rezipierenden Videos sowie die taktische Herangehensweise, sich einen Überblick über die Ausstellung zu verschaffen, machen deutlich, dass Besucher_innen sich bemühen, den Inhalten der Ausstellung und auch der Idealvorstellung von sich selbst als „guten“ Besucher_innen gerecht zu werden. Dieses Verhalten entspricht zum einen einer sozialen Konditionierung durch die Kunstinstitution, die sich bis zum Ursprung der modernen Ausstellung zurückverfolgen lässt. Fernab einer solchen Disziplinierung lässt sich zum anderen argumentieren, dass Besucher_innen im Mediengebrauch nach einem Gefühl der Kompetenz streben und dies mit einem individuell als stimmig empfundenen Verhältnis zwischen den Angeboten der Ausstellung und der diesen Angeboten entgegengebrachten Aufmerksamkeit korrespondiert. Das Prinzip Reduktion erweist sich dahingehend in meiner Untersuchung in räumlicher wie auch inhaltlicher Hinsicht durchgehend als Erfolgsmodell, da sich damit die Besucher_innen dem Gezeigten gewachsen fühlen und „entspannt bleiben“ (P60: 32) können.

## 2. Den Raum einfach wahrnehmen

Der These von den „guten“ Besucher_innen steht eine andere gegenüber, welche den idealistischen Eindruck von den „guten“ Besucher_innen zu brechen vermag. Wie Beobachtungen und Gespräche mit Besucher_innen zeigen, wollen diese nämlich bei ihrem Rundgang oft weniger die einzelnen Inhalte nacheinander bewusst rezipieren, sondern (vorerst) den Raum einfach nur wahrnehmen. Ein solcher Zugang äußert sich beispielsweise im typisch flanierenden Gehmodus, bei dem sich Besucher_innen mit einer grundsätzlichen Neugierde in der Ausstellung treiben lassen und das Gezeigte „atmosphärisch“ aufnehmen. Während sich daraus durchaus die Schlussfolgerung einer eher oberflächlichen Rezeption der Inhalte ziehen lässt, relativiert sich eine solche Conclusio, wenn dieses „den Raum einfach wahrnehmen“ in Zusammenhang mit einer ganzheitlichen sinnlichen Wahrnehmung gestellt wird. Nicht nur das geschulte Auge, nicht nur der klare Verstand, sondern der wissende und wahrnehmende Körper wird in der Ausstellung adressiert. Diese empfindend-spürende Wahrnehmung als eine „andere“ Form des Denkens korrespondiert dabei mit verstärkten architektonischen, künstlerischen und kuratorischen Bestrebungen, mit dem Raum zu arbeiten und die körperliche Rezeptionssituation der Besucher_innen etwa in raumgreifenden Installationen mitzuthematisieren.

## 3. Die Bedeutung transitorischer Räume

Die gehende Annäherung an die Ausstellung spielt nicht nur bei der Tendenz, den Raum einfach wahrzunehmen, eine zentrale Rolle, sondern steht auch in engem Zusammenhang mit der These zur Bedeutung transitorischer Räume. Für Besucher_innen sorgen gerade jene Räume des Dazwischen, des Übergangs häufig für positive Beschreibungen im Rahmen ihrer Ausstellungserfahrung. Insbesondere Treppenhäuser stellen in ihrer Form eines Wegraumes einen wichtigen Anhaltspunkt für Besucher_innen dar. Zum einen bieten sie Orientierung im Gebäude und damit die Option zur eigenen Verortung. Zum anderen – und diesen Aspekt betrachte ich als noch weitaus bedeutender – eröffnen sie einen Freiraum von der Kunst und eine wichtige Phase der Pause. In der Nichtfokussierung auf ein bestimmtes Objekt liegt in diesem Zwischenraum die Möglichkeit, die Wahrnehmung nach innen zu kehren und die Zeit für die Verarbeitung der Eindrücke und für ein Schweifen der Gedanken zu nutzen. Zudem zeigen sich diese Orte auch für die kommunikative Annäherung an die Ausstellung als relevant. Im Foyer lässt sich beispielsweise die disziplinierte Auseinandersetzung mit der Kunst durchbrechen, wenn dort in normaler Lautstärke die Ausstellung vor- oder nachbesprochen werden kann und Kinder weniger in ihrer Bewegungsfreiheit limitiert sind. Mit dieser Art der Verarbeitung der Eindrücke korrespondiert das räumliche Prinzip der Variation, insbesondere die Kombination von kleinen und großen, leisen und lauten Räumen sowie Räumen mit oder ohne Kunst mag zu einer stimulierenden Ausstellungserfahrung führen.

## 4. Ein Stufenmodell der Auseinandersetzung

Sowohl über die Unterschiedlichkeit der Räume als auch über deren strukturierende Gestaltung nehmen Besucher_innen die Ausstellung in Zonen wahr. Dabei sind es gerade die Momente des Übergangs, an denen Besucher_innen häufig stocken und vermehrt stehen bleiben. Die Schwelle dient als Ort der Orientierung und mit dem häufig dort anzutreffenden schweifenden Blick zur Einschätzung dessen, was der nachfolgende Raum an Eindrücken offeriert. Der schweifende Blick in seiner Funktion als Einstieg verweist damit bereits auf die in meiner Untersuchung festgestellte stufenweise Annäherung an die Inhalte der Ausstellung. Denn sofern nach einem schweifenden Blick Dinge zu einer Betrachtung reizen, kann die Auseinandersetzung von einer ersten Einschätzung in eine weitere Begutachtung übergehen und so lange vertieft werden, bis das Objekt entsprechend dem vorhandenen Interesse und Energiehaushalt nach individueller Bewertung als „erfasst" beziehungsweise als „ausreichend" rezipiert gelten kann. Interessanterweise drückt sich eine solche abgestufte inhaltliche Zuwendung auch in der körperlichen Haltung aus, wenn beispielsweise bei Videokojen das Rezeptionsspektrum vom kurzen Hineinschauen und sofortigen Weitergehen über abwartendes Lehnen am Eingang und ein weiteres Hineinwagen in den Raum bis hin zum Niederlassen auf der Sitzbank reichen kann. Dieses Stufenmodell kann zum einen als eine Frage der grundsätzlichen Rezeptionspräferenz von Besucher_innen betrachtet werden. Zum anderen – und diese Interpretation stützen meine Beobachtungen verstärkt – lässt es sich als individuelle Priorisierung hinsichtlich der einzelnen Kunstwerke lesen, wenn im Aufeinandertreffen von Objekt und Subjekt die Optionen der stufenweise zu vertiefenden Rezeption jeweils aufs Neue ausgelotet werden.

## 5. Der Wunsch nach ästhetischer Erfahrung (und der Wert des Künstlerischen)

In der konkreten Auseinandersetzung mit den Kunstwerken offenbart sich ein interessantes Desideratum der Besucher_innen. Diese sehnen sich, wie ich in Gesprächen erkennen konnte, geradezu nach einer ästhetischen Erfahrung. Für die „Entzündung" der ästhetischen Erfahrung benötigen sie jedoch nicht nur irgendein Objekt, sondern das Kunstwerk als solches. Die Charakteristik des Ästhetischen oder auch des Künstlerischen wird somit als Anforderung an das Objekt gestellt. Bei positiver Bewertung durch die Besucher_innen schlägt sich dies in der Verwendung der Attribute „schön", „stark" und „kurios" nieder. Während „schön" als klassisches Attribut der Kunst insbesondere in den Oberflächenmerkmalen gesehen wird, verweist das Attribut „stark" vielmehr auf „innere", inhaltliche Werte und das Attribut „kurios" findet sich in außergewöhnlichen Kombinationen und überraschenden Momenten wieder. Egal wie Kunstwerke jedoch aussehen oder formuliert sind, wichtig für Besucher_innen ist, dass sich diese vor allem formal über die Sphäre des Alltäglichen erheben. Von der Kunst wird das (herausragend) Künstlerische erwartet, dessen Rezeption in Folge eine außeralltägliche Erfahrung ermöglichen soll. Hier zeigt sich eine Parallele zur Ausstellungsproduktion, in der das Künstlerische ebenso hochgehalten wird. Nicht nur, dass der Kontakt zu den Künstler_innen als etwas Besonderes eingestuft wird, weil dieser in der Hierarchie des Teams nicht jedem/jeder (in gleicher Weise) zugänglich ist. Auch das kuratorische Handeln nähert sich in seiner Arbeitsweise und seinem Selbstverständnis dem künstlerischen Schaffen immer mehr an, insofern als der höchste symbolische Wert gerade in jenen Tätigkeiten liegt, die in engem Bezug zur Künstler_innenperson stehen oder selbst in die Nähe des Künstlerischen rücken.

## 6. Der Wunsch nach inhaltlicher Auseinandersetzung (oder der Versuch das Rätsel zu lösen)

Als weitere Besonderheit der Rezeptionssituation ist zu beobachten, dass Besucher_innen sich in der Ausstellung nicht nur nach einer ästhetischen Erfahrung sehnen, sondern zudem inhaltliche Fragen an die Kunstwerke stellen – auch wenn die ästhetische Erfahrung natürlich nicht von einer inhaltlichen Auseinandersetzung zu trennen ist. Dies bedeutet jedoch weniger, dass Besucher_innen ein gewisses Maß an Inhalt in ein Kunstwerk verpackt haben möchten, sondern vielmehr, dass sie sich – im Sinne von „guten" Besucher_innen – in der Ausstellung mit Inhalten kompetent auseinandersetzen möchten. Hier stellt das Vorhandensein von Kontextinformation ein wichtiges Kriterium für Besucher_innen dar. Das zeigt sich insbesondere darin, dass diese durchgehend das Bedürfnis nach erläuternden Textangeboten äußern und besonders jene Kunstvermittlungsangebote schätzen, bei denen ein faktischer Input geliefert wird. Besucher_innen betrachten Text und Kunstvermittlung folglich als vertrauenswürdige Hilfestellung bei ihrer Annäherung an die Kunst. Oft haben Besucher_innen auch ein ehrliches Interesse daran, die Intentionen der Ausstellungsmacher_innen zu entschlüsseln, wenn sie über offerierte Indikatoren zu ergründen versuchen, was der/die Künstler_in oder der/die Kurator_in gemeint haben könnte. Das Interesse an den intendierten Bedeutungsebenen steht meiner Einschätzung nach somit einerseits in Zusammenhang mit der Akzeptanz der Autorität von Ausstellungsmacher_innen, Inhalte zu vermitteln und als legitime „Sprecher_innen" aufzutreten. Andererseits kann die Entschlüsselung von möglichen Vorzugslesarten mit dem positiven Gefühl einhergehen, zu den „guten" Besucher_innen zu gehören und die Inhalte der Ausstellung „richtig" verstanden zu haben. Dass das Entschlüsseln intentionaler Mitteilungen jedoch nicht mit einer affirmativen Bestätigung dieser Bedeutungsebenen vonseiten der Besucher_innen korrespondiert, wird in meiner nächsten These deutlich.

## 7. Sich zur Ausstellung in Beziehung setzen

In der Ausstellung treffen – vermittelt über das Objekt, den Raum und weitere Instanzen wie Text und Vermittlungssprogramm – höchst unterschiedliche Sichtweisen aufeinander. Gerade weil Besucher_innen ihre eigenen Vorstellungen und Erwartungen an die Ausstellung herantragen und diese nicht teilnahmslos rezipieren wollen, entstehen im Gegensatz zu einer einzigen legitimen Deutung weitere mögliche Lesarten. Ob die Inhalte der Ausstellung für die Besucher_innen in diesem Interpretationsprozess bedeutungsvoll werden, hängt davon ab, ob Angriffspunkte für eine individuelle Deutung gegeben sind, ob auf vorhandenem Wissen aufgebaut werden kann. In Erzählungen über den Ausstellungsbesuch finden Kunstwerke beispielsweise verstärkt dann Eingang, wenn Besucher_innen diese mit ihren persönlichen Interessen, ihren alltäglichen Handlungen und ihrem unmittelbaren Lebensumfeld in Verbindung bringen können. Eine besonders sinnbildliche Integration in die eigene Lebenswelt findet etwa dann statt, wenn Besucher_innen die Kunstwerke nach eigenen Assoziationen benennen, sodass deutlich wird, wie sie dem Gesehenen gewissermaßen nur vor dem Hintergrund eigener Erfahrungen Sinn zuschreiben können. Die Zeit spielt dabei einer individuellen Bedeutungsproduktion insofern zu, als Inhalte, die auch Monate nach dem Ausstellungsbesuch noch relevant sind, umso stärker mit der eigenen Lebenswelt verknüpft werden. Dass Kunstwerke lange nach dem Ausstellungsbesuch noch Relevanz besitzen, bedarf jedoch nicht nur eines grundsätzlich möglichen Konnexes mit dem eigenen individuellen Hintergrund, sondern bestenfalls auch eines kommunikativen Umfelds, in dem das in der Ausstellung Gesehene und Erfahrene diskutiert werden kann.

## 8. In der Kommunikation Sinn produzieren

Das Bedeutungsvollwerden ist somit abhängig von der Möglichkeit der Verknüpfung von Inhalten des Kunstwerks mit lebensweltlichen Bezügen. Bedeutung kann im Kontext der Ausstellung jedoch auch in starker Abhängigkeit von der sozialen Einbettung der Rezeptionssituation gelesen werden. Wenn ein Großteil der Besucher_innen in Gruppen die Ausstellung besucht, während des Rundgangs zudem zumeist zusammenbleibt und das Sprechen in der Ausstellung eine Konstante darstellt, wird verständlich, dass entgegen dem konventionellen Bild der kontemplativen Kunstbetrachtung der kommunikativen Auseinandersetzung mit der Ausstellung eine zentrale Rolle zukommt. Der Austausch mit anderen verstärkt die individuellen Bemühungen der Sinnproduktion, da über das Sprechen das Gesehene verbalisiert, Sichtweisen ausgetauscht und der Horizont der eigenen Deutung erweitert wird. Erst in der Kommunikation, ließe sich in einer konstruktivistischen Sichtweise argumentieren, entsteht Wirklichkeit. Hier spielt die Face-to-Face-Situation, die über eine örtliche Konzentrierung eine eindeutigere Kommunikation garantiert, eine entscheidende Rolle. Über das gemeinsame Anwesendsein, das gemeinsame Gehen und Sehen kann zudem eine spezifische Soziabilität entstehen, welche für eine mögliche temporäre Vergemeinschaftung im Kontext der Ausstellung spricht. Die Bemühungen der Kunstinstitutionen, ihr Profil über Neuproduktionen, Veranstaltungen etc. zu schärfen und eine Verbindung mit den Besucher_innen aufzubauen, können gleichsam als kommunikative Maßnahmen im Kampf um Aufmerksamkeit und im Wunsch nach Relevanz gewertet werden. Denn alles, was zum solitären Denken und kollektiven Diskutieren anregt, spricht dafür, subjektiv sinnstiftend zu werden, sodass im Rahmen der Ausstellung das Individuelle mit dem Gemeinschaftlichen auf besondere Weise zusammenspielt.

## 9. Etwas mitnehmen wollen

Im Anliegen, „gute" Besucher_innen zu sein; in der Tendenz, den Raum einfach wahrzunehmen; der Bedeutung transitorischer Räume als bewusste Orte des Dazwischen; der stufenweisen Annäherung an die Kunst; dem Wunsch nach ästhetischer Erfahrung und inhaltlicher Auseinandersetzung sowie in der sowohl individuellen als auch kollektiven Bezugnahme auf das Gesehene wird die Komplexität des Handlungsraumes Ausstellung offensichtlich. Wenn jedoch eine Einsicht über all diesen spezifischen Herangehensweisen steht, so ist es jene, dass Besucher_innen aus der Ausstellung etwas mitnehmen wollen – sei es in Form einer Erfahrung, einer Erkenntnis oder einer Erinnerung. Es erscheint logisch, an dieser Stelle von einem (transitorischen) Ritual zu sprechen, wenn Besucher_innen die Ausstellung anders verlassen, als sie sie betreten haben. Insbesondere das überraschend Neue, das herausragend Künstlerische, das Sinnlich-Räumliche, das individuell Relevante und das Anregend-Kommunikative stellen Momente in der Ausstellung bereit, welche diesen Mehrwert für den Einzelnen ausmachen können.

## Das Potenzial der Undefiniertheit und die Relevanz durch Anwendung

In Übereinstimmung mit John Fiskes These, dass Popularität in der Polysemie begründet ist, behaupte ich, dass gerade im gleichzeitigen Bestehen dieser unterschiedlichen Bonusmomente die Besonderheit der Ausstellung liegt. Durch die Möglichkeit, auf ein heterogenes Angebot heterogene Rezeptionsmodi anzuwenden, eröffnet sich das Potenzial der Ausstellung – wie dies auch die teils in Widerspruch zueinander stehenden Thesen zum Umgang mit der Ausstellung demonstrieren. So kann die Ausstellung eine Erfahrung zwischen Disziplinierung und Freiheit, zwischen Wissen und Wahrnehmen, zwischen Treibenlassen und Vertiefen, zwischen Sinnlichkeit und Intellekt, zwischen Kontemplation und Kommunikation, zwischen Vereinzelung und Vergemeinschaftung, zwischen Alltag und Außergewöhnlichkeit offerieren. Gleichzeitig geht mit dieser Offenheit der Auslegung ein plurales Raumverständnis einher, wenn in der Ausstellung der gebaute Raum (in Form der Materialisierung der Ausstellung), der körperliche Raum (in Form der individuellen Erfahrung) und der soziale Raum (in Form der Interaktion von Objekten und Subjekten) aufeinandertreffen und einander überlagern.

Über ihre Undefiniertheit gibt die Ausstellung nicht nur viele Möglichkeiten an die Hand, sie zu entwerfen, sondern bestenfalls ebenso viele Möglichkeiten, sie für sich zu nutzen. Denn sobald Besucher_innen die Ausstellung verstärkt ganz nach ihrem eigenen Gusto genießen und sich in ihrer individuellen Bedeutungsproduktion bekräftigt sehen, wird ihre Position als Rezipient_in gestärkt. Im Grunde lässt sich eine solche Entwicklung nahezu wie eine Emanzipation vom bildungsbürgerlichen Ideal des Connaisseurs lesen, insofern nämlich, als einer dominanten Nutzung heute eine Vielzahl von Nutzungen gegenüberstehen. Wenn Jorge Ribalta (2004: 8) also meint, dass ein Museum nichts anderes sei „als das, was damit getan werden kann", so lässt sich dies meines Erachtens mit gleicher Gewissheit über die Ausstellung sagen. Erst durch Gebrauch gewinnen Dinge an Bedeutung, erst im Moment der Anwendung bestimmt sich für den Einzelnen die Relevanz der Ausstellung. An diesem Punkt ist auch die Möglichkeit einer Politisierung dieses Handlungsraumes gegeben, da die Ausstellung als gesellschaftlich gemachter Raum nicht auf Statik, sondern auf Dynamik beruht und gerade das immer wieder neue Herstellen des Raumes Umgestaltungen möglich macht.

# 7 Die Ausstellung, die ich mir erträume ...

Standen der Alltag und die konkreten Umgangsformen mit der Ausstellung in den vorangegangenen Kapiteln im Mittelpunkt des Interesses, schwenkt nun der Fokus vom Tun aufs Träumen. Kontexte, Konditionen und Konsequenzen, die ein jedes Tun bedingen, werden an dieser Stelle bewusst zur Seite geschoben. Stattdessen darf mit der Utopie geliebäugelt werden, indem ich hier jene Aspekte behandle, die Menschen beim Gedanken an die Ausstellung zum Träumen bringen.

Am 1. Dezember 1986 hielt der Künstler Rémy Zaugg im Kunstmuseum Basel einen Vortrag mit dem Titel „Das Kunstmuseum, das ich mir erträume oder der Ort des Werkes und des Menschen". In einer vollständig überarbeiteten Fassung wurde dieser Vortrag im Verlag für moderne Kunst 1998 erneut publiziert. Rémy Zaugg illustriert darin seine Gedanken zu einem Kunstmuseum, das sich als Ort der Begegnung von Kunst und Betrachter_in versteht. Doch nicht nur Kunstmuseen, auch Ausstellungen lassen sich hervorragend erträumen. Mit der Übertragung von Rémy Zauggs Titel auf mein Untersuchungsobjekt war bereits zu Beginn eine Konstante in meinem Forschungsprojekt gegeben. Schon die erste Gliederung enthielt „Die Ausstellung, die ich mir erträume ..." als finales Kapitel meiner Arbeit. Hier schließt sich der Kreis, wenn ich soeben die letzten Seiten dieser Arbeit formuliere. „Die Ausstellung, die ich mir erträume ..." funktioniert gewissermaßen als Postskriptum und basiert auf einer Summe von Wortspenden, die ich seit dem Beginn meiner Feldforschung Anfang 2010 bis Anfang 2013 zusammengetragen habe.[1] Insgesamt befragte ich 35 Personen im Alter von 25 bis 69 Jahren, die 3 bis

1 | Befragt wurde kein repräsentativer Querschnitt von Ausstellungsmacher_innen und Besucher_innen, sondern vielmehr alle Gesprächspartner_innen, mit denen ich im Laufe meiner Feldforschung Interviews durchführte. Ergänzt wurden

60 Ausstellungen pro Jahr besuchen (siehe Liste im Anhang). Die damit eröffnete Spannbreite bewegt sich von einem durchschnittlichen[2] bis zu einem (oft auch professionell bedingten) recht exzessiven Ausstellungskonsum. Alle Gesprächspartner_innen wurden jedoch unabhängig von ihrem Background immer mit derselben Frage nach ihren individuellen Assoziationen zu „Die Ausstellung, die ich mir erträume ..." adressiert. Die Antworten variieren in ihrer Länge von wenigen Sekunden bis knapp zwölf Minuten.

Das Gesagte ist äußerst subjektiv, oft idealistisch und teils auch kritisch. Denn entgegen den möglicherweise zu erwartenden rein positiv besetzten Traumvorstellungen korrespondiert die gedankliche Auseinandersetzung mitunter auch mit negativen Ausstellungserfahrungen. Moniert werden von den Befragten (zu viele) Texte, die das ohnehin Sichtbare beschreiben; kuratorische Bemühungen, die sich nicht als Trigger, sondern als überflüssige Blickverstellung entlarven; die Zwänge eines kapitalistischen Kunstbetriebs; Zusammenhänge, die sich aus dem notwendig Selektiven der (Gruppen-)Ausstellung nicht ergeben und die Erschöpfung, die sich angesichts der vielen Eindrücke einstellt. Das Finden von Negativbeispielen fällt – wie es auf den ersten Blick erscheint – beinahe leichter als die Imagination eines Good-Practice-Modells. „So schaut sie auf alle Fälle nicht aus, die Ausstellung, die ich mir erträume", scheinen die negativen Kommentare sagen zu wollen. Sie verweisen auf jene kritischen Momente der Ausstellung, an denen sich Realität und Idealvorstellung beißen, an denen etwas einfach nicht funktionieren will. Gleichzeitig deuten diese negativen Erfahrungen bereits auf jene Punkte hin, an denen sich auf Basis der Realität der Traum entspinnen kann.

Die Analyse der Interviews macht deutlich, dass es sehr unterschiedliche und konträre Momente sind, die bei den Befragten mit positiven Gedanken besetzt sind. Zwischen watteweichen Atmosphären und radikalen Experimenten eröffnet sich das Spektrum der imaginierten Ausstellungswelten. Trotz dieser Heterogenität lassen sich spezifische Argumentationslinien im Datenmaterial erkennen, die auf elf mögliche Bonusmomente von (erträumten) Ausstellungen aufmerksam machen:

---

diese Interviewzitate mit Statements von Kolleg_innen, die mich im Entstehungsprozess dieser Arbeit begleitet haben.

**2** | In der Evaluierung der österreichischen Bundesmuseen (2004: 24) gab die Mehrheit der Befragten an„1- bis 3-mal" im Jahr ein Museum zu besuchen.

das Eigene, das Andere, das Dialogische, das Anregende, das Bereichernde, das Überraschende, das Begreifbare, das Angenehme, das Räumliche, das Sinnliche und der Nachhall. In der Besonderheit ihres jeweiligen Benefits diskutiere ich diese Bonusmomente im Folgenden nacheinander und verweise zudem auf ihre Zusammenhänge und Verschränkungen. In meinen Ausführungen beziehe ich mich rein auf die Aussagen der Befragten und lasse sie über den fragmentarischen Aufbau mit ihren Zitaten direkt aus dem Text sprechen.

## Das Eigene

Die Offenheit meiner Frage zur „Ausstellung, die ich mir erträume ...“ bedingte, dass zu Beginn viele meiner Befragten erst einmal diesen Sprechimpuls für sich einordnen und handhabbar machen mussten. Verhandelt wurden hier – ohne eine Richtungslenkung meinerseits – vor allem die Perspektive der Betrachtung und der Typus der Ausstellung. Bei den Ausführungen zu erträumten Ausstellungen treffen Sichtweisen von Kurator_innen, Künstler_innen, Gestalter_innen und Besucher_innen aufeinander, finden sich monografische Kunstausstellungen, thematische Gruppenausstellungen genauso wie kulturwissenschaftliche Design- oder Informationsausstellungen. „Das ist jetzt ganz auf meinem Background und meinen Interessen beruhend“ (A21: 24)[3], meint hierzu, beinahe entschuldigend, eine Befragte. Doch wie bereits vorhin im Schlusskapitel bei der siebten These festgestellt, ist nahezu kein anderer Zugang als der persönliche möglich, ist der Konnex zur eigenen Lebenswirklichkeit für die Bedeutungsproduktion grundlegend. Das Auffinden von etwas Eigenem ermöglicht es, sich in einer Ausstellung wiederzufinden und „das Gefühl“ zu haben, „als Besucher mit all [s]einen Interessen oder Fragen ernst genommen“ zu werden (A10: 16). Im Eigenen liegt nicht nur ein großer Bonus, sondern auch eine große Herausforderung für die Ausstellung gegeben, da sie darüber mit höchst unterschiedlichen Hintergründen, Vorstellungen und Erwartungen konfrontiert ist. Denn die erträumte Ausstellung „ist natürlich für jeden anders, es muss

**3** | Zur Unterscheidung zwischen dem Datensegment meiner Hauptuntersuchung und den Ausgangsdaten dieses „Bonuskapitels“ werden die Quellenangaben nicht mit (Px: x), sondern mit (Ax: x) angegeben.

einfach irgendwie ein gutes Gefühl sein, [...] ein schönes Ganzes geben" (A24: 12). Die Ausstellung steht damit in einer dynamischen Relation zu ihren Betrachter_innen, denn die „perfekteste Ausstellung" fällt mit der „augenblicklichen Verfasstheit" und dem besten „Timing für einen selber" zusammen (A25: 12). Neben der Korrespondenz der Inhalte mit der eigenen Befindlichkeit ist das Moment des Eigenen auch mit einer möglichen Selbstbestimmtheit verbunden, mit der die Besucher_innen die Ausstellung individuell rezipieren und sich zu eigen machen können. In einer solchen Ausstellung kann ich „ein Stück weit freiwilliger rezipieren" (A7: 12), mir „einen Fokus setzen" (A3: 14) und mich entscheiden, „wo ich hingehe und wie lange" (A10: 20).

## Das Andere

Während das Eigene damit als gute Voraussetzung gelten kann, um die Ausstellung in Anknüpfung an das bereits Bekannte bedeutungsvoll werden zu lassen, präsentiert sich das Andere als nahezu konträres Bonusmoment. Die erträumte Ausstellung sollte so sein, „als ob man eine andere Welt betritt", in „eine andere Sphäre" eintaucht und das Gefühl bekommt, „dass die Zeit nicht mehr so läuft wie normal" (A11: 12–13). Damit ist die Ausstellung gerade durch ihre Unterscheidung zum Alltag charakterisiert beziehungsweise wird eine solche Unterscheidung von vielen erhofft und erträumt. Im Gegensatz etwa zu einer Publikation „ermöglicht das Medium Ausstellung einfach eine andere Wissensvermittlung" (A12: 14), findet in der Kunst im Gegensatz zur strengen Wissenschaft oft ein „ganz anderes Denken und Herangehen an Fragestellungen" (A16: 26) statt. Gerade die erträumte Ausstellung kann über die Sphäre der Kunst und in ihrer Stellung des Andersseins mit weniger Limitierungen operieren. Dies steht bereits im Zusammenhang mit dem Anregenden, dem nächsten Bonusmoment der Ausstellung. Gewünscht wird „eine spannende, unerwartete Ausstellung", „die nicht berechenbar ist oder wo man so aus dem Alltag rausgerissen wird" (A5: 12). Alternativ kann sich das Andere in der erträumten Ausstellung auch ohne Weiteres mit dem Eigenen verbinden. So möchte eine Befragte, die „kein Fan des Exotischen" ist, in der erträumten Ausstellung etwas sehen, das ihr „nahe ist", das jedoch „in einem neuen, meinetwegen exotischen Licht" präsentiert wird.

## Das Anregende

Wie das Andere grenzt sich das Anregende ebenso vom Gewöhnlichen ab. Über diese Unterscheidung hinausgehend, löst das Anregende aber eine gewisse Wirkung bei den Befragten aus. Hier heißt es simpel: „es zieht mich einfach an" (A3: 14), oder dass es eine Ausstellung sein soll, „wo man reingeht und gefesselt wird" (A5: 12). Die erträumte Ausstellung sollte demnach anregen, bewegen und ein „ziemliches Erlebnis" (A18: 14) sein. Bei manchen Befragten geht dies so weit, dass sie sich eine Ausstellung wünschen, die den Betrachter_innen mit Radikalität und Erbarmungslosigkeit gegenübertritt, „mich einfach umhaut" (A9: 32) oder gar einen „ekstatischen Charakter" hat (A9: 69). Die erträumte Ausstellung sollte „schon auch etwas Ludisches" haben, „was lustig ist und Spaß macht" (A12: 14). Vielleicht liegt gerade im spielerischen Erkenntnismoment und in der Distanzierung von der klassischen Lern-Lehr-Situation der Schlüssel zum Anregenden der Ausstellung. Hier gibt es die Möglichkeit, „etwas zu entdecken und etwas kennenzulernen" (A10: 30). Zudem kann die Ausstellung über die Annäherung in der Bewegung eine kumulierende Komplexität aufbauen (A14: 16; A11: 30) oder im Sinne eines Hypertexts über flexible Verknüpfungen „dein Wissen einfach stufenweise" erweitern (A16: 22). Der Weg zum gewünschten Erkenntnisgewinn ist in der erträumten Ausstellung also flexibel und selbstbestimmt. Das Anregende muss jedoch nicht mit dem Lernen verknüpft werden, sondern kann einfach als offener Mehrwert betrachtet werden, wenn Rezipient_innen „anders rauskommen, als sie reingegangen sind" und die Ausstellung „in der Rückwirkung auf die Gesellschaft auch ihr Echo behält" (A27: 12).

## Das Bereichernde

Das Bonusmoment des Bereichernden ist direkt an die Charakteristik des Formats Ausstellung rückgebunden. Als Objektschau erlaubt die Ausstellung nicht nur, Dinge zu zeigen, sondern über die gemeinsame Präsentation Verbindungen herzustellen. In der erträumten Ausstellung gibt es die Möglichkeit, neue Künstler_innen kennenzulernen, „die vielleicht noch nicht durch die ganzen Häuser durch sind" (A21: 18), oder mehrere Arbeiten von einzelnen Künstler_innen zu sehen, um „ein Netzwerk von Bezügen" (A16: 22) entfalten zu können. Generell sind erträumte

Ausstellungen mit ihren Zeigepraktiken durch einen über das Einzelobjekt hinausgehenden kommunikativen Mehrwert gekennzeichnet. In der Interaktion von Objekten und Subjekten „eröffnet" oder „verändert" die Ausstellung den „Blickwinkel" (A2: 12). „Eine Ausstellung, die ich mir erträume, würde meinen Horizont erweitern. Das ist einmal die mindeste Voraussetzung [und Erwartung], die ich an eine Ausstellung habe, die mich schwer begeistert" (A15: 12). Rund um den Aspekt des Bereichernden erhoffen die Befragten, dass die erträumte Ausstellung sie mit Neuem oder auch mit Bekanntem, dann aber unter einem neuen Blickwinkel, konfrontiert. Damit bringt die erträumte Ausstellung nicht nur unterschiedliche Menschen dazu, „über bestimmte Dinge nachzudenken" (A26: 12), sondern hat auch Einfluss darauf, wie nachgedacht wird. Im besten Fall ruft die Ausstellung damit ein „Aha-Erlebnis" (A2: 12) hervor, beglückt mit einem „Kick" oder einer möglichen „Erkenntnis" (A9: 63). Oft ist es gerade das Rohe und Unfertige, das dieses Potenzial des einfachen Anknüpfens in sich trägt. In der erträumten Ausstellung tragen jedoch auch realisierte Arbeiten diese Offenheit in sich, wenn sie anstatt einer fixierten Bedeutung höchst unterschiedliche Lesarten ermöglichen (A30: 11–15).

## Das Überraschende

Steht also das Bereichernde mit neuen Sichtweisen und einem möglichen Aha-Erlebnis bei vielen Befragten hoch im Kurs, ist doch das Überraschende bei vielen *das* Bonusmoment der erträumten Ausstellung schlechthin. Bei der Frage nach der „Ausstellung, die ich mir erträume" findet sich als kürzestes Statement überhaupt die Ein-Satz-Antwort: „Ich lass mich gerne überraschen." (A24: 13) Genauso wie das Bereichernde arbeitet das Überraschende mit neuen Elementen, allein sein Effekt ist weniger planbar. Auf alle Fälle sollte es nicht „dieses gewünschte oder vorhersehbare Wissen sein", sondern ein spannendes „Überraschungselement" (A15: 14), das eine „gewisse Originalität" (A4: 14) in sich trägt. Eine Befragte erinnert sich beim Imaginieren ihrer erträumten Ausstellung an ein frühes Musikvideoformat, das „Pop-up-Video", bei dem Sprechblasen den Bildern assoziative Informationen hinzufügen und mit „Überraschungseffekten" einen „konnotativen Zusammenhang" eröffnen (A4: 12–14). Überraschungen müssen dabei aber „nicht etwas

Großes“ bedeuten, sondern stecken oft im (noch zu entdeckenden) Detail (A11: 24–25). Eine solche Einsicht teilt auch eine weitere Befragte, die am liebsten eine Ausstellung hätte, die sie „überrascht, und zwar ohne große Zauberkunststücke oder ohne große Knalleffekte“ (A17: 12). Die Form, die das Überraschende in der Ausstellung annimmt, ist wiederum offen. Das Überraschende kann sich im Inhaltlichen verbergen, wenn sich „hinter Texten und hinter Analysen“ „einfach Schichten“ auftun (A15: 14), oder sich auch über die Gestaltung der Räumlichkeiten ergeben, wenn diese mit unerwarteten Aus- und Einblicken „Überraschungen ermöglichen“ (A13: 12).

## Das Dialogische

Das Dialogische tritt bei den erträumten Ausstellungen in unterschiedlichen Phasen als Bonusmoment zutage. Befragte erträumen sich etwa im Entstehungsprozess eine dialogische Struktur, bei der unterschiedliche Disziplinen und Parteien „in einem wechselseitigen Vertrauen“ inspirierende „Gegenüber“ (A1: 18) bilden. Der Benefit bestimmt sich hier insbesondere im „kollektiven Prozess“. In der Zusammenarbeit zwischen Künstler_innen, Kurator_innen, Ausstellungsgestalter_innen und Techniker_innen wird eine Situation geschaffen, „wo gemeinsam etwas entsteht“ (A32: 16). Eine solche Qualität bildet sich auch in der Ausstellung ab, weil man es „einem Projekt ansieht, wenn es einfach ordentlich und mit Liebe vorbereitet ist“ (A16: 32). In der erträumten Ausstellung kann sich ein „Austausch im Visuellen“ ergeben (A21: 20); ebenso können im Sinne eines Gesamtkunstwerks „Inszenierung und das kuratorische Arbeiten“ auch „stark ineinander greifen“ (A19: 12). Das Dialogische lässt sich zudem im Verhältnis zwischen Ausstellungsmacher_innen und Besucher_innen etwa in Form von diskursiven Veranstaltungen verorten. In der erträumten Ausstellung stellen diese Veranstaltungen jedoch kein Beiprodukt, sondern entsprechend einer transparenten und dialogischen Arbeitsweise einen integralen Bestandteil der Ausstellung dar. Konkret bedeutet dies, „dass es eine Möglichkeit gibt des Gesprächs“, „dass man nachfragen und diskutieren kann“ (A21: 18) und „dass man einen Handlungsraum aufmachen kann, wo [...] auch die Betrachter_innen sich wohlfühlen und aufgefordert sind, auch wirklich zu sprechen und sich auszutauschen“ (A21: 32). An dieser Stelle offenbart sich der Wunsch nach einer grundsätzlichen Zugänglichkeit, bei der „es jedem ermöglicht wäre, Ausstellungen auch anzugucken“ (A25: 12). Die Zugänglichkeit scheitert jedoch nicht nur an Hürden wie Eintrittspreisen, sondern auch an spezifischen In- und Exklusionsmechanismen des Kunstfelds, sodass ein Befragter sich wünscht, „dass alle Zugang haben, auch wenn sie sich nicht die Bohne für Kunst interessieren“ (A9: 65).

## Das Begreifbare

Betrachtet man das Begreifbare als Bonusmoment der erträumten Ausstellung, zeigt sich ein starker Konnex zu meiner These der „guten“ Besucher_innen. Gleich die erste Bedingung der erträumten Ausstellung lautet bei einem Befragten: „Also, die Ausstellung, die ich mir erträume, müsste klein sein, damit ich sie begreifen kann.“ (A13: 12) Auch andere Befragte ziehen in diesem Sinne nach, wenn sie äußern, dass sie verstehen wollen, was ihnen mit der Ausstellung mitgeteilt werden will (A14: 16), und meinen, dass sich die Ausstellung für sie einfach „erschließen“ muss (A3: 12). Dies hat Konsequenzen für die Beschaffenheit der erträumten Ausstellung. Einer guten Konsumierbarkeit entsprechend sollte sie „nicht jetzt irgendwie ein Rechercheprojekt“ sein, „wo ich mir einen halben Tag Zeit nehmen muss“, sondern eine Konstellation, in der „vier, fünf, sechs Arbeiten mittlerer Größe sich angenehm zusammenfügen“ (A18: 20). Daran anschließend eröffnet sich das Bonusmoment des Begreifbaren auch im Gefühl, in der erträumten Ausstellung gut informiert und gut navigiert zu sein. Eine übersichtliche Website (A21: 24), zuordenbare Schilder (A14: 20) und „etwas Kontextinformation“ zur Einordnung des Gesehenen (A21: 18) gehören zu den Wünschen an die Ausstellungskommunikation. Zudem leitet die erträumte Ausstellung räumlich sensibel an, sodass man, anstatt sich im „Labyrinth“ zu verirren „wie ein Pfadfinder, den Weg erfährt“ (A11: 28). Das gewünschte Gelenktwerden verschränkt sich in der erträumten Ausstellung mit den individuellen Prädispositionen der Rezipient_innen, insofern als ein Gefühl des Ernstgenommen-Seins vorherrscht und sich immer wieder Möglichkeiten der individuellen Herangehensweise erschließen. Diese Aspekte beschreiben eine Zugänglichkeit, die sich weniger über das Diskursive als vielmehr über die pure Erfahrung der Ausstellung vermittelt. Denn eine erträumte

Ausstellung braucht „nicht 20 DIN-A4-Seiten Verklärung", um bedeutungsvoll zu werden (A9: 64).

## Das Angenehme

Das Angenehme als Bonusmoment begründet sich im allgemeinen atmosphärischen Wohlfühlen in der Ausstellung. Damit schließt das Angenehme an das Begreifbare an, wenn zum einen „nicht zu viel Information" vermittelt werden sollte und zum anderen das Ganze im Sinne des Anregenden „nicht zu seicht" sein sollte (A6: 14). Das Angenehme liegt demnach im richtigen Verhältnis „von Spannung und Entspannung" (A6: 14) und bestimmt sich zudem über den „Gemütlichkeitsfaktor" (A12: 14). Ob eine Ausstellung als gemütlich und angenehm und eben nicht als anstrengend und ermüdend empfunden wird, steht auch bei erträumten Ausstellungen in direktem Verhältnis zum Angebot der Sitzgelegenheiten. Vom extrem genussvollen Rezipieren in „Riesensitzkissen" (A12: 14) über das Konsumieren eines intelligenten Films in einem „schönen, angenehmen Sessel" (A18: 18) bis hin zur Möglichkeit, im Liegen Projektionen an der Decke anzusehen (A6: 14), reichen die Vorstellungen der gewünschten Ausstellungen – Hauptsache ist, dass es „viele Möglichkeiten" gibt, „um sich auszuruhen" (A6: 14). Eine andere Befragte macht das Angenehme wiederum nicht am Sitzen, sondern am Boden fest und erträumt sich eine Ausstellung mit feinem erd- und grasbedeckten Boden, auf dem man auch barfuß gehen kann, „weil mir tun in Ausstellungen oft die Füße weh" (A8: 12–14). Eine andere Facette des Angenehmen zeigt sich in Verbindung mit dem Geselligen. Gerade das Legere und Soziale wird geschätzt, wenn sich der Ausstellungsbesuch als feine Freizeitbeschäftigung präsentiert: „Ich möchte ohne große Anstrengung in einem angenehmen Umfeld von Leuten, die sich entspannt treffen, etwas sehen und erleben" (A9: 63), heißt es da.

## Das Räumliche

Das Angenehme ist mit seinem Fokus auf das Atmosphärische sehr oft an die räumlichen Gegebenheiten gekoppelt. Sie stellen die Rahmenbedingungen dar, in denen die Ausstellung rezipiert wird, sie formen den Ort, an dem sich Objekte und Subjekte begegnen. „Das Interessante an Ausstellungen“ ist, meint ein Befragter, „dass sie an konkrete Bedingungen“, inhaltliche wie physische, „gebunden sind“ (A1: 16). Die konkreten Bedingungen können damit als auszuschöpfender Rahmen oder aber auch als Hemmschuh fungieren. Eine Befragte meint als erste Reaktion auf meine Frage nach der „Ausstellung, die ich mir erträume ...“ lachend: „Das ist nicht das, was wir machen“ (A32: 12). Andere Imaginationen blenden reale Umstände weitgehend aus und malen sich Ausstellungen sogar am Mond aus (A29: 16). Bei den realistischeren gedanklichen Raumentwürfen stehen offene Ein-Raum-Modelle verschachtelten Raumkomplexen gegenüber, konterkarieren sich helle und dunkle sowie Innen- und Außenräume. Hier gibt es, wie es scheint, keine eindeutigen Präferenzen. Statt einer definitiven Form werden vielmehr die Kombination unterschiedlicher Formen und die stimmige Charakteristik des Räumlichen betont: „[E]s muss zusammenpassen mit dem, was ausgestellt ist“ (A12: 14). Der Raum steht folglich in starker Korrespondenz zu den ausgestellten Arbeiten. Die Räume und ihre Gestaltung sollen „der Thematik entsprechend ausgerichtet“ (A11: 14) sein, das Licht soll den Wert der Werke unterstreichen (A14: 16) und das räumliche Konzept „dem Künstlerischen der jeweiligen Zeit ganz nahe“ sein (A27: 12). In der erträumten Ausstellung wird ein sensibler Umgang mit Raum gefordert, mit Raum, der die Kraft hat, die Kunst in die Ecke zu stellen oder erstrahlen zu lassen, und es umgekehrt auch zulässt, dass die Kunst selbst raumbildend wirkt (A11: 16–19).

## Das Sinnliche

Beim Sinnlichen geht es nicht mehr um die Interaktion von Architektur und Kunst, sondern um den Dialog zwischen den Betrachter_innen und den ausgestellten Arbeiten. Gewünscht wird „ein gutes sinnliches Erlebnis“, ruhig auch mit Brüchen (A18: 18), und allgemein eine intensive Ausstellungserfahrung, die sich in die Erinnerung einschreibt (A14: 16). Entgegen einer Dominanz des Visuellen sollten erträumte Ausstellungen auf 360 Grad und unter Einbeziehung aller Sinne ihre entsprechende Wirkung entfalten (A14: 12). Bestenfalls sind jedoch nicht nur alle Sinne gefordert, sondern auch unterschiedliche Medien eingesetzt – „ohne dass eine Kakofonie entsteht“ (A9: 67). Manche Befragte wünschen sich, entgegen dem gewöhnlichen Verbot „Bitte die Kunstwerke nicht berühren", Ausstellungen, in denen „manche Dinge" (A8: 14) oder sogar „ganz viel" (A6: 16) berührt werden kann. Auch eine andere Befragte streicht die haptische Wahrnehmung neben dem Sehen als wichtigen Zugang hervor, weil die Haut „einfach die größte Fläche ist von unseren Sinnen" (A15: 12). Architektur und Raumgestaltung sollten demnach in einer erträumten Ausstellung auf eine ganzheitliche körperliche Wahrnehmung sensibilisiert sein, Qualitäten wie beispielsweise Proportionen in Relation zum menschlichen Körper einbeziehen und auch die Raumtemperatur entsprechend abstimmen (A15: 12). Über einen Zugang, der ganz bewusst viele Sinne anspricht, kann in der erträumten Ausstellung eine Intensivierung der Wahrnehmung stattfinden. Ausstellungen, die in der Assoziation Abenteuerspielplätzen ähneln, wollen physisch und lustvoll erobert werden (A12: 14). Ausstellungen in Form von „immersiven Environments" wiederum regen dazu an, in sie „hineinzukippen" (A3: 12) und sich darin zu verlieren (A15: 12).

## Der Nachhall

Dass in der erträumten Ausstellung Sinnlichkeit oft mit Sinnstiftung einhergeht, bestätigen die Ausführungen der Befragten zum letzten Bonusmoment, dem Nachhall. Ausstellungen erfreuen nicht nur im Prozess ihrer Realisierung, nicht nur in der Phase der Rezeption. Erträumte Ausstellungen zeichnen sich dadurch aus, dass sie über den Augenblick hinauswirken und eine große Strahlkraft erlangen. In Anbetracht des ephemeren Charakters der Ausstellung ist es verständlich, dass der Wunsch besteht, dass „[i]rgendetwas von der Ausstellung übrig bleibt" und in Form eines Katalogs, eines schönen Plakats oder eines anderen Objekts mitgenommen werden kann (A21: 24). Über das Artefakt kann die Ausstellung immer wieder „in Erinnerung" gerufen werden (A15: 12). Das Nachwirken lässt sich als ein viele Fäden zusammenfassender und vielleicht als der schönste Benefit der Ausstellung begreifen. Mit ihm ist ein langfristiges Anregen der Gedanken verbunden (A5: 12). Denn die erträumte Ausstellung ist eine, „wo ich dann abends im Bett liege und noch an diese Sachen denken muss und sie mir nicht aus dem Kopf gehen" (A8: 22) oder sie mir sogar „eine Woche oder ein Jahr später" (A23: 10) immer wieder in den Sinn kommt. Es gibt sogar Ausstellungen, „die wirken jahrelang nach. Man vergisst sie, aber man ruft sie sich immer wieder ins

Gedächtnis, wenn der passende Zeitpunkt da ist" (A15: 12). Die Ausstellung besitzt damit im Sinne eines potenziellen Handlungsraumes eine individuelle und nachhaltige Relevanz, denn „jeder nimmt ja von einer Ausstellung etwas Persönliches mit, wenn sie die Ausstellung ist, von der man träumt" (A15: 14).

# Literatur

Abels, Heinz (1998): Interaktion, Identität, Präsentation. Kleine Einführung in interpretative Theorien der Soziologie. Opladen / Wiesbaden: Westdeutscher Verlag.

Amann, Klaus / Hirschauer, Stefan (1997): Die Befremdung der eigenen Kultur. Ein Programm, in: Hirschauer, Stefan / Amann, Klaus (Hg.): Die Befremdung der eigenen Kultur. Zur ethnographischen Herausforderung soziologischer Empirie. Frankfurt am Main: Suhrkamp, S. 7–52.

Augé, Marc (1994): Orte und Nicht-Orte. Frankfurt am Main: Suhrkamp.

Bachleitner, Reinhard / Aschauer, Wolfgang (2008): Die Vernissage als soziales Phänomen, in: Bachleitner, Reinhard / Weichbold, Martin (Hg.): Kunst – Kultur – Öffentlichkeit. Salzburg und die zeitgenössische Kunst. Wien: Profil, S. 120–135.

Bal, Mieke (2006): Kulturanalyse. Frankfurt am Main: Suhrkamp.

Baumann, Zygmunt (2009): Gemeinschaften. Frankfurt am Main: Suhrkamp.

Baumstark, Reinhold (2003): Schale und Kern. Der moderne Museumsbau im Spannungsfeld der Ansprüche von Architekt und Nutzer, in: Museumskunde, Bd. 68, H. 2, S. 22–27.

Bausch, Constanze (2001): Die Inszenierung des Sozialen. Erving Goffman und das Performative, in: Wulf, Christoph / Göhlich, Michael / Zirfas, Jörg (Hg.): Grundlagen des Performativen. Eine Einführung in die Zusammenhänge von Sprache, Macht und Handeln. Weinheim / München: Juventa, S. 203–225.

Baxandall, Michael (1991): Exhibiting Intention: Some Preconditions of the Visual Display of Culturally Purposeful Objects, in: Karp, Ivan / Lavine, Stephen D. (Hg.): Exhibiting cultures. The poetics and politics of museum display. Washington / London: Smithsonian Institution Press, S. 33–41.

Beck, Martin (2007): Sovereignty and Control, in: Casco – Office for Art, Design and Theory / Four Corner Books (Hg.): Martin Beck. About the Relative Size of Things in the Universe. Utrecht / London: S. 44–59.

Beck, Martin (2009): Display: Eine Begriffsklärung, unveröffentlicher Vortrag im Rahmen des Symposiums „Forms of Exhibitions", Kunstverein Hamburg, 11.–12. Juli 2009.

Bennett, Tony (1995): The birth of the museum: history, theory, politics. London / New York: Routledge.

Bennett, Tony (2010): Der bürgerliche Blick. Das Museum und die Organisation des Sehens, in: Hantelmann, Dorothea von / Meister, Caroline (Hg.): Die Ausstellung. Politik eines Rituals. Zürich / Berlin: diaphanes, S. 47–77.

Berger, John et al. (1977): Ways of Seeing. Based on the BBC television series with John Berger. London: British Broadcasting Cooperation / Penguin Books.

Bishop, Claire (2005): Installation art. A critical history. London: Tate Publishing.

Bismarck, Beatrice von (2002): Verhandlungssachen: Rollen und Praktiken in der Projektarbeit, in: Huber, Hans Dieter / Locher, Hubert / Schulte, Karin (Hg.): Kunst des Ausstellens. Beiträge, Statements, Diskussionen. Ostfildern: Hatje Cantz, S. 229–236.

Bismarck, Beatrice von (2003): Kuratorisches Handeln: Immaterielle Arbeit zwischen Kunst und Managementmodellen, in: Osten, Marion von (Hg.): Norm der Abweichung. Zürich / Wien / New York: Edition Voldemeer / Springer, S. 81–98.

Blazwick, Iwona (2012): Show and tell / Zeigen und Erzählen, H. 87 in der Publikationsreihe 100 Notizen – 100 Gedanken der dOCUMENTA (13). Ostfildern: Hatje Cantz.

Blumer, Herbert (1981): Der methodologische Standort des symbolischen Interaktionismus, in: Arbeitsgruppe Bielefelder Soziologen (Hg.): Alltagswissen, Interaktion und gesellschaftliche Wirklichkeit. Opladen: Westdeutscher Verlag, S. 80–146.

Böhle, Fritz / Porschen, Stephanie (2011): Körperwissen und leibliche Erkenntnis, in: Keller, Reiner / Meuser, Michael (Hg.): Körperwissen. Wiesbaden: VS Verlag für Sozialwissenschaften / Springer Fachmedien Wiesbaden GmbH, S. 53–67.

Bose, Friedrich von et al. (Hg.) (2011): Museum x. Zur Neuvermessung eines mehrdimensionalen Raumes. Berlin: Panama.

Bounia, Alexandra (2011): The Visitor Book. Visibility, Performance and Representation, in: Bose, Friedrich von et al. (Hg.): Museum x. Zur Neuvermessung eines mehrdimensionalen Raumes. Berlin: Panama, S. 111–118.

Bourdieu, Pierre (1979): Entwurf einer Theorie der Praxis. Auf der ethnologischen Grundlage der kabylischen Gesellschaft. Frankfurt am Main: Suhrkamp.

Bourdieu, Pierre (1991): Physischer, sozialer und angeeigneter physischer Raum, in: Wentz, Martin (Hg.): Stadt-Räume. Die Zukunft des Städtischen. Frankfurt am Main / New York: Campus, S. 25–34.

Bourdieu, Pierre (1995): Sozialer Raum und „Klassen". Frankfurt am Main: Suhrkamp.

Bourdieu, Pierre (1997): Der Tote packt den Lebenden, in: Steinrücke, Margareta (Hg.): Pierre Bourdieu. Der Tote packt den Lebenden. Hamburg: VSA-Verlag, S. 18–58.

Bourdieu, Pierre (1999): Die Regeln der Kunst. Genese und Struktur des literarischen Feldes. Frankfurt am Main: Suhrkamp.

Bourdieu, Pierre (2004): Soziologische Fragen. Frankfurt am Main: Suhrkamp.

Bourdieu, Pierre (2006): Sozialer Raum, symbolischer Raum, in: Dünne, Jörg / Günzel, Stephan (Hg.): Raumtheorie. Grundlagentexte aus Philosophie und Kulturwissenschaften. Frankfurt am Main: Suhrkamp, S. 354–368.

Bourdieu, Pierre / Darbel, Alain (2006): Die Liebe zur Kunst. Europäische Kunstmuseen und ihre Besucher. Konstanz: UVK Verlagsgesellschaft.

Bröckling, Ulrich (2009): Anders anders sein. Fluchtlinien der künstlerischen und unternehmerischen Anrufung, in: Montag Stiftung Bildende Kunst (Hg.): Kunst Sichtbarkeit Ökonomie. Nürnberg: Verlag für moderne Kunst, S. 50–52.

Bundesministerium für Bildung, Wissenschaft und Kultur (2004): Evaluierung der österreichischen Bundemuseen, kulturleben.at/medienpool/39/evaluierung_bundesmuseen_200.pdf (23. 11. 2014).

Certeau, Michel de (1988): Kunst des Handelns. Berlin: Merve.

Charmaz, Kathy / Mitchell, Richard G. (2001): Grounded Theory in Ethnography, in: Atkinson, Paul et al. (Hg.): Handbook of Ethnography. London / Thousand Oaks / New Delhi: SAGE, S. 160–174.

Döring, Jörg / Thielmann, Tristan (2008a): Einleitung: Was lesen wir im Raume? Der Spatial Turn und das geheime Wissen der Geographen, in: Döring, Jörg / Thielmann, Tristan (Hg.): Spatial Turn. Das Raumparadigma in den Kultur- und Sozialwissenschaften. Bielefeld: transcript, S. 7–45.

Döring, Jörg / Thielmann, Tristan (Hg.) (2008b): Spatial Turn. Das Raumparadigma in den Kultur- und Sozialwissenschaften. Bielefeld: transcript.

Duncan, Carol (2001): Civilizing rituals. Inside public art museums. London / New York: Routledge.

Dünne, Jörg (2006): Einleitung Soziale Räume, in: Dünne, Jörg / Günzel, Stephan (Hg.): Raumtheorie. Grundlagentexte aus Philosophie und Kulturwissenschaften. Frankfurt am Main: Suhrkamp, S. 289–303.

Eigenheer, Marianne (Hg.) (2007): Curating Critique. Frankfurt am Main: Revolver.

Engelbrecht, Martina et al. (2010): Dem Auge auf der Spur: Eine historische und empirische Studie zur Blickbewegung beim Betrachten von Gemälden, in: IMAGE. Zeitschrift für interdisziplinäre Bildwissenschaft, Bd. 11, Jänner, S. 29–41.

Fischer, Peter (2012): Verschwimmende Grenzen. Sammeln und Ausstellen im Kunstmuseum Luzern, in: Natter, Tobias G. / Fehr, Michael / Habsburg-Lothringen, Bettina (Hg.): Die Praxis der Ausstellung. Über museale Konzepte auf Zeit und auf Dauer. Bielefeld: transcript, S. 57–69.

Fiske, John (1987): Television culture. London: Methuen.

Flügel, Katharina (2009): Einführung in die Museologie. Darmstadt: Wissenschaftliche Buchgesellschaft.

Foucault, Michel (1991 / 1967): Andere Räume, in: Wentz, Martin (Hg.): Stadt-Räume. Die Zukunft des Städtischen. Frankfurt am Main / New York: Campus, S. 65–72.

Foucault, Michel (1994): Überwachen und Strafen. Die Geburt des Gefängnisses. Frankfurt am Main: Suhrkamp.

Froschauer, Ulrike (2009): Artefaktanalyse, in: Kühl, Stefan / Strodtholz, Petra / Taffertshofer, Andreas (Hg.): Handbuch Methoden der Organisationsforschung. Quantitative und Qualitative Methoden. Wiesbaden: VS Verlag für Sozialwissenschaften, S. 326–347.

Gable, Eric (2010): Ethnographie: Das Museum als Feld, in: Baur, Joachim (Hg.): Museumsanalyse. Methoden und Konturen eines neuen Forschungsfeldes. Bielefeld: transcript, S. 95–119.

Gabriel, Manfred (1998): Einheit oder Vielfalt der soziologischen Handlungstheorie: Einleitende Vorbemerkungen, in: Balog, Andreas / Gabriel, Manfred (Hg.): Soziologische Handlungstheorie. Einheit oder Vielfalt. Opladen / Wiesbaden: Westdeutscher Verlag, S. 7–24.

Garfinkel, Harold (1981): Das Alltagswissen über soziale und innerhalb sozialer Strukturen, in: Arbeitsgruppe Bielefelder Soziologen (Hg.): Alltagswissen, Interaktion und gesellschaftliche Wirklichkeit. Opladen: Westdeutscher Verlag, S. 189–262.

Garfinkel, Harold (1992 / 1967): Studies in ethnomethodology. Cambridge: Polity Press.

Garfinkel, Harold / Sacks, Harvey (1979): Über formale Strukturen praktischer Handlungen, in: Weingarten, Elmar / Sack, Fritz / Schenkein, Jim (Hg.): Ethnomethodologie. Beiträge zu einer Soziologie des Alltagshandelns. Frankfurt am Main: Suhrkamp, S. 130–176.

Geertz, Clifford (2002): Dichte Beschreibung. Beiträge zum Verstehen kultureller Systeme. Frankfurt am Main: Suhrkamp.

Giddens, Anthony (1984): Interpretative Soziologie. Eine kritische Einführung. Frankfurt am Main / New York: Campus.

Giebelhausen, Michaela (2011): Museum Architecture: A Brief History, in: Macdonald, Sharon (Hg.): A companion to museum studies. Chichester: Wiley-Blackwell, S. 223–244.

Glaser, Barney G. / Strauss, Anselm L. (1998): Grounded Theory. Strategien qualitativer Forschung. Bern / Göttingen / Toronto / Seattle: Huber.

Glauser, Andrea (2006): Pionierarbeit mit paradoxen Folgen? Zur neueren Rezeption der Raumsoziologie von Georg Simmel, in: Zeitschrift für Soziologie, Bd. 35, H. 4, S. 250–268.

Goffman, Erving (1971): Verhalten in sozialen Situationen. Strukturen und Regeln der Interaktion im öffentlichen Raum. Gütersloh: Bertelsmann.

Goffman, Erving (1982): Das Individuum im öffentlichen Austausch. Mikrostudien zur öffentlichen Ordnung. Frankfurt am Main: Suhrkamp.

Goffman, Erving (1989): Rahmen-Analyse. Ein Versuch über die Organisation von Alltagserfahrungen. Frankfurt am Main: Suhrkamp.

Goffman, Erving (2001): Die Interaktionsordnung, in: Knoblauch, Hubert A. (Hg.): Erving Goffman. Interaktion und Geschlecht. Frankfurt am Main / New York: Campus, S. 50–104.

Goffman, Erving (2009 / 1969): Wir alle spielen Theater. Die Selbstdarstellung im Alltag. München: Piper.

Göttlich, Udo (2008): Zur Kreativität des Handelns in der Medienaneignung: Handlungs- und praxistheoretische Aspekte als Herausforderung der Rezeptionsforschung, in: Winter, Carsten / Hepp, Andreas / Krotz, Friedrich (Hg.): Theorien der Kommunikations- und Medienwissenschaft. Grundlegende Diskussionen, Forschungsfelder und Theorieentwicklungen. Wiesbaden: VS Verlag für Sozialwissenschaften, S. 383–399.

Gray, Zoë et al. (Hg.) (2010): The Critics, The Curators, The Artists. Rotterdam: post editions.

Greub, Suzanne / Greub, Thierry / Art Centre Basel (Hg.) (2006): Museen im 21. Jahrhundert: Ideen. Projekte. Bauten. München / Berlin / London / New York: Prestel.

Greub, Thierry (2006): Die Museen zu Beginn des 21. Jahrhunderts: Spekulationen, in: Greub, Suzanne / Greub, Thierry / Art Centre Basel (Hg.): Museen im 21. Jahrhundert: Ideen. Projekte. Bauten. München / Berlin / London / New York: Prestel, S. 9–14.

Groys, Boris (2001): Zur Ästhetik der Videoinstallation, in: Pakesch, Peter / Kunsthalle Basel (Hg.): Stan Douglas. Basel: Schwabe & Co. AG, S. 3–17.

Günter, Bernd (2003): Kern und Schale – Museumsarchitektur aus Besuchersicht, in: Museumskunde, Bd. 68, H. 2, S. 90–95.

Hahn, Alois (1995): Identität und Biographie, in: Wohlrab-Sahr, Monika (Hg.): Biographie und Religion. Zwischen Ritual und Selbstsuche. Frankfurt am Main / New York: Campus, S. 137–152.

Hahn, Kornelia (2002): Die Repräsentation des „authentischen" Körpers, in: Hahn, Kornelia / Meuser, Michael (Hg.): Körperrepräsentationen. Die Ordnung des Sozialen und der Körper. Konstanz: UVK Verlagsgesellschaft, S. 279–301.

Hall, Stuart (1980): Cultural studies: Two paradigms, in: Media, Culture and Society, Bd. 2, H. 1, S. 57–72.

Hanak-Lettner, Werner (2011): Die Ausstellung als Drama. Wie das Museum aus dem Theater entstand. Bielefeld: transcript.

Hansen, Tone / Henie Onstad Art Centre (Hg.) (2011): (Re)Staging the Art Museum. Frankfurt am Main: Revolver.

Hantelmann, Dorothea von (2012): Notes on the Exhibition / Notizen zur Ausstellung, H. 88 in der Publikationsreihe 100 Notizen – 100 Gedanken der dOCUMENTA (13). Ostfildern: Hatje Cantz.

Hantelmann, Dorothea von / Meister, Caroline (Hg.) (2010a): Die Ausstellung. Politik eines Rituals. Zürich / Berlin: diaphanes.

Hantelmann, Dorothea von / Meister, Caroline (2010b): Einleitung, in: Hantelmann, Dorothea von / Meister, Caroline (Hg.): Die Ausstellung. Politik eines Rituals. Zürich / Berlin: diaphanes, S. 7–18.

Hauser, Susanne / Kamleithner, Christa / Meyer, Roland (2011): Ästhetik des sozialen Raumes – zu Band 1, in: Hauser, Susanne / Kamleithner, Christa / Meyer, Roland (Hg.): Architekturwissen. Grundlagentexte aus den Kulturwissenschaften. Bd. 1: Zur Ästhetik des sozialen Raumes. Bielefeld: transcript, S. 14–23.

Hein, George E. (1998): Learning in the museum. London / New York: Routledge.

Hein, George E. (2011): Museum Education, in: Macdonald, Sharon (Hg.): A companion to museum studies. Chichester: Wiley-Blackwell, S. 340–352.

Hepp, Andreas (2005): Kommunikative Aneignung, in: Mikos, Lothar (Hg.): Qualitative Medienforschung. Ein Handbuch. Konstanz: UVK Verlagsgesellschaft, S. 67–79.

Hillebrandt, Frank (2009): Praxistheorie, in: Kneer, Georg / Schroer, Markus (Hg.): Handbuch Soziologische Theorien. Wiesbaden: VS Verlag für Sozialwissenschaften / GWV Fachverlage GmbH, S. 369–394.

Hillier, Bill / Tzortzi, Kali (2011): Space Syntax: The Language of Museum Space, in: Macdonald, Sharon (Hg.): A companion to museum studies. Chichester: Wiley-Blackwell, S. 282–301.

Hirsch, Nikolaus (2009): Institution building. artists, curators, architects in the struggle for institutional space. Berlin / New York: Sternberg Press.

Hirschauer, Stefan (1999): Die Praxis der Fremdheit und die Minimierung von Anwesenheit. Eine Fahrstuhlfahrt, in: Soziale Welt, Bd. 50, S. 221–246.

Hirschauer, Stefan (2004): Praktiken und ihre Körper. Über materielle Partizipanden des Tuns, in: Hörning, Karl H. / Reuter, Julia (Hg.):

Doing Culture. Neue Positionen zum Verhältnis von Kultur und sozialer Praxis. Bielefeld: transcript, S. 73–91.

Hirschauer, Stefan (2008): Körper macht Wissen – Für eine Somatisierung des Wissensbegriffs, in: Rehberg, Karl-Siegbert (Hg.): Die Natur der Gesellschaft. Verhandlungen des 33. Kongresses der Deutschen Gesellschaft für Soziologie in Kassel 2006. Frankfurt am Main / New York: Campus, S. 974–984.

Hitzler, Ronald (2010): Der Goffmensch. Überlegungen zu einer dramatologischen Anthropologie, in: Honer, Anne / Meuser, Michael / Pfadenhauer, Michaela (Hg.): Fragile Sozialität. Wiesbaden: VS Verlag für Sozialwissenschaften / GWV Fachverlage GmbH, S. 17–34.

Hitzler, Ronald / Honer, Anne / Pfadenhauer, Michaela (2008): Zur Einleitung: „Ärgerliche" Gesellungsgebilde, in: Hitzler, Ronald / Honer, Anne / Pfadenhauer, Michaela (Hg.): Posttraditionale Gemeinschaften. Theoretische und ethnografische Erkundungen. Wiesbaden: VS Verlag für Sozialwissenschaften / GWV Fachverlage GmbH, S. 9–31.

Hoffer, Andreas (2005): Wie viel Information braucht der Mensch? Ausstellungstexte in der Sammlung Essl – ein leicht geknüpfter Gedankenteppich zum Thema, in: schnittpunkt / Jaschke, Beatrice / Martinz-Turek, Charlotte / Sternfeld, Nora (Hg.): Wer spricht? Autorität und Autorschaft in Ausstellungen. Wien: Turia + Kant, S. 177–183.

Hofmeister, Sandra (2009): Gehry-Effekt und Chipperfieldismus. Zum Paradigmenwechsel in der Museumsarchitektur, in: Baumeister, Bd. 106, H. 3, S. 68–71.

Hooper-Greenhill, Eilean (2011): Studying Visitors, in: Macdonald, Sharon (Hg.): A companion to museum studies. Chichester: Wiley-Blackwell, S. 362–367.

Hörning, Karl H. / Reuter, Julia (2004): Doing Culture: Kultur als Praxis, in: Hörning, Karl H. / Reuter, Julia (Hg.): Doing Culture. Neue Positionen zum Verhältnis von Kultur und sozialer Praxis. Bielefeld: transcript, S. 9–15.

Huber, Hans Dieter / Locher, Hubert / Schulte, Karin (Hg.) (2002): Kunst des Ausstellens. Beiträge, Statements, Diskussionen. Ostfildern: Hatje Cantz.

Jahoda, Marie / Lazarsfeld, Paul F. / Zeisel, Hans (2004 / 1933): Die Arbeitslosen von Marienthal. Ein soziographischer Versuch über die Wirkungen langandauernder Arbeitslosigkeit. Frankfurt am Main: Suhrkamp.

Jakesch, Martina / Leder, Helmut (2009): Finding meaning in art: Preferred levels of ambiguity in art appreciation, in: The Quarterly Journal of Experimental Psychology, Bd. 62, H. 11, S. 2105–2112.

Kamel, Susan / Gerbich, Christine (Hg.) (2014): Experimentierfeld Museum. Internationale Perspektiven auf Museum, Islam und Inklusion. Bielefeld: transcript.

Karp, Ivan / Lavine, Stephen D. (Hg.) (1991): Exhibiting cultures. The poetics and politics of museum display. Washington / London: Smithsonian Institution Press.

Kernbauer, Eva (2012): Das Publikum in der kunsttheoretischen Tradition: Wege zur Öffentlichkeit (und zurück), in: Kammerer, Dietmar (Hg.): Vom Publicum. Das Öffentliche in der Kunst. Bielefeld: transcript, S. 49–71.

Kirchberg, Volker (2010): Besucherforschung in Museen: Evaluation von Ausstellungen, in: Baur, Joachim (Hg.): Museumsanalyse. Methoden und Konturen eines neuen Forschungsfeldes. Bielefeld: transcript, S. 171–184.

Klonk, Charlotte (2009): Spaces of Experience. Art Gallery Interiors from 1800 to 2000. New Haven / London: Yale University Press.

Klonk, Charlotte (2010): Sichtbar machen und sichtbar werden im Kunstmuseum, in: Boehm, Gottfried / Egenhofer, Sebastian / Spies, Christian (Hg.): Zeigen. Die Rhetorik des Sichtbaren. München: Fink, S. 290–311.

Knoblauch, Hubert (2001): Erving Goffmans Reich der Interaktion, in: Knoblauch, Hubert A. (Hg.): Erving Goffman. Interaktion und Geschlecht. Frankfurt am Main / New York: Campus, S. 7–49.

Knoblauch, Hubert (2008): Kommunikationsgemeinschaften. Überlegungen zur kommunikativen Konstruktion einer Sozialform, in: Hitzler, Ronald / Honer, Anne / Pfadenhauer, Michaela (Hg.): Posttraditionale Gemeinschaften. Theoretische und ethnografische Erkundungen. Wiesbaden: VS Verlag für Sozialwissenschaften / GWV Fachverlage GmbH, S. 73–88.

Konau, Elisabeth (1977): Raum und soziales Handeln. Studien zu einer vernachlässigten Dimension soziologischer Theoriebildung. Stuttgart: Enke.

Korff, Gottfried (2005): Betörung durch Reflexion. Sechs um Exkurse ergänzte Bemerkungen zur epistemischen Anordnung von Dingen, in: Heesen, Anke / Lutz, Petra (Hg.): Dingwelten. Das Museum als Erkenntnisort. Köln / Weimar / Wien: Böhlau, S. 89–107.

Krotz, Friedrich (2001): Der Symbolische Interaktionismus und die Kommunikationsforschung. Zum hoffnungsvollen Stand einer schwierigen Beziehung, in: Rössler, Patrick / Hasebrink, Uwe / Jäckel, Michael (Hg.): Theoretische Perspektiven der Rezeptionsforschung. München: Fischer, S. 73–95.

Krotz, Friedrich (2005): Neue Theorien entwickeln. Eine Einführung in die Grounded Theory, die Heuristische Sozialforschung und die Ethnographie anhand von Beispielen aus der Kommunikationsforschung. Köln: von Halem.

Laffin, Lysette (2011): Museumsaufsichten. Stehen zur Kunst, in: Bose, Friedrich von et al. (Hg.): Museum x. Zur Neuvermessung eines mehrdimensionalen Raumes. Berlin: Panama, S. 57, plus DVD Beilage.

Läpple, Dieter (1991): Essay über den Raum. Für ein gesellschaftliches Raumkonzept, in: Häußermann, Hartmut et al. (Hg.): Stadt und Raum: Soziologische Analysen. Pfaffenweiler: Centaurus, S. 155–207.

Leder, Helmut (2001): Determinants of preference: When do we like what we know?, in: Empirical studies of the arts, Bd. 19, H. 2, S. 201–211.

Leder, Helmut et al. (2004): A model of aesthetic appreciation and aesthetic judgements, in: British Journal of Psychology, Bd. 95, S. 489–508.

Leder, Helmut et al. (2011): How Art Is Appreciated, in: Psychology of Aesthetics, Creativity, and the Arts, advance online publication, S. 1–6.

Lee, Jo / Ingold, Tim (2006): Fieldwork on Foot: Perceiving, Routing, Socializing, in: Coleman, Simon / Collins, Peter (Hg.): Locating the field: space, place and context in anthropology. Oxford / New York: Berg, S. 67–85.

Lefèbvre, Henri (1976): Die Revolution der Städte. Frankfurt am Main: Syndikat.

Lefèbvre, Henri (2006 / 1974): Die Produktion des Raums, in: Dünne, Jörg / Günzel, Stephan (Hg.): Raumtheorie. Grundlagentexte aus Philosophie und Kulturwissenschaften. Frankfurt am Main: Suhrkamp, S. 330–342.

Lefèbvre, Henri (2011 / 1991): The production of space. Malden / Oxford / Carlton: Blackwell.

Lippuner, Roland (2007): Sozialer Raum und Praktiken: Elemente sozialwissenschaftlicher Topologie bei Pierre Bourdieu und Michel de

Certeau, in: Günzel, Stephan (Hg.): Topologie. Zur Raumbeschreibung in den Kultur- und Medienwissenschaften. Bielefeld: transcript, S. 265–277.

Lippuner, Roland / Lossau, Julia (2004): In der Raumfalle. Eine Kritik des spatial turn in den Sozialwissenschaften, in: Mein, Georg / Rieger-Ladich, Markus (Hg.): Soziale Räume und kulturelle Praktiken. Über den strategischen Gebrauch von Medien. Bielefeld: transcript, S. 47–64.

Löw, Martina (2001): Raumsoziologie. Frankfurt am Main: Suhrkamp.

Löw, Martina (2005): Die Rache des Körpers über den Raum? Über Henri Lefèbvres Utopie und Geschlechterverhältnisse am Strand, in: Schroer, Markus (Hg.): Soziologie des Körpers. Frankfurt am Main: Suhrkamp, S. 241–270.

Lynch, Kevin (1968): Das Bild der Stadt. Gütersloh / Berlin / München: Bertelsmann.

Macdonald, Sharon (2010): Museen erforschen. Für eine Museumswissenschaft in der Erweiterung, in: Baur, Joachim (Hg.): Museumsanalyse. Methoden und Konturen eines neuen Forschungsfeldes. Bielefeld: transcript, S. 49–69.

Magnago Lampugnani, Vittorio (2011): Insight versus Entertainment: Ultimately Meditations on the Architecture of the Twentieth-century Art Museums, in: Macdonald, Sharon (Hg.): A companion to museum studies. Chichester: Wiley-Blackwell, S. 245–262.

Magnago Lampugnani, Vittorio / Sachs, Angeli (Hg.) (1999): Museen für ein neues Jahrtausend. Ideen, Projekte, Bauten. München / London / New York: Prestel.

Mai, Ekkehard (2002): Ausgestellt – Funktionen von Museum und Ausstellung im Vergleich, in: Huber, Hans Dieter / Locher, Hubert / Schulte, Karin (Hg.): Kunst des Ausstellens. Beiträge, Statements, Diskussionen. Ostfildern: Hatje Cantz, S. 59–70.

Maier-Solgk, Frank (2008): Neue Museen in Europa. Kultorte für das 21. Jahrhundert. München: DVA.

Maset, Pierangelo (2006): Fortsetzung Kunstvermittlung, in: Maset, Pierangelo / Reuter, Rebbekka / Steffel, Hagen (Hg.): Corporate Difference. Formate der Kunstvermittlung. Lüneburg: edition HYDE, S. 11–24.

Masuch, Bill (2006): Der offene Raum. HandlungsRäume in Kunst und Kunstvermittlung, in: Maset, Pierangelo / Reuter, Rebbekka / Steffel,

Hagen (Hg.): Corporate Difference. Formate der Kunstvermittlung. Lüneburg: edition HYDE, S. 87–128.

Medved, Maria I. / Cupchic, Gerald C. / Oatley, Keith (2004): Interpretative memories of artworks, in: Memory, Bd. 12, H. 1, S. 119–128.

Merleau-Ponty, Maurice (1974): Phänomenologie der Wahrnehmung. Berlin: de Gruyter.

Meuser, Michael (2006): Ethnomethodologie, in: Bohnsack, Ralf / Marotzki, Winfried / Meuser, Michael (Hg.): Hauptbegriffe Qualitativer Sozialforschung. Opladen / Farmington Hills: Budrich, S. 53–55.

Mikos, Lothar (2001): Rezeption und Aneignung – eine handlungstheoretische Perspektive, in: Rössler, Patrick / Hasebrink, Uwe / Jäckel, Michael (Hg.): Theoretische Perspektiven der Rezeptionsforschung. München: Fischer, S. 59–71.

Mörsch, Carmen (2009): Am Kreuzungspunkt von vier Diskursen: Die documenta 12 Vermittlung zwischen Affirmation, Reproduktion, Dekonstruktion und Transformation, in: Mörsch, Carmen / Forschungsteam der documenta 12 Vermittlung (Hg.): Kunstvermittlung 2. Zwischen kritischer Praxis und Dienstleistung auf der documenta 12. Ergebnisse eines Forschungsprojektes. Zürich: diaphanes, S. 9–33.

Mörsch, Carmen / Forschungsteam der documenta 12 Vermittlung (Hg.) (2009): Kunstvermittlung 2. Zwischen kritischer Praxis und Dienstleistung auf der documenta 12. Ergebnisse eines Forschungsprojektes. Zürich: diaphanes.

Muttenthaler, Roswitha / Wonisch, Regina (2003): Zur Schau gestellt. Be-Deutungen musealer Inszenierungen, in: Barchet, Michael / Koch-Haag, Donata / Sierek, Karl (Hg.): Ausstellen. Der Raum der Oberfläche. Weimar: VDG, S. 59–77.

Muttenthaler, Roswitha / Wonisch, Regina (2006): Gesten des Zeigens. Zur Repräsentation von Gender und Race in Ausstellungen. Bielefeld: transcript.

Naredi-Rainer, Paul von (2004): Entwurfsatlas Museumsbau. Basel / Berlin / Boston: Birkhäuser.

Neckel, Sighard / Wagner, Greta (Hg.) (2013): Leistung und Erschöpfung. Burnout in der Wettbewerbsgesellschaft. Berlin: Suhrkamp.

Newhouse, Victoria (1998): Wege zu einem neuen Museum. Museumsarchitektur im 20. Jahrhundert. Ostfildern: Hatje.

Nilsson, Lars (2007): Interview with Marion von Osten, in: Billing, Johanna / Lind, Maria / Nilsson, Lars (Hg.): Taking the matter into common hands. On contemporary art and collaborative practices. London: Black Dog Publishing, S. 70–79.

Nowotny, Stefan / Raunig, Gerald (2008): Instituierende Praxen. Bruchlinien der Institutionskritik. Wien: Turia + Kant.

O'Doherty, Brian (1996): In der weißen Zelle / Inside the White Cube. Berlin: Merve.

O'Neill, Paul (2012): The culture of curating and the curating of culture(s). Cambridge / London: The MIT Press.

O'Neill, Paul / interviewed by Fletcher, Annie (2007): Introduction, in: O'Neill, Paul (Hg.): Curating subjects. London: Open Editions, S. 11–19.

O'Neill, Paul / Wilson, Mick (2010): Introduction, in: O'Neill, Paul / Wilson, Mick (Hg.): Curating and the educational turn. London / Amsterdam: Open Editions / de Appel, S. 11–22.

Obrist, Hans Ulrich (2011): Everything You Always Wanted to Know About Curating* But Were Afraid to Ask. Berlin / New York: Sternberg Press.

Osten, Marion von (Hg.) (2003): Norm der Abweichung. Zürich / Wien / New York: Edition Voldemeer / Springer.

Osten, Marion von (2005): Politics beyond the white cube, in: Blundell-Jones, Peter / Petrescu, Doina / Till, Jeremy (Hg.): Architecture and Participation. London / New York: Spon Press, S. 207–210.

Osten, Marion von et al. (2007): „She now works flexible …", in: Billing, Johanna / Lind, Maria / Nilsson, Lars (Hg.): Taking the matter into common hands. On contemporary art and collaborative practices. London: Black Dog Publishing, S. 68–69.

Paatsch, Ulrich (1998): Macht und Ohnmacht des Evaluators, in: Scher, Marita Anna (Hg.): (Umwelt-)Ausstellungen und ihre Wirkung. Oldenburg: Isensee, S. 166–171.

Pfadenhauer, Michaela (2010): Artefakt-Gemeinschaften?! Technikverwendung und -entwicklung in Aneignungskulturen, in: Honer, Anne / Meuser, Michael / Pfadenhauer, Michaela (Hg.): Fragile Sozialität. Wiesbaden: VS Verlag für Sozialwissenschaften / GWV Fachverlage GmbH, S. 355–370.

Psathas, George (1981): Ethnotheorie, Ethnomethodologie und Phänomenologie, in: Arbeitsgruppe Bielefelder Soziologen (Hg.): Alltagswissen, Interaktion und gesellschaftliche Wirklichkeit. Opladen: Westdeutscher Verlag, S. 263–284.

Raab, Jürgen / Soeffner, Hans-Georg (2005): Körperlichkeit in Interaktionsbeziehungen, in: Schroer, Markus (Hg.): Soziologie des Körpers. Frankfurt am Main: Suhrkamp, S. 166–188.

Raabe, Johannes (2008): Kommunikation und soziale Praxis: Chancen einer praxistheoretischen Perspektive für Kommunikationstheorie und -forschung, in: Winter, Carsten / Hepp, Andreas / Krotz, Friedrich (Hg.): Theorien der Kommunikations- und Medienwissenschaft. Grundlegende Diskussionen, Forschungsfelder und Theorieentwicklungen. Wiesbaden: VS Verlag für Sozialwissenschaften, S. 363–381.

Rebentisch, Juliane (2003): Ästhetik der Installation. Frankfurt am Main: Suhrkamp.

Reckwitz, Andreas (2003): Grundelemente einer Theorie sozialer Praktiken. Eine sozialtheoretische Perspektive, in: Zeitschrift für Soziologie, Bd. 32, H. 4, S. 282–301.

Reitstätter, Luise (2013): Der Widerstand der Faulheit oder Warum der Connaisseur ein Mythos ist, in: p/art/icipate – Kultur aktiv gestalten, H. 2, p-art-icipate.net/cms/der-widerstand-der-faulheit-oder-warum-der-connaisseur-ein-mythos-ist (19. März 2013),

Ribalta, Jorge (2004): Meditation und Herstellung von Öffentlichkeiten. Die MACBA Erfahrung, republicart.net/disc/institution/ribalta01_de.pdf (23. 11. 2014).

Richter, Dorothee (2007): Ausstellungen als kulturelle Praktiken des Zeigens – die Pädagogiken, in: Eigenheer, Marianne (Hg.): Curating Critique. Frankfurt am Main: Revolver, S. 192–201.

Rogoff, Irit (2005): Looking Away: Participations in Visual Culture, in: Butt, Gavin (Hg.): After criticism. New responses to art and performance. Malden / Oxford / Carlton: Blackwell, S. 117–134.

Rogoff, Irit (2010): Turning, in: O'Neill, Paul / Wilson, Mick (Hg.): Curating and the educational turn. London: Open Editions / de Appel, S. 32–46.

Rollig, Stella (2003): Video als Zumutung. Fallbeispiel <HERS>: Zum Ausstellen zeitgebundener Kunst, in: Stocker, Karl / Müller, Heimo (Hg.): Design bestimmt das Bewusstsein. Ausstellungen und Museen im Spannungsfeld von Inhalt und Ästhetik. Wien: Turia + Kant, S. 11–24.

Rosenberg, Raphael (2011): Dem Auge auf der Spur. Blickbewegungen beim Betrachten von Gemälden – historisch und empirisch, in:

Jahrbuch der Heidelberger Akademie der Wissenschaften für 2010, S. 76–89.

Rui Olds, Anita (1999): Sending them home alive, in: Hooper-Greenhill, Eilean (Hg.): The educational role of the museum. London / New York: Routledge, S. 332–336.

Schade, Sigrid / Richter, Dorothee (2007): Ausstellungs-Displays. Reflexionen zu einem Zürcher Forschungsprojekt, in: Kunstforum international, Das Neue Ausstellen. Ausstellungen als Kulturpraktiken des Zeigens I, Bd. 186, Juni–Juli, S. 56–63.

schnittpunkt / Jaschke, Beatrice / Sternfeld, Nora / Institute for Art Education Züricher Hochschule der Künste (Hg.) (2012): educational turn. Handlungsräume der Kunst- und Kulturvermittlung. Wien: Turia + Kant.

schnittpunkt / Kazeem, Belinda / Martinz-Turek, Charlotte / Sternfeld, Nora (Hg.) (2009): Das Unbehagen im Museum. Postkoloniale Museologien. Wien: Turia + Kant.

schnittpunkt / Martinz-Turek, Charlotte / Sommer-Sieghart, Monika (Hg.) (2009): Storyline. Narrationen im Museum. Wien: Turia + Kant.

Scholze, Jana (2004): Medium Ausstellung. Lektüren musealer Gestaltung in Oxford, Leipzig, Amsterdam und Berlin. Bielefeld: transcript.

Schroer, Markus (2006): Räume, Orte, Grenzen. Auf dem Weg zu einer Soziologie des Raums. Frankfurt am Main: Suhrkamp.

Schroer, Markus (2008): „Bringing Space back in“ – Zur Relevanz des Raums als soziologischer Kategorie, in: Döring, Jörg / Thielmann, Tristan (Hg.): Spatial Turn. Das Raumparadigma in den Kultur- und Sozialwissenschaften. Bielefeld: transcript, S. 125–148.

Schroer, Markus (2009): Soziologie, in: Günzel, Stephan (Hg.): Raumwissenschaften. Frankfurt am Main: Suhrkamp, S. 354–369.

Schubert, Hans-Joachim (2009): Pragmatismus und Symbolischer Interaktionismus, in: Kneer, Georg / Schroer, Markus (Hg.): Handbuch Soziologische Theorie. Wiesbaden: VS Verlag für Sozialwissenschaften / GWV Fachverlage GmbH, S. 345–367.

Schütz, Alfred (2004): Common-Sense und wissenschaftliche Interpretation menschlichen Handelns, in: Strübing, Jörg / Schnettler, Bernd (Hg.): Methodologie interpretativer Sozialforschung. Klassische Grundlagentexte. Konstanz: UVK Verlagsgesellschaft, S. 157–197.

Sheehan, James J. (2002): Geschichte der deutschen Kunstmuseen. Von der fürstlichen Kunstkammer zur modernen Sammlung. München: Beck.

Simmel, Georg (1908): Soziologie. Untersuchungen über die Formen der Vergesellschaftung. Leipzig: Duncker & Humblot.

Simmel, Georg (1995/1903a): Soziologie des Raumes, in: Kramme, Rüdiger/Rammstedt, Angela/Rammstedt, Otthein (Hg.): Gesamtausgabe, Aufsätze und Abhandlungen 1901–1908, Bd. 1., Frankfurt am Main: Suhrkamp, S. 132–182.

Simmel, Georg (1995/1903b): Über räumliche Projektionen socialer Formen, in: Kramme, Rüdiger/Rammstedt, Angela/Rammstedt, Otthein (Hg.): Gesamtausgabe, Aufsätze und Abhandlungen 1901–1908, Bd. 1., Frankfurt am Main: Suhrkamp, S. 201–220.

Smith, Jeffrey K./Smith, Lisa F. (2001): Spending time on art, in: Empirical studies of the arts, Bd. 19, H. 2, S. 229–236.

Spiegl, Andreas (2005): Telefonate mit Bildern und Bildtelefone, in: schnittpunkt/Jaschke, Beatrice/Martinz-Turek, Charlotte/Sternfeld, Nora (Hg.): Wer spricht? Autorität und Autorschaft in Ausstellungen. Wien: Turia + Kant, S. 93–102.

Staniszewski, Mary Anne (1998): The Power of Display. A History of Exhibition Installations at the Museum of Modern Art. Cambridge/London: The MIT Press.

Sternfeld, Nora (2005): Der Taxispielertrick. Vermittlung zwischen Selbstregulierung und Selbstermächtigung, in: schnittpunkt/Jaschke, Beatrice/Martinz-Turek, Charlotte/Sternfeld, Nora (Hg.): Wer spricht? Autorität und Autorschaft in Ausstellungen. Wien: Turia + Kant, S. 15–33.

Stichweh, Rudolf (2003): Raum und moderne Gesellschaft. Aspekte der sozialen Kontrolle des Raums, in: Krämer-Badoni, Thomas/Kuhm, Klaus (Hg.): Die Gesellschaft und ihr Raum. Raum als Gegenstand der Soziologie. Opladen: Leske + Budrich, S. 93–102.

Strübing, Jörg/Schnettler, Bernd (2004): Zu Garfinkel & Sacks: Über formale Strukturen praktischer Handlungen, in: Strübing, Jörg/Schnettler, Bernd (Hg.): Methodologie interpretativer Sozialforschung. Klassische Grundlagentexte. Konstanz: UVK Verlagsgesellschaft, S. 389–390.

Treinen, Heiner (1996): Ausstellungen und Kommunikationstheorie, in: Haus der Geschichte der Bundesrepublik Deutschland (Hg.): Museen und ihre Besucher. Herausforderungen in der Zukunft. Berlin: Argon, S. 60–71.

Tröndle, Martin et al. (2009): Postkulturmanagement, in: Bekmeier-Feuerhahn, Sigrid et al. (Hg.): Forschen im Kulturmanagement. Jahrbuch für Kulturmanagement 2009. Bielefeld: transcript, S. 127–153.

Urry, John (2002): The tourist gaze. London / Thousand Oaks / New Delhi: Sage.

Vergo, Peter (Hg.) (1989a): The new museology. London: Reaktion Books.

Vergo, Peter (1989b): The Reticent Object, in: Vergo, Peter (Hg.): The new museology. London: Reaktion Books, S. 41–59.

Waibel, Tom (2010): Geliebte Kunst. Wer geht um der Kunst willen ins Museum?, in: kunstschule.at (Hg.): kunstschule.at 365 / 10. Wien: Sonderzahl, S. 41–46.

Waidacher, Friedrich (1996): Handbuch der allgemeinen Museologie. Köln / Weimar / Wien: Böhlau.

Weber, Max (1984 / 1921): Soziologische Grundbegriffe. Tübingen: Mohr Siebeck.

Werlen, Benno (2000): Sozialgeographie. Eine Einführung. Bern / Stuttgart / Wien: Haupt Berne.

Werlen, Benno (2008): Körper, Raum und mediale Repräsentation, in: Döring, Jörg / Thielmann, Tristan (Hg.): Spatial Turn. Das Raumparadigma in den Kultur- und Sozialwissenschaften. Bielefeld: transcript, S. 365–392.

Werlen, Benno (2009): Geographie / Sozialgeographie, in: Günzel, Stephan (Hg.): Raumwissenschaften. Frankfurt am Main: Suhrkamp, S. 142–158.

Wieczorek, Wanda / Hummel, Claudia / Schötker, Ulrich / Güleç, Ayşe / Parzefall, Sonja (Hg.) (2009): Kunstvermittlung 1. Arbeit mit dem Publikum, Öffnung der Institution. Formate und Methoden der Kunstvermittlung auf der documenta 12. Zürich: diaphanes.

Winter, Rainer (2003): Polysemie, Rezeption und Handlungsmächtigkeit, in: Jannidis, Fotis et al. (Hg.): Regeln der Bedeutung. Zur Theorie und Bedeutung literarischer Texte. Berlin / New York: de Gruyter, S. 431–453.

Winter, Rainer (2010): Der produktive Zuschauer. Medienaneignung als kultureller und ästhetischer Prozess. Köln: von Halem.

Wintzerith, Stéphanie / van den Berg, Karen / Tröndle, Martin (2011): Spuren der Aneignung – Mapping Museums, in: Kilger, Gerhard /

Müller-Kuhlmann, Wolfgang (Hg.): Szenografie in Ausstellungen und Museen V – Raum und Wahrnehmung. Bewegte Räume. Essen: Klartext, S. 100–109.

Wright, Philip (1989): The Quality of Visitors' Experiences in Art Museums, in: Vergo, Peter (Hg.): The new museology. London: Reaktion Books, S. 119–148.

Wyss, Beat (2002): Das Futteral der Kunst. Ein Plädoyer für die Schwellenangst, in: Huber, Hans Dieter / Locher, Hubert / Schulte, Karin (Hg.): Kunst des Ausstellens. Beiträge, Statements, Diskussionen. Ostfildern: Hatje Cantz, S. 129–139.

Zaugg, Rémy (1998): Das Kunstmuseum, das ich mir erträume oder der Ort des Werkes und des Menschen. Nürnberg: Verlag für moderne Kunst.

Železnik, Adela (2010): Who are the potential new audiences for contemporary art?, unveröffentlichter Text im READER zur Workshopreihe „educational turn", schnittpunkt, Wien 2010 / 2011.

# Anhang

Listen
- Primärdokumente
- Expert_inneninterviews inklusive weiterer Tondokumente
- Besucher_innenbefragung
- Teilnehmende Beobachtungen
- Befragung „Die Ausstellung, die ich mir erträume ...“

Leitfäden
- Artefaktanalyse
- Expert_inneninterview
- Besucher_innenbefragung

Kürzel

| | |
|---|---|
| P | Primärdokument allgemeine Erhebung |
| A | Primärdokument „Die Ausstellung, die ich mir erträume ...“ |
| KUB | Kunsthaus Bregenz |
| BB | 6. Berlin Biennale |
| SK | Salzburger Kunstverein |

## Primärdokumente

| Nr. | Datum | Fall-beispiel | Art des Dokuments | Dokumentname |
|---|---|---|---|---|
| P 01 | 21/04/2010 | KUB | weiteres Tondokument | 2010-04-21_KUB Transkript Rundgang Horn Dzwiewior.rtf |
| P 02 | 22/04/2010 | KUB | teilnehmende Beobachtung | 2010-04-22_KUB Protokoll Erstkontakt.rtf |
| P 03 | 22/04/2010 | KUB | teilnehmende Beobachtung | 2010-04-22_KUB Protokoll Pressekonferenz.rtf |
| P 04 | 22/04/2010 | KUB | weiteres Tondokument | 2010-04-22_KUB Transkript Pressekonferenz.rtf |
| P 05 | 22/04/2010 | KUB | weiteres Tondokument | 2010-04-22_KUB Transkript Rundgang Kunstvermittlung.rtf |
| P 06 | 22/04/2010 | KUB | Expert_innen-interview | 2010-04-22_KUB Transkript Interview Sagmeister.rtf |
| P 07 | 23/04/2010 | KUB | teilnehmende Beobachtung | 2010-04-23_KUB Protokoll Eröffnung.rtf |
| P 08 | 24/04/2010 | KUB | teilnehmende Beobachtung | 2010-04-24_KUB Protokoll Kuratorenführung.rtf |
| P 09 | 24/04/2010 | KUB | teilnehmende Beobachtung | 2010-04-24_KUB Protokoll Künstlerfrühstück.rtf |
| P 10 | 25/04/2010 | KUB | teilnehmende Beobachtung | 2010-04-25_KUB Protokoll Rundgang Führung.rtf |
| P 11 | 01/06/2010 | KUB | teilnehmende Beobachtung | 2010-06-01_KUB Protokoll Ausstellungsbesuch.rtf |
| P 12 | 01/06/2010 | KUB | Besucher_innen-befragung | 2010-06-01_KUB Transkript Besucher_innenbefragung 01.rtf |
| P 13 | 01/06/2010 | KUB | Besucher_innen-befragung | 2010-06-01_KUB Transkript Besucher_innenbefragung 02.rtf |
| P 14 | 02/06/2010 | KUB | teilnehmende Beobachtung | 2010-06-02_KUB Protokoll Ausstellungsbesuch.rtf |
| P 15 | 02/06/2010 | KUB | teilnehmende Beobachtung | 2010-06-02_KUB Protokoll Interview Dziewior.rtf |
| P 16 | 02/06/2010 | KUB | Besucher_innen-befragung | 2010-06-02_KUB Transkript Besucher_innenbefragung 03.rtf |
| P 17 | 02/06/2010 | KUB | Expert_innen-interview | 2010-06-02_KUB Transkript Interview Dziewior.rtf |
| P 18 | 02/06/2010 | KUB | Expert_innen-interview | 2010-06-02_KUB Transkript Interview Kunstvermittlung.rtf |
| P 19 | 03/06/2010 | KUB | teilnehmende Beobachtung | 2010-06-03_KUB Protokoll Ausstellungsbesuch 01.rtf |
| P 20 | 03/06/2010 | KUB | teilnehmende Beobachtung | 2010-06-03_KUB Protokoll Ausstellungsbesuch 02.rtf |

| P 21 | 03/06/2010 | KUB | Besucher_innenbefragung | 2010-06-03_KUB Transkript Besucher_innenbefragung 04.rtf |
|---|---|---|---|---|
| P 22 | 03/06/2010 | KUB | Besucher_innenbefragung | 2010-06-03_KUB Transkript Besucher_innenbefragung 05.rtf |
| P 23 | 03/06/2010 | KUB | Besucher_innenbefragung | 2010-06-03_KUB Transkript Besucher_innenbefragung 06.rtf |
| P 24 | 09/06/2010 | BB | teilnehmende Beobachtung | 2010-06-09_BB Protokoll PK.rtf |
| P 25 | 09/06/2010 | BB | weiteres Tondokument | 2010-06-09_BB Transkript Zf. Pressekonferenz.rtf |
| P 26 | 11/06/2010 | BB | teilnehmende Beobachtung | 2010-06-11_BB Protokoll Ausstellungsbesuch Menzel.rtf |
| P 27 | 13/06/2010 | BB | Besucher_innenbefragung | 2010-06-13_BB Transkript Besucher_innenbefragung 02.rtf |
| P 28 | 13/06/2010 | BB | Besucher_innenbefragung | 2010-06-13_BB Transkript Besucher_innenbefragung 01.rtf |
| P 29 | 13/06/2010 | BB | Besucher_innenbefragung | 2010-06-13_BB Transkript Besucher_innenbefragung 03.rtf |
| P 30 | 13/06/2010 | BB | Besucher_innenbefragung | 2010-06-13_BB Transkript Besucher_innenbefragung 04.rtf |
| P 31 | 01/07/2010 | KUB | teilnehmende Beobachtung | 2010-07-01_KUB Protokoll Ausstellungsbesuch.rtf |
| P 32 | 01/07/2010 | KUB | Besucher_innenbefragung | 2010-07-01_KUB Transkript Besucher_innenbefragung 07.rtf |
| P 33 | 03/07/2010 | KUB | teilnehmende Beobachtung | 2010-07-03_KUB Protokoll Ausstellungsbesuch.rtf |
| P 34 | 03/07/2010 | KUB | Besucher_innenbefragung | 2010-07-03_KUB Transkript Besucher_innenbefragung 08.rtf |
| P 35 | 03/07/2010 | KUB | Besucher_innenbefragung | 2010-07-03_KUB Transkript Besucher_innenbefragung 09.rtf |
| P 36 | 04/07/2010 | KUB | teilnehmende Beobachtung | 2010-07-04_KUB Protokoll Gespräche mit Aufsichten.rtf |
| P 37 | 04/07/2010 | KUB | Raumbeschreibung | 2010-07-04_KUB Raumbeschreibung.rtf |
| P 38 | 04/07/2010 | KUB | Besucher_innenbefragung | 2010-07-04_KUB Transkript Besucher_innenbefragung 10.rtf |
| P 39 | 06/07/2010 | BB | teilnehmende Beobachtung | 2010-07-06_BB Protokoll Ausstellungsbesuch KW.rtf |
| P 40 | 07/07/2010 | BB | teilnehmende Beobachtung | 2010-07-07_BB Protokoll Ausstellungsbesuch OP.rtf |
| P 41 | 08/07/2010 | BB | teilnehmende Beobachtung | 2010-07-08_BB Protokoll Ausstellungsbesuch Kohlfurter Str.rtf |
| P 42 | 08/07/2010 | BB | teilnehmende Beobachtung | 2010-07-08_BB Protokoll Ausstellungsbesuch KW.rtf |
| P 43 | 08/07/2010 | BB | teilnehmende Beobachtung | 2010-07-08_BB Protokoll geführter Rundgang OP.rtf |

| | | | | |
|---|---|---|---|---|
| P 44 | 08/07/2010 | BB | teilnehmende Beobachtung | 2010-07-08_BB Protokoll Interview Wagner.rtf |
| P 45 | 08/07/2010 | BB | Expert_innen-interview | 2010-07-08_BB Transkript Interview Wagner.rtf |
| P 46 | 09/07/2010 | BB | teilnehmende Beobachtung | 2010-07-09_BB Protokoll Interview Gogoll.rtf |
| P 47 | 09/07/2010 | BB | Expert_innen-interview | 2010-07-09_BB Transkript Interview Gogoll.rtf |
| P 48 | 09/07/2010 | BB | Expert_innen-interview | 2010-07-09_BB Transkript Interview Rhomberg.rtf |
| P 49 | 13/07/2010 | BB | teilnehmende Beobachtung | 2010-07-13_BB Protokoll Interview Schabus.rtf |
| P 50 | 13/07/2010 | BB | Expert_innen-interview | 2010-07-13_BB Transkript Interview Schabus.rtf |
| P 51 | 04/08/2010 | BB | weiteres Tondokument | 2010-08-04_BB Zf. Zitty Gespräch Kunstvermittlung.rtf |
| P 52 | 05/08/2010 | BB | teilnehmende Beobachtung | 2010-08-05_BB Protokoll Ausstellungsbesuch OP.rtf |
| P 53 | 05/08/2010 | BB | teilnehmende Beobachtung | 2010-08-05_BB Protokoll Interview Lohmüller.rtf |
| P 54 | 05/08/2010 | BB | Expert_innen-interview | 2010-08-05_BB Transkript Interview Lohmüller.rtf |
| P 55 | 06/08/2010 | BB | teilnehmende Beobachtung | 2010-08-06_BB Protokoll Ausstellungsbesuch OP.rtf |
| P 56 | 06/08/2010 | BB | Besucher_innen-befragung | 2010-08-06_BB Transkript Besucher_innenbefragung 05.rtf |
| P 57 | 06/08/2010 | BB | ExpertInnen-interview | 2010-08-06_BB Transkript Zf. Interview Pistacchi.rtf |
| P 58 | 07/08/2010 | BB | teilnehmende Beobachtung | 2010-08-07_BB Protokoll Ausstellungsbesuch KW.rtf |
| P 59 | 08/08/2010 | BB | teilnehmende Beobachtung | 2010-08-08_BB Protokoll Ausstellungsbesuch KW.rtf |
| P 60 | 08/08/2010 | BB | Besucher_innen-befragung | 2010-08-08_BB Transkript Besucher_innenbefragung 06.rtf |
| P 61 | 08/08/2010 | BB | Besucher_innen-befragung | 2010-08-08_BB Transkript Besucher_innenbefragung 07.rtf |
| P 62 | 08/08/2010 | BB | Besucher_innen-befragung | 2010-08-08_BB Transkript Besucher_innenbefragung 08.rtf |
| P 63 | 08/08/2010 | BB | Besucher_innen-befragung | 2010-08-08_BB Transkript Besucher_innenbefragung 09.rtf |
| P 64 | 08/08/2010 | BB | Besucher_innen-befragung | 2010-08-08_BB Transkript Besucher_innenbefragung 10.rtf |
| P 65 | 08/08/2010 | BB | Besucher_innen-befragung | 2010-08-08_BB Transkript Besucher_innenbefragung 11.rtf |
| P 66 | 14/09/2010 | SK | teilnehmende Beobachtung | 2010-09-14_SK Protokoll Interviewvereinbarung.rtf |

| P 67 | 21/09/2010 | SK | teilnehmende Beobachtung | 2010-09-21_SK Protokoll Gespräch Schmutz.rtf |
|---|---|---|---|---|
| P 68 | 14/04/2012 | BB | Raum-beschreibung | 2012-04-14_BB Raumbeschreibung |
| P 69 | 22/09/2010 | SK | teilnehmende Beobachtung | 2010-09-22_SK Protokoll Interview Ondák.rtf |
| P 70 | 22/09/2010 | SK | teilnehmende Beobachtung | 2010-09-22_SK Protokoll Pressekonferenz.rtf |
| P 71 | 22/09/2010 | SK | Expert_innen-interview | 2010-09-22_SK Transkript Interview Ondák.rtf |
| P 72 | 22/09/2010 | SK | weiteres Tondokument | 2010-09-22_SK Transkript Pressekonferenz.rtf |
| P 73 | 12/10/2010 | SK | teilnehmende Beobachtung | 2010-10-12_SK Protokoll Ausstellungsbesuch.rtf |
| P 74 | 28/10/2010 | SK | teilnehmende Beobachtung | 2010-10-28_SK Protokoll Ausstellungsbesuch.rtf |
| P 75 | 29/10/2010 | SK | teilnehmende Beobachtung | 2010-10-29_SK Protokoll Ausstellungsbesuch.rtf |
| P 76 | 31/10/2010 | SK | teilnehmende Beobachtung | 2010-10-31_SK Protokoll Ausstellungsbesuch.rtf |
| P 77 | 05/11/2010 | SK | teilnehmende Beobachtung | 2010-11-05_SK Protokoll Ausstellungsbesuch.rtf |
| P 78 | 06/11/2010 | SK | teilnehmende Beobachtung | 2010-11-06_SK Protokoll Ausstellungsbesuch.rtf |
| P 79 | 06/11/2010 | SK | Besucher_innen-befragung | 2010-11-06_SK Transkript Besucher_innenbefragung 01.rtf |
| P 80 | 10/11/2010 | SK | teilnehmende Beobachtung | 2010-11-10_SK Protokoll Ausstellungsbesuch.rtf |
| P 81 | 11/11/2010 | SK | teilnehmende Beobachtung | 2010-11-11_SK Protokoll Ausstellungsbesuch.rtf |
| P 82 | 23/11/2010 | SK | teilnehmende Beobachtung | 2010-11-23_SK Protokoll Ausstellungsbesuch.rtf |
| P 83 | 23/11/2010 | SK | Raum-beschreibung | 2010-11-23_SK Raumbeschreibung.rtf |
| P 84 | 23/11/2010 | SK | Besucher_innen-befragung | 2010-11-23_SK Transkript Besucher_innenbefragung 02.rtf |
| P 85 | 23/11/2010 | SK | Besucher_innen-befragung | 2010-11-23_SK Transkript Besucher_innenbefragung 03.rtf |
| P 86 | 24/11/2010 | SK | Besucher_innen-befragung | 2010-11-24_SK Protokoll Besucher_innenbefragung.rtf |
| P 87 | 24/11/2010 | SK | Besucher_innen-befragung | 2010-11-24_SK Transkript Besucher_innenbefragung 04.rtf |
| P 88 | 24/11/2010 | SK | Expert_innen-interview | 2010-11-24_SK Transkript Interview Krausneder D.rtf |
| P 89 | 25/11/2010 | SK | teilnehmende Beobachtung | 2010-11-25_SK Protokoll Ausstellungsbesuch.rtf |

| | | | | |
|---|---|---|---|---|
| P 90 | 25/11/2010 | SK | teilnehmende Beobachtung | 2010-11-25_SK Protokoll Interview ARTgenossen.rtf |
| P 91 | 25/11/2010 | SK | Besucher_innen-befragung | 2010-11-25_SK Transkript Besucher_innenbefragung 05.rtf |
| P 92 | 25/11/2010 | SK | Besucher_innen-befragung | 2010-11-25_SK Transkript Besucher_innenbefragung 06.rtf |
| P 93 | 25/11/2010 | SK | Expert_innen-interview | 2010-11-25_SK Transkript Interview ARTgenossen.rtf |
| P 94 | 03/12/2010 | SK | teilnehmende Beobachtung | 2010-12-03_SK Protokoll Interview Schmutz.rtf |
| P 95 | 03/12/2010 | SK | Expert_innen-interview | 2010-12-03_SK Transkript Interview Schmutz.rtf |
| P 96 | 07/12/2010 | SK | teilnehmende Beobachtung | 2010-12-07_SK Protokoll Interview Krausneder.rtf |
| P 97 | 07/12/2010 | SK | Expert_innen-interview | 2010-12-07_SK Transkript Interview Krausneder S.rtf |
| P 98 | 21/06/2012 | KUB | Expert_innen-interview | 2012-06-21_KUB Transkript Interview Zumthor.rtf |

## Expert_inneninterviews inklusive weiterer Tondokumente

| Nr. | Datum | Fall-beispiel | Person | Position | Art des Dokuments |
|---|---|---|---|---|---|
| P 01 | 21/04/2010 | KUB | Roni Horn | Künstlerin | Gespräch |
| P 01 | 21/04/2010 | KUB | Yilmaz Dziewior | Direktor | Gespräch |
| P 04 | 22/04/2010 | KUB | Yilmaz Dziewior | Direktor | Pressekonferenz |
| P 04 | 22/04/2010 | KUB | Rudolf Sagmeister | Kurator | Pressekonferenz |
| P 06 | 22/04/2010 | KUB | Rudolf Sagmeister | Kurator | Interview |
| P 17 | 02/06/2010 | KUB | Yilmaz Dziewior | Direktor | Interview |
| P 18 | 02/06/2010 | KUB | Winfried Nußbaummüller | Leiter Kunstver-mittlung | Interview |
| P 18 | 02/06/2010 | KUB | Kirsten Helfrich | Ass. Kunstver-mittlung | Interview |
| P 25 | 09/06/2010 | BB | Kathrin Rhomberg | Kuratorin | Pressekonferenz |
| P 45 | 08/07/2010 | BB | Renate Wagner | Projekt-koordinatorin | Interview |
| P 47 | 09/07/2010 | BB | Jeanette Gogoll | Koordinatorin Kunstvermittlung | Interview |
| P 48 | 09/07/2010 | BB | Kathrin Rhomberg | Kuratorin | Interview |
| P 50 | 13/07/2010 | BB | Hans Schabus | Künstler | Interview |
| P 54 | 05/08/2010 | BB | Adrian Lohmüller | Künstler | Interview |
| P 57 | 06/08/2010 | BB | Emiliano Pistacchi | Aufsicht | Interview |
| P 71 | 22/09/2010 | SK | Roman Ondák | Künstler | Interview |
| P 72 | 22/09/2010 | SK | Hemma Schmutz | Direktorin | Pressekonferenz |
| P 72 | 22/09/2010 | SK | Roman Ondák | Künstler | Pressekonferenz |
| P 88 | 24/11/2010 | SK | Doris Krausneder | Besucher-information | Interview |
| P 93 | 25/11/2010 | SK | Petra Schlagbauer | Kunstvermittlung ARTgenossen | Interview |
| P 93 | 25/11/2010 | SK | Doris Oberholzer | Kunstvermittlung ARTgenossen | Interview |
| P 95 | 03/12/2010 | SK | Hemma Schmutz | Direktorin | Interview |
| P 97 | 07/12/2010 | SK | Susanne Krausneder | Besucher-information | Interview |
| P 98 | 21/06/2012 | KUB | Peter Zumthor | Architekt | Interview |

## Besucher_innenbefragung

| Nr. | Datum | Fall-beispiel | w/m | Alter | Spr. | Wohnort | Ausstellungsbes. pro Institution |
|---|---|---|---|---|---|---|---|
| P 12 | 01/06/2010 | KUB | m | 40-49 | dt | Bamberg, D | Erstbesuch |
| P 13 | 01/06/2010 | KUB | m | 20-29 | engl | Chur, CH | Erstbesuch |
| P 16 | 02/06/2010 | KUB | w | 50-59 | dt | Konstanz, D | öfter als 5 x |
| P 16 | 02/06/2010 | KUB | m | 50-59 | dt | Konstanz, D | öfter als 5 x |
| P 21 | 03/06/2010 | KUB | w | 50-59 | dt | Koblenz, D | Erstbesuch |
| P 21 | 03/06/2010 | KUB | w | 40-49 | dt | St. Gallen, CH | Erstbesuch |
| P 21 | 03/06/2010 | KUB | w | 60-69 | dt | St. Ingbert, D | Erstbesuch |
| P 22 | 03/06/2010 | KUB | m | 0-9 | dt | Nesslwang, D | Erstbesuch |
| P 22 | 03/06/2010 | KUB | m | 40-49 | dt | Nesslwang, D | Erstbesuch |
| P 23 | 03/06/2010 | KUB | m | 30-39 | dt | Wien, A | 2-5 x |
| P 32 | 01/07/2010 | KUB | m | 40-49 | dt | Wolfurt, A | öfter als 5 x |
| P 34 | 03/07/2010 | KUB | w | 30-39 | dt | Sontheim, D | Erstbesuch |
| P 35 | 03/07/2010 | KUB | w | 20-29 | dt | Winterthur, CH | Erstbesuch |
| P 35 | 03/07/2010 | KUB | m | 30-39 | dt | Rapperswil, CH | Erstbesuch |
| P 38 | 04/07/2010 | KUB | w | 40-49 | dt | Tübingen, D | Erstbesuch |
| P 28 | 13/06/2010 | BB | m | 50-59 | dt | Berlin / Neapel, D / I | 2-5 x |
| P 27 | 13/06/2010 | BB | w | 10-19 | dt | Berlin, D | Erstbesuch |
| P 29 | 13/06/2010 | BB | w | 50-59 | dt | Berlin, D | 2-5 x |
| P 30 | 13/06/2010 | BB | m | 20-29 | engl | Paris, F | Erstbesuch |
| P 30 | 13/06/2010 | BB | m | 30-39 | engl | Paris, F | Erstbesuch |
| P 56 | 06/08/2010 | BB | w | 30-39 | dt | Paris, F | 2-5 x |
| P 60 | 08/08/2010 | BB | w | 50-59 | dt | Berlin, D | 2-5 x |
| P 61 | 08/08/2010 | BB | w | 50-59 | engl | Amsterdam, NL | 2-5 x |
| P 62 | 08/08/2010 | BB | m | 30-39 | engl | Montreal, CA | Erstbesuch |
| P 63 | 08/08/2010 | BB | w | 20-29 | dt | Berlin, D | Erstbesuch |
| P 64 | 08/08/2010 | BB | m | 60-69 | dt | Berlin, D | 2-5 x |
| P 65 | 08/08/2010 | BB | w | 50-59 | sp | Madrid, E | Erstbesuch |
| P 79 | 06/11/2010 | SK | w | 30-39 | dt | Wien, A | 2-5 x |
| P 84 | 23/11/2010 | SK | m | 40-49 | dt | Salzburg, A | öfter als 5 x |
| P 85 | 23/11/2010 | SK | w | 30-39 | dt | Wien, A | Erstbesuch |
| P 87 | 24/11/2010 | SK | w | 20-29 | dt | Glasenbach, A | öfter als 5 x |
| P 91 | 25/11/2010 | SK | w | 20-29 | dt | Hallein, A | öfter als 5 x |
| P 92 | 25/11/2010 | SK | w | 40-49 | dt | Salzburg, A | öfter als 5 x |

## Teilnehmende Beobachtungen

| Nr. | Datum | Fall-beispiel | Dokument |
|---|---|---|---|
| P 07 | 23/04/2010 | KUB | 2010-04-23_KUB Protokoll Eröffnung.rtf |
| P 08 | 24/04/2010 | KUB | 2010-04-24_KUB Protokoll Kuratorenführung.rtf |
| P 10 | 25/04/2010 | KUB | 2010-04-25_KUB Protokoll Rundgang Führung.rtf |
| P 11 | 01/06/2010 | KUB | 2010-06-01_KUB Protokoll Ausstellungsbesuch.rtf |
| P 14 | 02/06/2010 | KUB | 2010-06-02_KUB Protokoll Ausstellungsbesuch.rtf |
| P 19 | 03/06/2010 | KUB | 2010-06-03_KUB Protokoll Ausstellungsbesuch 01.rtf |
| P 20 | 03/06/2010 | KUB | 2010-06-03_KUB Protokoll Ausstellungsbesuch 02.rtf |
| P 26 | 11/06/2010 | BB | 2010-06-11_BB Protokoll Ausstellungsbesuch Menzel.rtf |
| P 31 | 01/07/2010 | KUB | 2010-07-01_KUB Protokoll Ausstellungsbesuch.rtf |
| P 33 | 03/07/2010 | KUB | 2010-07-03_KUB Protokoll Ausstellungsbesuch.rtf |
| P 39 | 06/07/2010 | BB | 2010-07-06_BB Protokoll Ausstellungsbesuch KW.rtf |
| P 40 | 07/07/2010 | BB | 2010-07-07_BB Protokoll Ausstellungsbesuch OP.rtf |
| P 41 | 08/07/2010 | BB | 2010-07-08_BB Protokoll Ausstellungsbesuch Kohlfurter Str.rtf |
| P 42 | 08/07/2010 | BB | 2010-07-08_BB Protokoll Ausstellungsbesuch KW.rtf |
| P 43 | 08/07/2010 | BB | 2010-07-08_BB Protokoll geführter Rundgang OP.rtf |
| P 52 | 05/08/2010 | BB | 2010-08-05_BB Protokoll Ausstellungsbesuch OP.rtf |
| P 55 | 06/08/2010 | BB | 2010-08-06_BB Protokoll Ausstellungsbesuch OP.rtf |
| P 58 | 07/08/2010 | BB | 2010-08-07_BB Protokoll Ausstellungsbesuch KW.rtf |
| P 59 | 08/08/2010 | BB | 2010-08-08_BB Protokoll Ausstellungsbesuch KW.rtf |
| P 73 | 12/10/2010 | SK | 2010-10-12_SK Protokoll Ausstellungsbesuch.rtf |
| P 74 | 28/10/2010 | SK | 2010-10-28_SK Protokoll Ausstellungsbesuch.rtf |
| P 75 | 29/10/2010 | SK | 2010-10-29_SK Protokoll Ausstellungsbesuch.rtf |
| P 76 | 31/10/2010 | SK | 2010-10-31_SK Protokoll Ausstellungsbesuch.rtf |
| P 77 | 05/11/2010 | SK | 2010-11-05_SK Protokoll Ausstellungsbesuch.rtf |
| P 78 | 06/11/2010 | SK | 2010-11-06_SK Protokoll Ausstellungsbesuch.rtf |
| P 80 | 10/11/2010 | SK | 2010-11-10_SK Protokoll Ausstellungsbesuch.rtf |
| P 81 | 11/11/2010 | SK | 2010-11-11_SK Protokoll Ausstellungsbesuch.rtf |
| P 82 | 23/11/2010 | SK | 2010-11-23_SK Protokoll Ausstellungsbesuch.rtf |
| P 89 | 25/11/2010 | SK | 2010-11-25_SK Protokoll Ausstellungsbesuch.rtf |

## Befragung „Die Ausstellung, die ich mir erträume ...“

| Nr. | Datum | w/m | Alter | Ausstellungsbesuche pro Jahr |
|---|---|---|---|---|
| A 01 | 23/03/2010 | m | 46 | k.A. |
| A 02 | 22/04/2010 | m | 53 | k.A. |
| A 03 | 02/06/2010 | m | 44 | k.A. |
| A 04 | 02/06/2010 | w | 34 | ca. 50 |
| A 05 | 02/06/2010 | m | 41 | k.A. |
| A 06 | 08/07/2010 | w | 37 | k.A. |
| A 07 | 09/07/2010 | w | 32 | k.A. |
| A 08 | 09/07/2010 | w | 47 | k.A. |
| A 09 | 13/07/2010 | m | 40 | k.A. |
| A 10 | 05/08/2010 | m | 33 | k.A. |
| A 11 | 22/09/2010 | m | 44 | k.A. |
| A 12 | 24/11/2010 | w | 31 | ca. 5 |
| A 13 | 03/12/2010 | w | 44 | ca. 50 |
| A 14 | 07/12/2010 | w | 61 | ca. 15 |
| A 15 | 15/02/2012 | m | 44 | ca. 25 |
| A 16 | 15/02/2012 | w | 39 | ca. 20 |
| A 17 | 15/02/2012 | w | 35 | ca. 8 |
| A 18 | 15/02/2012 | w | 35 | ca. 15 |
| A 19 | 17/04/2012 | m | 25 | ca. 4 |
| A 20 | 17/04/2012 | m | 33 | ca. 10 |
| A 21 | 12/06/2012 | m | 45 | ca. 60 |
| A 22 | 12/06/2012 | w | 36 | ca. 12 |
| A 23 | 18/06/2012 | w | 36 | ca. 4 |
| A 24 | 20/06/2012 | w | 27 | ca. 17 |
| A 25 | 21/06/2012 | m | 69 | k.A. |
| A 26 | 22/06/2012 | w | 31 | ca. 9 |
| A 27 | 25/06/2012 | m | 38 | ca. 3 |
| A 28 | 30/07/2012 | w | 32 | ca. 35 |
| A 29 | 19/08/2012 | w | 39 | ca. 25 |
| A 30 | 04/11/2012 | w | 36 | ca. 50 |
| A 31 | 23/11/2012 | w | 34 | ca. 25 |
| A 32 | 23/11/2012 | w | 46 | ca. 50 |
| A 33 | 31/01/2013 | m | 28 | ca. 6 |
| A 34 | 31/01/2013 | w | 40 | ca. 40 |
| A 35 | 01/02/2013 | w | 32 | ca. 50 |

## Leitfaden Artefaktanalyse (Froschauer 2009)

*1. Dekonstruktive Bedeutungskonstruktion*

a) Innere Differenzierung / Gestaltungselemente

- Materialität
- Struktur der Artefaktgestaltung (Aufbau / Komponenten)
- Text

b) Alltagskontextuelle Sinneinbettung

- Grenzziehung
- Alltagsbedeutung
- Organisationseinbettung (normal vs. ungewöhnlich)

*2. Distanzierend-integrative Rekonstruktion latenter Organisationsstrukturen*

a) Strukturanalyse / Produktion und Artefaktgeschichte

- Artefaktgebrauch
- Funktionen
- Soziale Bedeutung

b) Komparative Analyse

- Organisationsinterne Vergleiche
- Organisationsexterne Vergleiche
- Kontrastierung mit anderen Materialien wie z.B. Interviews

## Leitfaden Expert_inneninterview

*Einstiegsfrage*

Zu Beginn würde mich die Genese der Ausstellung interessieren. Bitte erzählen Sie mir vom Entstehungsprozess der Ausstellung, beginnend bei den ersten Ideen bis zur Formalisierung der Ausstellung wie sie nun zu sehen ist.

*Gesprächspunkte*

Die Entwicklung der Ausstellung
- Rahmenbedingungen
- Prozessphasen
- Konzept
- Vermittlungsinstanzen

Die Arbeitsteilung
- Team
- Persönliches Berufsverständnis

Der Ort der Ausstellung
- Standort
- Architektur / Gebäude

Die Praktiken des Raumgestaltens
- Formfragen Kunstwerk
- Display-Strategien
- Ausstellungsgestaltung

Das Endresultat der Ausstellung
- Schwachstellen
- Gelungene Punkte

*Abschlussfrage „Die Ausstellung, die ich mir erträume …“*

In Anlehnung an Rémy Zauggs Vortrag „Das Kunstmuseum, das ich mir erträume“ versammle ich im Abschlusskapitel meiner Arbeit subjektive Sichtweisen zur erträumten Ausstellung. Was fällt Ihnen ein, wenn Sie hören „Die Ausstellung, die ich mir erträume …“?

Hinweis:
Dieser Leitfaden wurde je nach Gesprächspartner_in mehr oder weniger abgeändert und im Sinne eines offenen Interviews flexibel gehandhabt.

## Leitfaden Besucher_innenbefragung

*Befragung*

1. Als erstes würde ich Sie bitten, dass Sie mir Ihren Weg durch die Ausstellung nacherzählen, das heißt, wie Sie sich vom Anfang bis zum Ende Ihres Besuches bewegt haben. Lassen Sie sich dabei so viel Zeit wie Sie brauchen und erzählen Sie mir einfach alles, was Ihnen dazu einfällt.

2. Als zweites würde mich interessieren, was Ihnen bei dieser Ausstellung am stärksten in Erinnerung geblieben ist und warum.

3. Zum Abschluss würde ich Sie noch gerne nach Kritik oder Lob zur Ausstellung und ihrer Gestaltung fragen. Was fällt Ihnen bei diesem Punkt ein?

*Statistische Angaben*

Datum, Uhrzeit ...
Geschlecht O weiblich O männlich
Alter O 0–9 O 10–19 O 20–29 O 30–39 O 40–49 O 50–59 O 60–69 O älter
Wohnort ...
Wie oft waren Sie bereits im Kunsthaus Bregenz / auf der 6. Berlin Biennale / im Salzburger Kunstverein?
O erster Besuch O mehrmals ca. ... Besuche

# Edition Museum

*Felix Ackermann, Anna Boroffka, Gregor H. Lersch (Hg.)*
**Partizipative Erinnerungsräume**
Dialogische Wissensbildung in Museen und Ausstellungen

2013, 378 Seiten, kart., 34,80 €,
ISBN 978-3-8376-2361-1

*Sophie Elpers, Anna Palm (Hg.)*
**Die Musealisierung der Gegenwart**
Von Grenzen und Chancen des Sammelns in kulturhistorischen Museen

2014, 218 Seiten, kart., zahlr. Abb., 28,99 €,
ISBN 978-3-8376-2494-6

*Katerina Kroucheva, Barbara Schaff (Hg.)*
**Kafkas Gabel**
Überlegungen zum Ausstellen von Literatur

2013, 328 Seiten, kart., 32,99 €,
ISBN 978-3-8376-2258-4

**Leseproben, weitere Informationen und Bestellmöglichkeiten finden Sie unter www.transcript-verlag.de**

# Edition Museum

*Museumsverband des Landes Brandenburg (Hg.)*
**Entnazifizierte Zone?**
Zum Umgang mit der Zeit
des Nationalsozialismus in ostdeutschen Stadt- und Regionalmuseen

März 2015, 244 Seiten, kart., 29,99 €,
ISBN 978-3-8376-2706-0

*Ulli Seegers*
**Ethik im Kunstmarkt**
Werte und Sorgfaltspflichten zwischen
Diskretion und Transparenz

Januar 2016, ca. 200 Seiten, kart., ca. 28,99 €,
ISBN 978-3-8376-2625-4

*Stapferhaus Lenzburg, Sibylle Lichtensteiger, Aline Minder, Detlef Vögeli (Hg.)*
**Dramaturgie in der Ausstellung**
Begriffe und Konzepte für die Praxis

2014, 134 Seiten, kart., zahlr. z.T. farb. Abb., 19,99 €,
ISBN 978-3-8376-2714-5

**Leseproben, weitere Informationen und Bestellmöglichkeiten finden Sie unter www.transcript-verlag.de**